·西南交通大学人文学术文丛·

新闻叙事与文化记忆
——史态类新闻研究（修订本）

杨琴◎著

西南交通大学出版社
·成都·

图书在版编目（CIP）数据

新闻叙事与文化记忆：史态类新闻研究 / 杨琴著
. —修订本. —成都：西南交通大学出版社，2019.12
（西南交通大学人文学术文丛）
ISBN 978-7-5643-7327-6

Ⅰ. ①新… Ⅱ. ①杨… Ⅲ. ①新闻学 – 研究 Ⅳ.
①G210

中国版本图书馆 CIP 数据核字（2020）第 007012 号

西南交通大学人文学术文丛
Xinwen Xushi yu Wenhua Jiyi——Shitailei Xinwen Yanjiu（Xiuding Ben）
新闻叙事与文化记忆——史态类新闻研究（修订本）
杨琴 著

责 任 编 辑	罗小红
特 邀 编 辑	王双叶
封 面 设 计	原谋书装
出 版 发 行	西南交通大学出版社
	（四川省成都市金牛区二环路北一段 111 号
	西南交通大学创新大厦 21 楼）
发行部电话	028-87600564　028-87600533
邮 政 编 码	610031
网　　　址	http://www.xnjdcbs.com
印　　　刷	四川煤田地质制图印刷厂
成 品 尺 寸	170 mm×230 mm
印　　　张	17
字　　　数	297 千
版　　　次	2019 年 12 月第 1 版
印　　　次	2019 年 12 月第 1 次
书　　　号	ISBN 978-7-5643-7327-6
定　　　价	78.00 元

图书如有印装质量问题　本社负责退换
版权所有　盗版必究　举报电话：028-87600562

目 录

绪 论 ·· 1
   第一节　史态类新闻的复兴 ·· 2
   第二节　文献综述 ··· 4
   第三节　史态类新闻复兴的实践基础 ····································· 10
   第四节　阐释的理论支点 ··· 16
   第五节　研究框架 ··· 28

第一章　史态类新闻的概念建构 ·· 31
   第一节　史态类新闻——新闻的分支 ····································· 32
   第二节　史态类新闻的特点 ·· 52

第二章　史态类新闻的类型考察 ·· 61
   第一节　史态类新闻的文本类型 ·· 62
   第二节　史态类新闻的媒介表现 ·· 99

第三章　史态类新闻的文本叙事 ·· 119
   第一节　史态类新闻的叙事结构 ·· 121
   第二节　史态类新闻的叙事策略 ·· 142

第四章　史态类新闻的传播价值探究 ···································· 187
   第一节　意义共契——新闻监管者视角下的传播价值 ············· 189
   第二节　精神守望——传播者角度下的传播价值 ··················· 204

第三节　需求满足——受传者角度下的传播价值……………222

　　第四节　文化记忆——传受主体传播价值的共振点…………231

第五章　新媒体视阈下史态类新闻的发展……………………………247

　　第一节　发展前提——生态化的新媒体环境……………………248

　　第二节　史态类新闻发展的生态化………………………………252

参考文献………………………………………………………………………259

后　　记………………………………………………………………………268

绪 论

麦克卢汉曾预言"一切媒介作为人的延伸，都能提供转换事物的新视野和新知觉"[①]。进入 21 世纪，通信技术日新月异，计算机飞速发展，移动通信、多媒体、互联网等正在深刻地改变着人们的生活方式和交往方式，也推动了传媒的发展，让我们身处一个报纸、广播、电视、互联网、手机等各种媒体同时并存的混合媒介时代。在这个具有新闻自觉意识的泛新闻化的混合媒介时代，丰富多样的媒介为新闻的传播提供了丰富多样的载体，同时也促进了丰富多样的新闻表达形式的产生。本书的核心概念"史态类新闻"正是丰富多样的新闻表达形式之一。

---

① 马歇尔·麦克卢汉：《理解媒介——论人的延伸》，北京：商务印书馆，2000 年，第 96 页。

第一节　史态类新闻的复兴

伴随着现代媒体的诞生与发展，媒体上一直存在着一种报道样式，它静悄悄地站在角落近一个世纪。而近 20 年它却以不可忽视的劲头茁壮成长并开枝发芽起来，这就是史态类新闻的复兴。

从报道类型来看，随现代传媒而诞生的纪念性报道因国人的怀旧情结愈浓而愈丰富，如 2005 年全球性的纪念反法西斯战争胜利 60 周年、2015 年 70 周年的活动及报道，让世人在痛楚和回忆中缅怀先烈，开拓未来。2006、2016 年纪念长征胜利 70、80 周年，国内媒体多天的连续报道，通过当下的人事切入历史，将追述和怀想作为最重要的表达方式，完成了国人对于长征的想象——有关艰苦、执着、牺牲与胜利。《武汉晚报》"范长江新闻奖"获得者范春歌带着"为什么人类文明史上第一次大规模的航海没有带来地理上的发现？"等一系列萦绕在读者心中的历史问题，开始了"重走郑和路"的越洋采访，通过重温古航海史写出了获奖作品。而早在 1999 年，《北京青年报》就采用了一种新的新闻形式——追溯新闻，《追忆英雄瓦尔特》利用档案所提供的资料，用熟悉的历史事件，熟悉的电影画面，熟悉的歌曲，唤起了中国人民对当时的南斯拉夫这个不屈的国度的同情和敬意，历史由此闪出了新闻的兴奋点。

从栏目（节目）来看，一个个以过去事实为主要报道内容的栏目不断涌现。《南方周末》于 1998 年，通过实验周刊把《解密新闻》悄无声息地摆在读者面前，并逐渐受到读者的欢迎，3 期过后，编辑才露面《告读者》，直截了当地称"解密新闻要做的内容，可用两句话来概括'已经成为历史的新闻，当年新闻背后的历史'"，《解密新闻》2001 年改为往事版，成为《南方周末》的招牌版面。2000 年新华社开辟了《世纪旧闻新读》栏目，以 1900 年的报纸内容为横切面，寻找价值较高的"旧闻"，对照当今现实，挖掘丰富内涵。2007

年《北京日报》的《纪事》栏目,从诞生之初的切合新闻热点回顾历史事件,还历史以应有的厚度;到现在直接用"纪事"体裁报道新闻,用新闻人写历史的独特视角,融合新闻与副刊,实现了新闻性与可读性的有机结合。2013年,湖北日报社开办《档案解密》,提出"为您梳理珍贵档案背后的故事,明晰历史脉络;我们还会联系实际,今昔对照,思考总结,发挥档案资政启迪的时代作用。新闻纸,记录当下;档案纸,留存过往。当两者相遇,穿越的精彩,请您关注"的开栏语。2000年开播的湖北卫视品牌栏目《往事》,通过"倾诉者"回忆跌宕起伏的人生经历来展现"小人物大命运",开播第二年就与中央电视台名牌栏目《实话实说》一同荣获2001年"中国广播电视新闻奖"社教类一等奖,荣获2004年度中国广播电视"十佳新闻栏目",并被中国广播电视协会特别授予"全国荣誉新闻栏目"称号。2012年湖北卫视又开办一档讲述式揭秘类人文专题节目《大揭秘》,旨在从一个全新的角度,"另眼"去看大人物、大事件、大历史;为观众讲述一个个意外的故事;带给观众一个个震撼的发现。凤凰卫视也于2004和2005年分别推出了《凤凰大视野》和《口述历史》两档节目,选取敏感有争议的重大事件,采访历史亲历者,从不同的角度回望历史往事。《看历史》杂志则是中国第一本"以新闻方式发现历史"的新锐历史类新闻杂志,着力于发掘、显现、记录和品味历史中本真、生动、细腻的事实,不仅提供有价值的历史记录文本,更为读者提供高品质的阅读体验和开阔的思想空间。澎湃新闻成立《私家历史》频道,从网络、出版、纸媒和线下沙龙等路径全方位出发,打造中国最具现实关怀和国际视野的历史平台。人民网专设《党史》频道,对共产党历史中的人、物、事进行报道,东方网《历史》频道以解密轶闻密档、讲述上海往事为己任,设置了12个栏目,包括听潮、滚动、独家策划、海上人物、轶闻秘史、家族往事、铁马金戈、珍档荟萃、上海城市、建筑掠影、镜像历史、党史频道等。微信公众号《国家人文历史》为人民日报所办,提出口号"真相、趣味、良知",设置了人文地理、史家谈兵、晚清人与事、民国范儿、中国与世界、果粒历史等栏目。凤凰网《历史》则秉承"用历史照亮现实"理念,出品内容角度刁钻,廓清真相。

从媒介人价值观来看,第89届"普利策调查性报道奖"桂冠颁给了一个典型的史料性报道《一个30年的秘密》的作者——《威拉米特周报》的尼格·贾奎兹(Nigel Jaquiss of *Willamette Week*)。在国内,获得第22届"中国新闻奖"二等奖的《91年前的今天,中国最早的共产主义组织在重庆诞生》一文只有导语和结尾为新近变动内容，且只占正文（790字）的18.9%，其余全是背景资料。

越来越多的报纸、电视、广播、通讯社、网络等大众媒介及各种公众号进入历史，把历史事件当作新闻事实，用新闻视角探访历史事件，组织经常性、系列化的报道。正如密苏里新闻学院在《新闻写作教程》中提到的"近年来，报纸已经花费了更多的时间和篇幅，来报道无法以大多数的传统标准很好地加以判断的新闻。它们往往并不含有冲突。它们很少表现任何怪诞的事物或者涉及名流的言行。许多报道并没有时效性。只有一些报道将接近性作为因素。"① 那么，这些过去事实的报道属于新闻吗？它具有自己独立的形态和范式吗？它存在的理由和价值是什么？它的吸引力究竟何在？它到底满足了人们什么样的需要？它又能为今天的新闻传播实践与研究带来什么呢？诸如此类的问题就成为本书探讨的出发点。

第二节 文献综述

历史与新闻的关系最早由维新运动人士谭嗣同提出，他首倡报纸要通"民口"和"民史"，"报纸即民史也。彼夫二十四家之撰述，宁不烂焉，极其指归，要不过一姓之谱牒焉耳。于民之生业，靡得而详也；于民之教法，靡得而纪也；于民通商惠工务材训农之章程，靡得而毕录也，而徒专笔削一己之私，滥褒诛于兴亡之后，直笔既压累而无以伸，旧闻遂放失而莫之恤溢之曰官书，官书良可悼也。不有报纸以彰民史，其将长此汶汶暗暗以穷天，而终古为喑哑之民乎！"② 也就是说报纸要反映民众的呼声，要反映人民所创造的

---

① 密苏里新闻学院写作组：《新闻写作教程》（英文），圣马丁出版社，1980年，第17-18页。
② 谭嗣同：《湘报后叙》，载张之华：《中国新闻事业史文选》，中国人民大学出版社，1999年，第97页。

历史面貌，成为"民史"，而不是像以前专做"君王起居注"的史书。而对新闻历史观做出详细表述的则是梁启超，他在其著名的《敬告我同业诸君》中说："所谓向导国民者何也？西哲有言：'报馆者，现代之史记也。'故治此业者，不可不有史家之精神。史家精神何？鉴既往，示将来，导国民以进化之途径业。故史家必有主、客观二界。作报者亦然。政府人民所演之近事，本国外国所发之现象，报之客观也；比近事，察现象，而思所以推绎之发明之，以利国民，报之主观也。有客观而无主观，不可谓之报。主观之所怀抱，万有不齐，而要之以向导国民为目的者，则在史家谓之良史，在报界谓之良报。"①

在第一部新闻学著作徐宝璜先生的《新闻学》序言中，蔡元培先生认为，"余惟新闻者，史之流裔耳。古之人君，左史记言，右史记事，非犹今之新闻中记某某之谈话若行动乎？'不修春秋'，录各国报告，非犹今新闻中有专电通讯若译件乎？由是观之，虽谓新闻之内容，无异于史可也"。而以"史家办报"闻名的报业家史量才认为报纸是将历史事件如实地记录下来，传诸后人，乃"史家之别裁，编年之一体"，不仅如此，他还认为"日报者，属于史部，而更为超于史部之刊物也。历史记载往事，日报则与时推迁，非徒事记载而已也，又必评论之，剖析之，俾读者惩前以毖后，择益而相从"②，也就是说，除如实记录当时事实之外，新闻为未来追述历史原貌提供了同样宝贵的思想的历史依据——时人的评论，因而报纸记录高于历史记录。近代阙名的《史学》一文则认为"泰西不立史馆，盖报馆即其史馆也"，并特别指出："盖今日之报章，即异日之史料。"③

中国不朽新闻家邓拓在1962年作诗赠当时北京日报社范瑾女士云"试从旧史悟新闻，列国春秋岂可分？"，表现了对古今对话的期盼。而最早将史学与新闻二者之关系提到理论层面加以考察的应是李大钊。在1923年一篇题为《报与史》的文章中，他指出"报与史有密切亲近的关系"和"类似的性质"，而"作史的要义，与作报的要义，亦当有合"。简言之"报是现在的史，史是过去的报"，"今日新闻记者所整理所记述的材料，即为他日历史研究者所当

---

① 梁启超：《敬告我同业诸君》，载张之华：《中国新闻事业史文选》，中国人民大学出版社，1999年，第42页。
② 史量才：申报六十周年纪念创刊《申报年鉴》，1933年。
③ 邵之棠：《皇朝经世文统编·卷三·文教部三·史学》，台北文海出版有限公司，1980年。

搜集的一种重要史料"①。一语道明现时新闻之于未来历史的记录载体作用。新闻有赖于历史,新闻学前辈在理论上为新闻与历史这对范畴搭建了现实—未来方向的桥梁。在此基础上,新闻史家方汉奇进一步论证"报纸与历史有着十分密切的关系。历史所记述的,往往就是当时报纸上的新闻。报纸上的新闻,过了一段时期以后,又会衍变为被后人记述的历史"②。

  上述探讨着重于新闻的史料价值,与此同时,很多学者重新审视新闻与历史的关系,不只看到了新闻的史料价值,也开始思考历史的新闻价值,认为新闻与历史互渗。范敬宜在其《旧闻重读有新闻》中提到细读历史材料,可以从历史事实和历史现象中总结出对今天乃至明天有用的道理来。明铭在《新闻与历史关系的厘定》③中对"今天的历史就是昨天的新闻,今天的新闻是明天的历史"产生了疑问,学理性地分析了经典表述与罗斯科观点的思考角度,认为应运用"区别性思维"来省思诸如"新闻与历史的关系"之类的问题的时候,务必要努力保持思考的严谨性,从而深化对新闻与历史之间关系的认识。王均在其《新闻与历史关系的再厘定》④中认为新闻与历史是一种相互参照、相互为用、你中有我、我中有你、皮之不存毛将焉附的关系,正是经典表述"今天的历史就是昨天的新闻,今天的新闻是明天的历史"所要表达的核心。这不仅是还原新闻本身的面目,更是时代对新闻发展的一种现实需要。

  从传播生态学角度来剖析新闻与历史的关系,新闻传播存在原生态、内生态和外生态。而这三个维度都有一个承前启后的历史纵向发展过程,也就是包含了时间跨度的生态概念,或者说是历史的生态。也就是说,新闻的历史生态有三个层次:新闻信息历史生态、新闻媒介历史生态和新闻社会历史生态。⑤朱安平在其《依存·助力·化合——新闻与历史断想》⑥一文中认为新闻与历史二者之间存在着天然与直接的联系,即历史资料是新闻采写中不可或缺的拐杖。历史因子可以因与某种时机契合或作为历史事件的延续,由旧闻成为新闻的主体,也可以作为背景材料出现于新闻报道中或交代前因以阐明新闻的意义,或说明事物缘由以助受众了解,或介绍新闻人物的自身情况

---

① 李大钊:《史学要论》,河北教育出版社,2000年,第251-252页。
② 方汉奇:《报纸与历史研究》,载《历史档案》,2004年第4期。
③ 明铭:《新闻与历史关系的厘定》,载《当代传播》,2003年第3期。
④ 王均等:《新闻与历史关系的再厘定》,载《当代传播》,2004年第6期。
⑤ 成然:《传播生态学角度的新闻与历史》,载《新闻界》,2005年第3期。
⑥ 朱安平:《依存·助力·化合——新闻与历史断想》,载《新闻爱好者》,2002年第2期。

等。而郭小平的《新闻与历史的互渗——新闻报道的一种创新精神》[①]一文则认为从目前新闻报道的实践来看，新闻与历史意识的互渗主要有三种形式：一是在编辑与新闻策划中强调历史事实，即通过"新闻链接""历史链接"或"历史回眸"来增加报道的厚度。二是事实与历史相互穿插。在新闻报道中引出历史背景，用历史为报道作铺垫。现实的描述与历史的回忆并存、交替出现，给人以无尽的思考。三是在历史中寻找新闻，如解密新闻、档案新闻等。雷戈在《史学与新闻》[②]一文中认为历史与新闻内在统一于意义，在历史与新闻的意义之环中，旧事件变成了新话题，老观点产生了新问题。意义所及，一切都是新的；只要赋予新的意义，一切历史都是新闻。因而他认为史学与新闻的结合已经成为一种必然。这就是"历史新闻学"的创造性建构。史学是一种结构，新闻是一种功能。历史新闻学就是将史学的结构与新闻的功能深刻地结合起来。在学者的讨论下，尽管新闻与历史存在很大差异但也存在相似之处，二者在视野上的意义融合为历史与新闻的结合提供了可能。新闻以历史这面镜子观照今日的同时，又以新闻这面镜子证之旧史。而谢贵安则对新闻与历史的差异进行了论述，认为二者存在时间节点、记载内容、产生历史的不同，但从新闻传播的角度来看，历史知识得以普及的因素包括两个方面：从内容来看，由新闻积淀而成的历史知识、历史悬疑、古墓迷踪、奇异古风等文明疑案，以及经典化的历史和历史人物等，具有新闻的新鲜性、重要性、显著性、接近性与趣味性五大要素，因而容易获得关注和普及；从手段来看，现代新闻传媒以其图像化、简易化和生动性特征，使历史知识的传播和普及变得更加容易，并进而使传统的以通俗史书普及历史知识的方式得到极大的提升和推广。[③]而付开镜进一步提到历史新闻化及其意义，认为历史新闻化就是把历史的重要元素当作新闻媒介报道的对象，并把历史转化为新闻报道出来。因而历史新闻化的表现有考古"新发现"、历史文化传播、历史人物与历史事件纪念活动宣传、历史亲历者讲述历史等，它促进了历史型新闻的兴盛，并促进了历史学的普及。[④]

[①] 郭小平：《新闻与历史的互渗——新闻报道的一种创新精神》，载《新闻三味》，2003年第10期。
[②] 雷戈：《史学与新闻》，载《文史哲》，2004年第6期。
[③] 谢贵安：《从历史与新闻的关系看史学的传播和普及》，载《郑州大学学报》（哲学社会科学版），2011年第1期。
[④] 付开镜：《历史新闻化及其意义》，载《编辑之友》，2017年第3期。

结合上述学者观点,我们发现史态类新闻的复兴是一种必然。在已有资料的梳理下,我们尽管未查找到"史态类新闻"一词,但与之紧密相关的背景新闻、稳态新闻、历史新闻、纪念性新闻、解密新闻等都已经得到学者的讨论。

著名学者梁衡就依据新闻的势态将新闻分成三类,即稳态新闻、瞬间新闻和预见性新闻。他认为瞬间新闻着眼于信息的现状,关注的是短时间内发生的稍纵即逝的显性的动态的事实;预见性新闻注目于信息的趋态,关注的是必定要发生、但还未发生的事实;而稳态新闻则立足于挖掘信息的史态,关注的是早就发生的、不为人所知的隐性的、稳态的事实。

金苗在《新闻与历史的对话》①中对贾永的纪念性报道进行了归纳,认为贾永就是通过纪念性报道对历史做出新闻诠释,通过新闻发现、理解、阐明和解释历史的意义,从而把漫漫长征、抗日烽火等另一时空系统发生的历史事件的意义转换到我们的世界之中,最终实现对话,令聆听这场对话的读者有所感悟,同时带给今天的新闻传播实践与研究更深层次的感悟。安春红在《让穿行历史的新闻成为经典》②中对北京青年报纪念长征的相关报道进行了分析,认为北京青年报的行为是用新闻介入历史的全新尝试,不仅是新闻人尊重历史、挽救历史的一次大型策划和尝试,而且对于提升史料价值、发挥新闻育人功能的作用有着重大的意义,而新闻媒体联袂合作则可以形成强势舆论,显示新闻媒体的社会影响力和新闻记者社会责任的重大。李红涛则认为通过"策划"与"展演",纪念新闻赋予历史事件以符号的重要性,更新、强化并构筑出独特的纪念空间。在重要人物过世或灾难过后,纪念报道变成哀悼与疗伤的媒介仪式。③但因为新闻媒体的重心始终在当下,纪念报道始终被嵌入对当下的描绘和理解之中。

周胜林在《解读新闻与解密新闻》④中对解密新闻做了阐释,认为解密新闻是将人们想知道的一些机密情况报道出来满足受众的求知欲。赵新民在《现象类稳态新闻的可读性》⑤中分析了现象类稳态新闻应具有三种可读性:具有

---

① 金苗:《新闻与历史的对话——从贾永纪念性报道谈历史的新闻诠释》,传媒学术网。
② 刘永昶:《穿行于历史的新闻》,载《军事记者》,2004 年第 12 期。
③ 李红涛:《昨天的历史 今天的新闻》,载《当代传播》,2013 年第 5 期。
④ 周胜林:《解读新闻与解密新闻》,载《新闻传播》,2002 年第 8 期。
⑤ 赵新民:《现象类稳态新闻的可读性》,载《新闻知识》,2004 年第 8 期。

普遍的现实贴近性，具有清新的认知性和表现手法的灵活性。龙燕堂在《真实，调查性报道的技巧》①中则具体探讨了史料性调查新闻的报道技巧，为本书写作提供了借鉴点。

而有关档案新闻的讨论，笔者曾在《浅议新闻的新品种——档案新闻》②一文中就档案新闻的定义、种类及意义进行了探讨，认为档案新闻有广义与狭义之分。广义的档案新闻就是运用唯物辩证法，在档案、旧闻中寻找新闻，从而挖掘出"已经成为历史的新闻、当年新闻背后的历史"，以旧带新，赋予其新的意义，并给受众某种启示或满足受众的求知欲。它应包括所有以档案、历史资料为素材写成的新闻新生类，如解密新闻、资料新闻、追溯新闻、档案新闻、背景新闻等。而狭义的档案新闻，主要指以档案为素材写出的新闻。

还有一类是专注于媒体记忆的新闻。李红涛在《昨天的历史，今天的新闻——媒体记忆、集体认同与文化权威》③一文中对媒体记忆进行了探讨，认为媒体记忆不仅是历史的草稿，还扮演"公共历史学家"的角色，不断书写历史事件的二稿、三稿，更新、强化、修正乃至"扭曲"了公共记忆的面貌。而媒体记忆有两个面向，一是对重大事件的报道，二是"昨天的历史，今天的新闻"，即历史人物和事件以各种面貌直接进入新闻报道中。媒体记忆关注的是新闻媒体如何扮演公共历史学家的角色，选择最重要的历史人物和事件，并阐发它们的历史意义。

总体而言，与史态类新闻有关的探讨大多为个案化的碎片化研究；史态类新闻的确是一个几乎被学术界"遗忘了的角落"。而目前作为诸多媒体独家新闻热选的史态类新闻，是否属于新闻也备受争议，在众声喧哗中，史态类新闻面临着为自己寻求新闻认同的巨大难题。由于我国学术界对它还缺乏应有的注意和深入系统的研究，围绕史态类新闻产生的一系列悬而未决的问题，还无法通过简单的贴标签式的个案评析来解决。因此，有必要对其进行理解和深入的研究，这就为本书的写作提供了广阔的空间。

---

① 龙燕堂：《真实，调查性报道的技巧》，载《新闻记者》，2006年第4期。
② 杨琴：《浅议新闻新品种：档案新闻》，载《当代传播》，2001年第2期。
③ 李红涛：《昨天的历史 今天的新闻——媒体记忆、集体认同与文化权威》，载《当代传播》，2013年第5期。

第三节　史态类新闻复兴的实践基础

一、媒介丰富与资源匮乏——传播技术的影响

科技是一种改变世界的力量。人类从远古时期被自然所主宰到今天与自然和谐相处，每一步都凭借着技术的进步。大众传媒是现代科学技术进步最直接、最有效的受惠者。美国传播学者弗德瑞克·威廉斯把人类从开始使用语言到公元2000年大约360个世纪形象地浓缩为1天的24小时，大致框定各种传媒在这个"时钟"上的位置。威廉斯的"时钟"从子夜12点开始，这时，人类开始使用34 000年前发明的语言，他们正是以这种较为明确的语言为媒介揭开口头传播的序幕。上午8点，洞窟壁画出现，人类使用线条化符号传递信息由此开始。"时钟"飞快地走过了12个小时，到晚上的8点40分，埃及象形文字问世了。晚上9点28分，成熟的字母出现。当"时钟"接近又一个子夜前的11点38分，谷登堡的印刷机制造成功，第一本印刷版《圣经》问世，到了11点53分，以蒸汽为动力的印刷术告成。此后，发展以秒为计：11点53分24秒发明电报，11点54分38秒架设第一条横跨大西洋的有线电缆，11点55分02秒有了电话。在这"一天"的最后几分钟，科学技术突飞猛进，为信息传播插上翅膀的一系列新成果接二连三地问世：

11点55分47秒，无线电报、电影摄影机出现；

11点56分48秒，商业广播问世；

11点57分04秒，有声电影来到人间；

11点57分40秒，最早的电子计算机诞生。

为新闻传播提供新工具的现代科技在这天子夜前2分钟发展速度最快，它以一系列新工具的问世引领人类进入20世纪最后几十年。在这"一天"的最后2分钟内，记录着这样一些重大的发明创造：

倒数108秒，彩色电影生产开始；

倒数 101 秒，立体声广播开播；

倒数 92 秒，第一颗商用卫星升天；

倒数 87 秒，分时电脑问世；

倒数 49 秒，时为 1980 年，新科技革命继续高歌猛进，次年即 1981 年，"哥伦比亚"号宇宙飞船巡航成功。①

这一系列科学技术成果，为传媒业的问世、生存与发展提供了强有力的支持。文字工具的发明，使人类有了可靠的记录信息、保存信息、传播信息的能力；印刷技术的发明，使人类有了更加廉价、更加有效的传播手段，可以实施更广泛的传播；电子技术的诞生，使传播真正突破了时间与空间的限制，使人类进入了一个可视、可听的传播情境，传播的效果有了明显的提高。简而言之，技术促成传媒，传媒带动社会。

首先传播技术的发展促成了传播媒介的丰富多样。技术的快速发展不断促使代表新技术的新媒体的产生，但新媒体的产生并不意味着旧媒体的消灭，保罗·莱文森就认为人是媒介形态进化的"自然环境"，媒介形态进化遵循"人性化趋势"，任何一种新媒介都是对过去某一种媒介形态功能的补救或补偿，媒介形态呈越来越"人性化"的趋势。②电视没有使广播消失，而促使了新类型的广播节目包括谈话节目（脱口秀）和专门的音乐节目等形式的诞生。互联网的出现则进一步改进客户广播的技术平台，经历了调幅（AM）、调频（FM）、数字音频（DAB）和网络广播多次大的技术升级，而每一次广播技术的进步，都伴随着新的传播形态、形式和模式的诞生，大大拓展和提高了人与人、人与机器的沟通能力。如 2007 年英国 BBC 重组编辑部，将电视台、电台和网络三大部门整合成多媒体新闻编辑部，实现电视、广播与网络的联合运营；2009 年，美国广播公司 ABC 加盟视频网站 Hulu，授权 ABC 的内容在网络上播放，这使 ABC 的视频有了更多的连接方式，迅速在网上扩展开来；2016 年，纽约时报与 FACEBOOK LIVE 直播平台合作进行视频直播。

传播技术的发展使媒介形态越来越多元丰富，让我们身处一个报纸、广播、电视、互联网等各种媒体同时并存的混合媒介时代。在这个混合媒介时代，丰富多样的媒介为新闻的传播提供了丰富多样的载体，同时也促进了丰富多样的新闻表达形式的产生。在以前，由于载体的有限，不可能承载所有

---

① 参考童兵：《论传媒技术与内容需求的互动》，载《新闻记者》，2006 年第 3 期。

② 保罗·莱文森：《莱文森精粹》，何道宽译，中国人民大学出版社，2007 年。

的新闻信息，相较于过去，刚发生和将要发生的事实更容易引起受众的新鲜感，因此着眼于报道现在的现态类新闻和着眼于报道将来的拟态类新闻成为新闻报道的主流，着眼于报道过去的史态类新闻因其时效性的缺乏而被冷落。但传播技术的发展不仅带来了媒体介质的丰富，还带来了媒体类型和数量的丰富，这就为因数量有限的媒体所不能承载更多的新闻内容如史态类新闻提供了一个复兴的平台。

但是，在这个混合媒介时代，媒介的丰富多样并不意味着信息量的大幅增加，反而可能出现传媒资源的匮乏与同质化。在严格意义上的传媒诞生初期，信息传播手段简单，信息生发与需求不是特别丰富，新闻的目的主要是传播信息。到了被称为信息社会的现在，当多种媒体一起把"信息爆炸"演绎得真真切切时，新闻的传播功能就发生了质的飞跃。传播科技的高度发达带来媒体的丰富性使得多个媒体为争取受众源展开了竞争，而竞争和利润导致了大量的文本"内容非语境化"。因而哈佛大学教授克瓦克（Bill Kovach）和哥伦比亚大学教授罗森斯特（Tom Rosenstiel）在其合著的《极速》中认为媒体的空前发达并没有相应地大幅增加新闻信息量，反而使得媒介越来越多地倾向于炒作热点新闻，并且常常在事件尚在进行的时候就妄下断言，这个时代的新闻观是"妄下断言"而不是"探求真实"。信息因传播技术的发展而容易获取的特性使多个媒体追逐同一信息源，于是各媒介常常一哄而上追逐与炒作某个事件，片面放大或忽视一些内容，受众往往难以接收全部真实世界的图像，有时就算是局部真实也常常难以达到。而且在媒介之间，他们在手段上互相模仿，所以最终他们又在做同一件事，那就是追求排他性。表面上竞争将促使媒介机构和内容的多样化，事实上这样的竞争却已成为媒介的一项组织常规甚至仪式，新闻界的仪式化竞争导致各类媒介在信息内容上的重合，致使新闻的均质化和平庸化，媒介独有的信息资源严重匮乏。另外，传播技术使各媒介间出现融合，各媒体为了发展不断融合其他介质的优点，这样媒介之间的相互延伸和渗透也不可避免地使公众获得的信息出现重复或者同一信息议题上的累加。比如，报纸及其网络版是同一信息内容在纸上和线上的两种信息渠道，而电视上的读报节目、手机报纸、门户网站上从报纸转载而来的信息，以及报纸从网络转载而来的信息，都是各种媒介之间信息内容的相互借用和渗透。对媒介而言，在一定意义上这是一种资源共享和市场扩张，但对受众而言，简单地转载是一种信息重复。因而说传播技术的发展虽使媒介丰富多样，但同时也造成传媒信息资源越来越枯竭，特别是独家信息的获得已经越来越难，各种媒体之间的信息重复率越来越高，各种传媒的新闻竞争日趋激烈。因此，抢新闻、争时效、比深度、拼特色，已成为新闻竞争的家常便饭。

如何在激烈的新闻竞争中抢到独家新闻；如何选取独特的切入点，做出有特色的报道，避免新闻报道的均质化和雷同化；如何对新闻题材进行深度发掘，由点及面地和社会生活的大背景联系起来，透视新闻事件的内在本质，让人更好地把握现实社会的走向，成为各媒体积极探索和思考的问题。尤其是在互联网技术取得突破后，新兴媒体出现的频率加快，媒介的融合速度加快的进程中，媒介的分化愈发重要，通过分化来满足不同细分市场不断发展的需求，让受众关注和使用媒介。因此，我们看到一些新闻制作者大胆尝试新的报道形式，不再追逐新闻信息传播的时效性和现场性，而讲究对信息的处理能力或者说是再加工能力。如近年来，新闻评论性节目的时兴和新闻节目专题化的趋势正是媒体从平面的信息传播向立体的信息传播转化的结果。立体传播意味着要延伸信息的广度和深度，要为信息提供纵横的参照，要对信息提供解释和预示，要在知识性和洞见性两方面超越其他媒介的传播效果。因而要求新闻制作者将目光转向历史去挖掘更多的信息资源，为受众做出新的阐释，于是这些新闻制作者将关注今天的视线转向昨天，在历史的瀚海中吐故纳新，不断从历史中寻求新闻创新的灵感；他们已不再仅仅沉浸于未来历史见证人的兴奋之中，而是乐于参照过去历史的厚重沉淀以确定现实的坐标。这一切都为史态类新闻的复兴奠定了现实基础。在实践中，除了纪念性新闻的常态报道，一些为适应受众对某一新闻主题相关信息的深度需求，以背景资料历史等处理为主要内容的新版块也不断涌现，随后逐渐出现以史料为主的史态类新闻栏目如《南方周末》的《往事》、《环球时报》的《史海回眸》等。

二、文化记忆与精神守望——社会需求与媒介满足的契合

现代科技的飞速进步，带来了新闻面目的不断更迭。在消费文化的影响下，当下的新闻多以消费产品的样式而存在，新闻报道无论在内容还是形式上都日趋娱乐化。在这里，大众对新闻信息消费追求快速及时，而为追求时效，新闻的意义常常支离破碎，缺乏上下文，与邻近事物无缘。什么新鲜事，震惊的好事坏事，都像是刚从天上掉下来似的，无原由可寻，就这么"发生"了。由于信息的聚合犹如一盘散沙，东一撮西一堆，人们根本不用记住前面

说了什么，后话该怎么续，无需逻辑，没有连贯，一切都是轻飘飘如飞扬的柳絮。头脑像一张白纸，没有记忆负担，写上的是涂鸦，写了即抹，抹了又写。每次都是最新最刺激的信息，却缺少有恒久保留价值的东西。正如美国华盛顿大学政治学教授W. 兰斯·贝内特（W. Lance Bennett）在他的《新闻：幻觉的政治》一书中谈道："经过当今记者笔下许多新闻报道的折射，日常生活的真实世界便被分解成含义不定随波逐流的碎片了。在这一折射过程中，发端于同一政治动因或经济动因的诸多事件，常被视为仿佛彼此独立互不相属。长期的趋向和历史的格局很少能够成为新闻的要素，因为它们难于像简单的新闻报道那样轻易说清。一个个孤立事件纷纷攘攘地充斥于截稿时刻。公众看到的不再是维系于历史、经济和政治的清晰潮流之中的那个相互关联的世界，展现在他们面前的是一个看上去被武断而神秘的力量驱入混沌之中的世界。"①而在这个世界里，强调的是享乐主义，也就是追求及时享乐、培养外露的生活方式和发展自恋的个性，而没有激情、没有高潮、没有精神的愉悦；强调的是对物质的精益求精和永无餍足的渴求，在一次性的、短命的、快速重复、模拟和批发中，以放弃对意义的追问和对现实的思考为前提，不断制造着缺乏理性光芒和诗意缠绵的流水线快乐，不断怂恿着人们过量消费而造成精神颓丧，而底层的艰难和困顿，历史的真相和意义始终被有意无意地遮蔽、消解、遗忘。②在这个世界里，历史被平面化消解，一切曾经严肃发生的事情都被加以调侃模仿和游戏化消解，大众的自我记忆和历史记忆彻底瓦解。于是在精神层面上，大众成为孤独的流浪者。就像米夏埃尔·贝内迪克特所说："所有地理位置的重要性开始受到人们的质疑。我们变成了流浪者——时时刻刻互相联络的流浪者。"③

德国批评家本雅明曾逆历史的主流而批判技术进步、科学发展和工具理性的历史神话。这给我们的启示就是必须发掘现代化进程中另类的蹊径、层次与想象，质疑其程序化叙述及带来的新闻的庸俗化。而怀旧心理及其所构筑的文化记忆恰恰是圆满的、统一的、稳定的、完整的，它在本质上就是希望"退回到历史上一个较少复杂的时刻和个人经验"。"折戟沉沙铁未销，自将磨洗认前朝"表达的就是这样的人生经验。怀旧不仅仅表达了文化心理对

---

① 兰斯·贝内特：《新闻：幻觉的政治》，杨晓红等译，中国人民大学出版社，2018年，第56页。
② 王岳川：《东方消费主义话语中的文化透视》，传媒学术网。
③ 齐格蒙特·鲍曼：《全球化——人类的后果》，郭国良等译，商务印书馆，2001年，第75页。

过往物、事、人的眷恋，而且隐含着对主导历史冒进有力地质疑和对抗。怀旧并不意味着在新旧两极之间非此即彼，更不是单纯的厚古薄今，而是在历史的运动中权衡比较时间前后流程中相呼应的节点，判断历史进程的合理性，权衡对于大多数人的利弊。①这样，我们可以在当代历史书写中发现"他者"——记忆的氛围，产生自我批评，不断反思、阐发潜藏的文化记忆。正如人类学家林耀华所言："一个人记得旧事越多，他积累的新经验也越多。"②在现代人的精神生活中，怀旧成为最切近人类心灵的审美方式，它化解了人们面对现实时产生的诸多忧虑，促使人们在怀旧中参照历史坐标确定前行轨迹。于是一批富有民族责任感的学人开始向民族文化的深处寻根，力图通过记忆来重新构筑统一的传统和文化。如20世纪90年代后的一系列书写记忆的实践，努力唤起过去的情形，探索未阐发的意义，在文学创作上出现寻根文学，新闻创作上则出现了史态类新闻，它通过"让历史告诉未来"型和"老照片"型使历史事实与现实热点相接，给受众以抚慰。前者主要是"以今日的事态，核对昨天的背景，说出明日的意义"，后者主要是"历史是人的自传"，从回溯中得到情感的慰藉。正是这样的史态类新闻以其更广泛的历史深度反思历史、阐释历史，把历史引进了人们的现实生活和日常体验之中，为受众提供某些记忆、思考的影像，提供一种历史的观照，提供一面人类现实的生存之镜，从这面镜子中，我们可以理解人类自身的处境和生存状态。

中国人民大学喻国明教授曾把传媒对社会的影响力划分为三个阶段：20世纪80年代是"解气"的时期，90年代是"解闷"的时期，进入21世纪则是对人们进行精神安抚的时期。这也就是说媒体作为第四种权力，被赋予社会监测者甚至"灵魂工程师"的角色，在追求"眼球效应"和经济利益的同时，媒体不应漠视苦难，轻薄历史，缺少人文关怀；不应忘记自己作为时代航船的瞭望者所承载的社会责任，这是传媒作为社会公共媒介必须承担的义务。从经济学角度来看，由于传媒是通过影响人的心理和行为来改变社会的，因此，传媒的产出经常不能用明确的经济效益来衡量，无法进行标价评估。经济学家在分析自然资源时，注意到自然资源存在着两种不同的属性：可分拨性和不可分拨性。可分拨（appropriable）资源是指主要成本和利润都能被纳入市场，消费者能够获得商品的全部经济价值的资源。不可分拨（inappropriable）

---

① 参见王斑：《全球化阴影下的历史与记忆》，南京大学出版社，2006年，导言第2-3页。
② 转引自刘士林：《消费时代的文化记忆》，载《文艺争鸣》，2001年第4期。

资源是对个人免费而具有社会成本的资源。不可分拨资源具有外部性，消费这样的资源，将对其他团体给予无需补偿的收益或强征不可补偿的成本。传媒的信息扩散在社会空间内，实际上就是在占用不可分拨资源。①利用这样的资源，媒体理应具有强烈的社会责任感，少牺牲他人的成本，为社会多提供无需补偿的收益，而不应污染社会环境，让所有人都为媒体的行为付出代价，最后只能借助对已然消逝的文化的记忆和想象来平衡紧张的现代生活。因此，在面对消费文化的激烈冲击时，媒体从业者中"有人回归传统，标举士气逸品，有人剪断历史，直奔未来世界"。也就是一部分新闻从业者走向迎合受众、追求受众至上的道路；而另一部分新闻从业者却在冲击中意志弥坚，不断寻求新的表达方式，以期能在其中坚守着优秀新闻从业者的文化责任，执行着人们对自身精神家园的守望。史态类新闻作为媒介人思考历史现实未来的见证，正是对媒介人所介入的社会进程的负面功效的克服，从而实现媒介人的精神守望和对当代文化的书写。于是，史态类新闻复活的一个功能就是负载新闻从业者的使命而前行。此外，由于在传媒日趋多元化的竞争中，同源新闻越来越多，独家新闻逐渐减少，媒体间竞争已从独家信息的竞争转向独家分析的竞争，史态类新闻因得到受众关注促使从业人员对其重新审视，成为各大媒介的独家新闻的热选点，通过新闻与历史意识的互渗，不断营造一个个怀旧时空，以逗引消费者的快感，达到虚拟的满足，从而达到媒介与受众的高度契合。

第四节　阐释的理论支点

一、新闻与历史视野的意义融合

传统新闻观认为新闻是追求新的信息，历史却是追求陈旧的信息，两者

---

① 许永、骆正林：《优化环境：媒介现实的话题》，传媒学术网。

在各自的时差上,恰像两列相向而行的列车,方向总是相反。史料是展现过去与昨天,新闻是盯着现在和今天;史料记载的是过去的事情,因而越陈旧越值得珍重;新闻反映的是现实的变化,因此是越新越有价值。那么,新闻与历史有对话的可能吗?

在新闻与历史这对范畴中存在一对重要的概念:现在与过去。这二者属于什么?属于时间。何为时间?这是一个正如奥古斯丁所说你不问我似乎还明白,你一问我倒说不清楚了的问题,因为,这是一个太基本的问题。面对这样的问题,通常人们的第一反应大概会是求助于钟表或日历,因为通常我们的时间观念是通过它们获得的。但钟表、日历只是定量计时工具,在此,我们已经"在时间中"。计时工具本身以时间的存在为前提,却并非时间本身,无法为时间提供根据。因此,这些只是时间的度量与使用方法,本真的时间隐匿不现。究其根本,时间在最抽象的意义上乃源于流逝,是世间万事万物生成变易的哲学表达。"子在川上曰,逝者如斯夫""高堂明镜悲白发,朝如青丝暮成雪"就是时间在人类意识中的诗性见证与表达。借海德格尔的话说,时间乃于由将来、曾在、当前的统一所构成的变异中源始地绽出。[①]时间作为流变与永恒是对立的,在时间中没有固定不变的点,在时间中一切都会过去。永恒的"现在"并不成其为时间,只有在现在的过去中时间方才到场,而现在之所以成了过去,是因为现在在将来到场中成为过去。在此,最能提示时间本真性的关键就是"将来"。在朝向"将来"的方向上,"现在"在"将来"的到场中成为"过去",而新的将来不断将前此"到时"为"现在"的"将来"作为"过去"扬弃,由此展开从过去到现在和未来间的绵延之流。依照胡塞尔开创的现象学的观点,一切事物的存在在其意向性焦点之外都具有其边缘域,就时间而论,它具有一个集"当下""前摄""滞留"于一身的三重边缘域:现在并不仅仅是作为眨眼瞬间的当下,而是包括当下和非当下即滞留和前摄在内的现在;时间不是过去、现在和未来的简单叠加,也不是滞留、当下和前摄的点状流动;滞留不仅进入当下之中,它们还成为当下得以成立的前提和条件。海德格尔亦指出,时间本质上并不是指"现在系列的前后相继",而是"在当前、曾在、将来中嬉戏着的在场"。因而所谓过去——现在——将来则不过是同一现在在计时上的不同刻度或叠加的效应。借用芝诺的绝妙表达,

---

① 海德格尔:《存在与时间》,陈嘉映等译,生活·读书·新知三联书店,1987年,第390页。

正所谓"飞矢不动"。①这就意味着在历史和新闻中时间存在相对性。而时间的相对性也就是信息的可传达性和事件的所知性。

历史是什么？"历史是时间经验的意义形成"②，海德格尔认为"历史性根植于时间性中"③。在发生学意义上，一切历史都是现在。历史意味着一种贯穿过去、现在与未来的事件联系和作用联系。基于时间集过去、现在、未来于一体的本真意义，历史在本质上并不单纯等于过去，不等于年代的久远性，而应定位于整体流变过程。而新闻指经大众传播的受众不知应知欲知的事实的信息。从定义可知，时间之于新闻永远不具有任何优先性和超越性，时间非但不能主宰和支配新闻，相反，时间还应受到新闻的决定和把握。新闻不是时间的一种形式，而时间却实实在在是新闻的一种表现。所以，新闻所具有的时间性只能是相对的，而不可能是绝对的。因此时间的相对性为历史成为新闻提供可能。不管是发生在一千年前的事情，还是发生在一秒钟前的事情，只要它第一次为人所知，那么它就是新闻，就是历史。如果发生在一秒钟前的事情不为人所知，那它仍然不是新闻；同样，如果发生在一千年前的事情不为人所知，那它就仍不是历史。从这个角度来看，历史与新闻这种信息在其传播过程中为人所接受和获悉的第一次性得以强调。这彰显着新闻成为一种贯穿过去、现在与未来的事件联系和作用联系，从而现在在这里根本不具有特别的优先性，过去亦是新闻的组成部分。而且，历史可作为新闻，它的可知性并不单纯局限于事件，还应包括对事件的理解和解释。伽达默尔认为理解的能力是人的一项基本限定，人正是凭借彼此的理解才能生活在一起。这种限定首先在言语和对话的共同性中得以实现。也就是说，人们的说、写和交往，甚至潜意识活动和内心独白，都是寻求理解发生或自我理解。因而他认为理解具有历史性，而理解的历史性包含三方面因素：其一，在理解之前已存在的社会历史因素；其二，理解对象的意义构成；其三，由社会实践决定的价值观。在伽达默尔看来，理解的历史性构成了我们的偏见。所谓偏见指理解过程中，人无法根据某种特殊的客观立场，超越历史时空的现实境遇去对本文加以"客观"理解。偏见是一种积极的因素，它是在历史

---

① 参见周建漳：《历史及其理解和解释》，社会科学文献出版社，2005年，第37-46页。
② 转引自[德]约恩·吕森：《历史思考的新途径》，綦甲福等译，上海世纪出版集团，2005年，第11页。
③ 海德格尔：《存在与时间》，陈嘉映等译，生活·读书·新知三联书店，1987年，第442页。

和传统下形成的。传统是先于我们,使我们不得不接受的东西。传统总是在历史变化中有选择地保存,因此,我们与传统总有一种无法割裂的关系,不仅我们始终处在传统之中,而且传统也是我们的一部分。没有超出传统之外的理解者,也没有与传统无涉的本文,人与本文都处在世界之内,处在传统之中。因而对事件的理解建立于传统中(所谓前理解),但又在其基础上不断出现新的视野融合,理解是把自身置身于传统的进程中,在这一过程中过去与现在不断融合。故而,对历史事件的新理解、新阐释同样构成一种新闻。因为,对历史事件的这种新理解、新阐释不管怎么说毕竟是以第一次的初始方式传达给人们并为人们所知晓的,而且新闻不可能切断传统而孤立出现,它通过与历史的相联而赋予自身更深的意义。这样,历史与新闻作为意义的两极,其统一的可能性就在于意义性。意义的本体构成了历史和新闻的统一体。"只要能揭示出新的意义,历史就是新的;只要能发现新的历史意义,历史就是新闻。"[1]因为新闻的本质并不在于时间上的近,而在于意义上的新。所以,新闻即新历史、新意义。不管一个事件距离我们今天多远,倘若传播者从中领悟出新的意义,那么,这个事件就一定发生在我们眼前;一个历史人物不管生活得离我们有多远,倘若传播者从他身上揭示出新的意义,那么,这个历史人物就一定生活在我们身边。也就是说,新的意义有效地缩短了甚至弥补了时间上的距离和空间上的差距。这样,历史事件本质上具有一种新闻性。具体而言,历史事件的新闻性包含有两种可能或两种情况:一是原先被人在无意中所遗忘的历史后来在某种新条件下又被回忆起来和发现出来;一是原先被人有意地掩盖和篡改过的历史后来在某种新条件下又得以被揭示出来和改正过来。从理论上讲,任何历史都有被无意地遗忘的角落和有意地掩盖起来的秘密。所以,一旦把历史上所有那些被遗忘的角落和被掩盖起来的秘密揭示和披露出来,那么毫无疑问,它将会成为一种令人深思的具有特殊形式和特殊意义的新闻。因此谢贵安[2]认为从历史的构成来看,容易广为传播和得到普及的内容,大都具有新闻化的特点,第一是由新闻积淀而成的历史知识,因为具有现实性而形成了浓厚的传播趣味,容易获得大众的青睐,从而广为传播和接受。这些褪色新闻积淀成的历史,或因怀旧情调使部分历史还原成新闻,或因与现实发生感应重获发现,被新闻媒体热播和炒作。第

---

[1] 雷戈:《史学与新闻》,载《文史哲》,2004年第6期。
[2] 谢贵安:《从历史与新闻的关系看史学的传播和普及》,载《郑州大学学报(哲学社会科学版)》,2011年第1期。

二是历史悬疑、古墓迷踪、奇异古风等文明疑案,在它发生的时候或者未受关注,或者秘而不宣,但经过很长时间的沉淀和封存之后,许多本无新奇的历史现象也产生悬疑,或秘而不宣者露出马脚,这些内容引人好奇、吊人胃口,容易受到大众的关注。第三是经典化的历史和历史人物,具有永远的新闻特性、无限的传播价值和普及的意义。

在历史与新闻的意义之环中,旧事件变成了新话题,老观点产生了新问题。意义所及,一切都是新的;①只要赋予新的意义,一切历史就具有新闻价值。就这样,新闻在闻所未闻的情况下变成了历史,历史又在史无前例的情况下变成了新闻。这显然是荒谬的。但荒谬早已不是新闻。甚至,它也不单纯是历史。它从过去一直绵延不绝地伸展到现在。消除这种荒谬性的办法之一就是对历史与新闻的关系加以重新考察,以便探讨是否有可能找到一条将历史学与新闻学结合起来的有效途径。为此,尝试从历史角度理解新闻就成为可能。正如余华所言,"在我规范的日常生活里,每日都有多次的事与物触发我回首过去,而我过去的经验为这样的回想提供了足够事例。我开始意识到那些即将来到的事物,其实是为了打开我的过去之门。因此现实时间里的从过去走向将来便丧失了其内在的说服力。似乎可以这样认为,时间将来只是时间过去的表象。如果我此刻反过来认为时间过去只是时间将来的表象时,确立的可能也同样存在。我完全有理由认为过去的经验是为将来的事物存在的,因为过去的经验只有通过将来事物的指引才会出现新的意义。拥有上述前提以后,我开始面对现在了。事实上我们真实拥有的只有现在,过去和将来只是现在的两种表现形式。我的所有创作都是针对现在成立的。虽然我叙述的所有事件都作为过去的状态出现,可是叙述过程只能在现在的层面上进行。在这个意义上说,一切回忆与预测都是现在的内容,因此现在的实际意义远比常识的理解要来得复杂。由于过去的经验和将来的事物同时存在在现在之中,所以现在往往是无法确定和变幻莫测的。"②新闻的一个分支——史态类新闻在学理上也就有了产生的机理。

二、新闻价值取向的转变

新闻价值是事实构成新闻的标准,传统的新闻价值标准认为新闻价值包

---

① 雷戈:《史学与新闻》,载《文史哲》,2004年第6期。
② 余华:《虚假的作品》,载余华:《我能否相信自己》,人民日报出版社,1998年,第154页。

括不变要素及可变要素,其中不变要素包括真实性、新鲜性,而可变要素则包含及时性、接近性、显要性和人情味。这个标准反映了新闻报道的某些客观规律,至今还不失为衡量新闻报道是否具有新闻价值的依据。

但时代变革及新闻实践的发展,使新闻价值的内涵与外延都在扩张,"新闻的涵盖面变得更大,过去不属于新闻的日常信息、流行话题、社交聊天、普通人经历等都有可能登上新闻之'殿堂';新闻的呈现方式更加注重个人视角、对话性和视觉化;作为一种重要的知识类型,新闻的边界,比如新闻与娱乐、新闻与公关、新闻与社会科学等的关系,正在解构和重建。"[1]传统新闻价值观已经落伍,常停留于报道事件的表面的惊人之处,而没有把事件深层的原因揭示出来。美国记者 B. 罗斯科早在 1975 年就认为"以往的报道更多的只是关注新闻事件表面的事实,即'变态新闻'(spot news),极少真正去探究事件发生的原因"[2]。哈特利也指出,"识别新闻价值,应告诉我们新闻受到欢迎的原因,而不是它们被选择的原因"[3]。正如曼切尔所言:"这些指导方针并没有告诉我们,最恒久的故事之一是人类如何战胜。很少有人能抗拒的故事是我们目前如何生活的状况。这些指导方针也没有告诉我们新闻价值的变化,而且没有就新闻编辑部的实际情况——它的压力和它的权术——向我们提出任何的指点"。[4]德弗勒和丹尼斯则明确指出:"用这些标准确定新闻价值所付出的代价是:许多新闻报道从其他角度来看,实际上很有意义,却很可能被判定为太平淡,例如那些具有历史意义的事件,那些能改善人类环境的事件或扩展人类知识领域的事件等。有关这些事件的报道很可能只会在报纸的最后几页或新闻广播的末尾才能找到。"[5]而这些问题具体表现为:一是过分消极。传统新闻价值标准不断强调事物发展过程中的异常的现象,而贬低事物发展过程中的正常、健康和积极的现象。片面追求人物和事件的显赫与轰动效应,偏爱事件的冲突、刺激和煽情,导致过分的消极,这就难免使大量消极现象充斥媒介,使人们所看到的是一个不完整的、不真实的和扭曲的世界。二是极端的时效性。从传统新闻价值来看,及时性是对新闻报

---

[1] 王辰瑶:《新闻创新:不确定的救赎》,载《中国社会科学报》,2016 年 5 月 5 日。
[2] Roshco B.: *Newsmaking*,University of Chicago Press,1975,p71.
[3] Hartley J.: *Understanding News*,Methuen,1982,p79.
[4] 转引自徐耀魁:《西方新闻理论评析》,新华出版社,1998 年,第 146 页。
[5] Defleur M. L., Everette E. D.: *Understanding mass communication A Liberal Arts Perspective*,Houghton Mifflin,2005,p381.

道追踪新闻事实的速率的度量。而这种及时性表现为对新近发生的事实的报道，这个"新近"指该新闻事件总是在离发布时间很近的时刻"发生"。对于电子媒体而言，及时意味着现在、刚才、今天、不久以前（故有现在的新闻现在报之说）；对报纸来说，这种时效性所经历的时间的跨度较大，而杂志则更大。但事实上，有关时效性的理论，在实践操作上又存在不少具有辩证色彩的潜规则，杰克·富勒就认为："新闻强调最近发生的事或最近所发现的事实是以忽略了以前所发生的事或者人们已经知道的事实为代价的。记者认识到这种偏向，也谈到有必要在报道中交代一下'背景'。然而，在真正的报道中这些'背景'知识往往被隐藏在深处，甚至连读者看懂报道的内容所绝对必要的背景知识都不能容忍。有时报纸也可能会把过去的事再报道一遍，企图完整地讲述整个事情的过程，然而，这是非常特殊的。报道即刻所发生的事的倾向已成为一种常规。"①杜骏飞先生在其《论网络时代的全时化新闻理念》中谈道："及时性并不代表新闻的一切；报刊记者不指望与广播业的同行们在时效性上竞争；报纸和杂志记者在进行报道时，通常会更多地着眼于事件的为什么发生（why）和如何发生（how），而不是着力于事件何时发生（when）；有些本来应该及时报道的事件虽然过时了，却仍然有其特殊的影响；对于某些新闻报道来说，为了某种特殊的原因（国家利益、新闻道德等），牺牲时效性也在所难免。"②

第一，及时性并不代表一切的观点实际上揭示了"快"只是新闻的品质与秩序的一种元素，而未必是首要的元素。因为新闻的主体毕竟是新闻本身，而不是其速度。第二，关于报纸和广播的不可比性反映了不同的介质由于其技术特征的不同，应当努力避免展现自己的弱点。第三，报刊把自己的注意力放在深度和阐释上，经历了数十年来电子媒介的挑战而不衰，这反映了智性的理解始终是受众接受新闻的本初动机之一。第四，新闻应该是力求新鲜的见闻，但这是建立在一个相对的概念上。对于不知道某一新闻信息的人来说，迟到的新闻尽管影响了新闻价值的分量，但它仍然具有某种新闻性——可以让不知道的人由不知变为知，其中，本原意义上的新闻价值仍然存在。第五，某些因故不发或迟发的新闻，体现了我们对于新闻的理解仍然要屈从它所在的系统的规则：新

---

① 杰克·富勒：《信息时代的新闻价值观》，展江译，新华出版社，1999年，第55页。
② 参考杜骏飞：《论网络时代的全时化新闻理念》，传媒学术网。

闻处在一个上层建筑的系统内，而上层建筑普遍依存于国家、社会、民族或种群的利益关联之中，因为较大的系统的要求，而牺牲较小的系统理念，这种情形也是常见的。①

因此过度强调及时性就有可能走向极端。过度强调及时性，一方面忽略新闻的本质，使得大量有价值的、对受众有知晓意义的稳态性事实被淹没在动态性事实中，而使呈现在受众面前的新闻具有片面性，不能全面客观地反映客观世界；另一方面会使得新闻的制作者为争取新闻的首发权而无暇顾及深入的调查研究和细致的背景分析，使新闻报道流于肤浅表面。

新媒体技术既加快了及时性也在不断地对及时性进行抹杀，一方面，它既可以做到同步，同时也可以挖掘出"陈谷子烂芝麻"的旧事。而且随着社会生活的复杂化，一些新事物的出现如发展新闻学（形成于20世纪70年代，是由一些发展中国家的学者提出来的）、调查新闻学（因提倡调查性报道而闻名，20世纪70年代因《华盛顿邮报》两名年轻记者调查揭露"水门事件"真相的报道大获成功而风行美国）、精确新闻学（精确新闻学一词源于美国学者菲力浦·麦耶在1971年出版的《精确新闻学》一书，他认为，记者要改变传统新闻学方法中只注意耸人听闻的情节而缺乏客观、准确的倾向，广泛运用社会学、统计学等方法和手段，从社会、历史、政治及经济的多种角度分析新闻事件，以数量分析、社会调查统计分析、大众传播的内容分析等方法，揭露新闻事件的社会意义和真相，力求提高报道的准确性和客观性）、全息透视新闻学等不断地冲击着人们的习惯思维，传统的新闻价值理念也在不断地冲击下发生着变化。1980年，密苏里新闻学院在《新闻写作教程》中提出："近年来，报纸已经花费了更多的时间和篇幅，来报道无法以大多数的传统标准很好地加以判断的新闻。它们往往并不含有冲突。它们很少表现任何怪诞的事物或者涉及名流的言行。许多报道并没有时效性。只有一些报道将接近性作为因素。""有些坚持传统标准的批评家抱怨说：'真正的'新闻被'非新闻'或者'软'新闻排挤出去。然而，看来这些被称为'生活方式'的报道将保持着或增加了它们的新的声誉。它们拥有新闻的最重要的素质——那就是影响力。"②

---

① 杜骏飞：《论网络时代的全时化新闻理念》，传媒学术网。
② 密苏里新闻学院写作组：《新闻写作教程》（英文），圣马丁出版社，1980年，第17-18页。

正如麦道格尔（MacDougall）所言，撇开政策考虑作为新闻评判的因素不谈，各种介质的媒体不论有何差异，他们每天在对千百万事件做出选择时都有确定其潜在新闻价值的大体一致的标准。①从这里可了解到，尽管我们承认一切现有新闻价值标准体系，但鉴于它在理论上是一种流行——尽管这一流行经历了漫长的积淀，被公认为具有合理性和存在的价值，但它仍然可以改进，并随时代的变迁和新闻实践的积淀，这种改进的必要性日益明显。目前新形式的报道在与传统的"正统"新闻争夺版面（栏目）和受众的兴趣。新的变化使新闻工作者面临困难，但同时也为他们创造新的机会。那么在新的形势下新闻工作者的实践标准是什么呢？要了解这点，必须先了解新闻价值的真正含义。

马克思在《资本论》中揭示了价值的两层含义：一是有用性，即对需要的满足，满足程度越高，价值就越大；二是劳动量，花费的社会劳动量越大，价值就越高。马克思认为，价值是凝结在商品中的社会劳动。这是从商品内在的劳动价值而言的。马克思主义劳动价值学说的最突出贡献就在于，它深刻揭示出了价值是劳动创造的这样一个基本的规律。因此，有学者认为"价值是客体对主体的效应，主要是对主体的发展和完善的效应，从根本上说是对社会主体发展和完善的效应。客体对主体的效应包括对主体生存、发展、完善的效应。客体对主体生存的效应，是价值的初级本质；客体对主体发展和完善的效应，是价值较深层次的本质，也是价值之所以成为价值的根本点。客体对社会主体发展和完善的效应，是评价客体价值的最高标准。"②简单而言，价值就是客体对主体的效用，一是表现为物质效用，即满足人的某种物质需要，常出现在经济交往领域如市场交换领域；一是表现为精神效用，即满足人们精神需要的实用，主要出现于意识形态领域如道德和审美领域。

人类活动无论是实践还是认识，都是在追求和实现某种价值。它是特殊的人类文化现象。如果具体到新闻领域，杨保军在其《新闻价值论》中认为，新闻价值是价值这个大概念中的一个子系统："以新闻的眼光去观照整个价值世界，可以把价值从宏观上粗略地分为两类：新闻价值与非新闻价值……新闻价值按照哲学价值论的逻辑，新闻价值就是客体的新闻要素、属性、功能

---

① 引自杜骏飞：《Internet：被解放的新闻价值观》，载《现代传播》，2002年第1期。
② 王玉梁：《价值哲学新探》，陕西人民出版社，1989年，第158-159页。

对新闻主体所产生的实际效应,即新闻客体对新闻主体的作用和影响。"①而此处的"新闻客体"是由双重客体构成的,其一是新闻事实,其二是新闻文本。从新闻事实的角度出发,新闻价值指的就是新闻事实的属性功能对主体的价值,即新闻价值;从新闻文本的角度看,新闻价值就是指新闻文本对主体的效应,对主体的作用和影响,即新闻的价值又叫传播价值②(这也是第四章"史态类新闻的传播价值"建构的基础)。从前面可知,新闻事实必须经报道才能转化为新闻,而新闻文本正是对新闻事实的客观再现,新闻文本所包含的新闻是传播主体对客观存在的新闻事实或新闻信息认识反映之后的新闻。换句话说,新闻文本的内容就是主观化了的新闻事实或信息。文本价值的大小则有赖于对事实价值资源的开发。文本的新闻价值是对事实新闻价值的直接反映,文本的其他价值则是以事实诸多潜在的价值为基础的。因而说新闻文本的价值最主要的是新闻价值,新闻文本首先满足的是主体的新闻需要,但新闻文本的价值,不只是包含新闻事实的新闻价值,还有它们的延伸价值与主体的新闻价值发现、新闻价值创造成果,甚至还有传播主体的价值偏见和价值误导等。即是以新闻价值为中心的包括宣传、舆论、知识、教育、文化、审美等价值在内的一个多项价值结构系统。这些价值只能在新闻传播中得到实现,所以有人又将其称之为新闻的**传播价值**。③

因此,根据价值的内涵,刘建明认为:所谓新闻价值的要素——重要性、显著性等,不是新闻价值,而是某些新闻事实的特征。"新闻本身的重要、新鲜、有趣或接近性等,不过是新闻事实的一些属性,而不是满足受众需要的获益性。这些事实的品类属性,能够派生出新闻价值,但不是新闻价值本身,它们不具有直接的价值效用。说人们需要时效、重要或新奇性,不仅语义上不通,而且逻辑上根本不会发生人们对时效性、重要性、新奇性、接近性、趣味性的需要。我们只能说人们需要重要的新闻、有趣的新闻或有接近性的新闻等。在这种语境中,'重要、新鲜、相关、显著'等种种'性',恰恰是事实的特征,而不是价值"④,"新闻价值是指新闻与受众、社会之间的需求

---

① 杨保军:《新闻价值论》,中国人民大学出版社,2003年,第14页。
② 杨保军:《新闻价值论》,中国人民大学出版社,2003年,第18-24页。
③ 参见童兵:《理论新闻传播学导论》,中国人民大学出版社,2000年,第50-53页。
④ 综合刘建明:《传统新闻价值观的自我颠覆》,载《新闻界》,2002年第5-6期;《传统新闻价值说的历史终结》,载《新闻爱好者》,2017年第1期。

关系，表现为对受众和社会需要的满足，故新闻价值是一种关系范畴"①。新闻价值不是事实的属性，而是事实属性给予主体的效用，或是事实属性作用于主体而产生的效果。我们常说"某条新闻有价值"，实际上是指新闻对它的受众而言有价值，而不是指新闻是否有"重要性""新奇性"或"接近性"这类特征。"价值"是指它对受众有什么用途，给他们带来什么好处。因而刘先生认为："传统新闻价值面临实践与逻辑上的考问，已陷入历史终结的境地，代替它的将是现代新闻价值理论。现代新闻价值是指新闻满足受众需要表现出的效应，体现为受众对新闻的精神获益或由它得到的物质利益。"②

因此笔者借用刘建明先生的观点，认为现代新闻价值从效用角度看，其构成因素就是获知性、激励性、获益性和娱乐性。③

（1）获知性。这是新闻价值的主要和首要的类型，即新闻帮助受众了解新事物、新动态、新知识以满足人的求知欲望和提高人的精神活动能力。渴求对外部世界和人自身的了解是人提高认识能力的一种目的和需求。什么是知识？对知识本体最早、最系统的研究源自心理学、教育学。知识是指客观事物的特征与联系在人脑中的能动反映，是人类经验、思想、智能赖以存在的形式。具体而言，按照国际经济合作与发展组织（OECD）的分类，知识分为以下四类：

第一类——知道是什么（KNOW WHAT），即现实生活中的事实方面的知识。

第二类——知道为什么（KNOW WHY），即自然原理和规律方面的科学知识。

第三类——知道怎样做（KNOW HOW），即做一些事情的技能方面的知识。

第四类——知道谁有知识（KNOW WHO），即有关知识在哪儿的信息。

美国心理学家托尔曼提出的认知目的说认为学习是有目的的，学习即期待的获得，即学习者明确目的在先、学习知识在后，自定的目的决定了要学什么。显然，受众在获知新闻之前，一般并不知道自己将看到什么、听到什么，只是在阅读与听的过程中发现其与自身利益相关或具有一定的趣味性，才会无意识地进入知识学习的三阶段——当然如果新闻不够精彩，也可能是前两阶段甚或一阶段。即便受众通过人际传播或其他媒体而明确了对某一信

---

① 刘建明：《当代新闻学原理》，清华大学出版社，2003年，200页。
② 刘建明：《传统新闻价值说的历史终结》，载《新闻爱好者》，2017年第1期，第7页。
③ 参见刘建明：《当代新闻学原理》，清华大学出版社，第202-203页；《传统新闻价值说的历史终结》，载《新闻爱好者》，2017年第1期。

息的需求目的，一般也会在多家媒体的同题报道中进行无意识的比较，并将注意力主要投向最能贴近其认知结构的新闻报道，以达到了解自下而上环境和外部世界的变化，调整自己的认识和行为，通过新闻获得知识，不断积累人的感受能力、理解能力和把握环境的能力等，是人类从事一切实践活动，创造生存条件的需要。从这个意义上来说，新闻具有获知的价值，不同类的新闻可以延伸为"知晓价值""知识价值"或科学价值，通称为获知的价值，因而说新闻对人们求知需要的满足是短暂的、局部的、相对的，而使人们不断积累信息、不断突破旧知识、不断提高自己的思维能力才是新闻更持久、更全面的价值。

（2）获益性。获益性是指让受众获得利益，避免损失。某些新闻事实对相当多的人有益处，能给人们带来某种物质需求的，使人们知道如何消费和生活，这样的事实尽管有时和人们的观点、立场、态度毫不相干，但它能满足读者某种生活需要。

（3）激励性。这属于教育价值，指提高人的正义感和生活勇气的价值。美国心理学家 G. H. 来德认为人都有社会化角色，特定社会总是期望它的成员按照他的社会地位行事，社会成员也总是要求自己努力表现出符合这种期望的行为来。这样就会呈现出参照群体（美国学家海曼 1942 年提出）。参照群体具有规范功能和比较功能，当人们把某一群体视为自己的参照群体，那么，他们就会以该群体的目标、行为标准、伦理观念、价值判断、生活方式等来要求自己，并自觉或不自觉地以其规范来修正自己的行为态度。法兰克福学派认为，媒体是意识形态的工具，为主流意识形态服务，因此，主流媒介会报道符合主流意识形态规范的行为和意识，以期对受众群体产生影响使其修正自己的行为，因而新闻也就表现出行为激励、道德激励和思想激励的效用。一是行为激励，即报道社会模范人物的各种英雄行为，使受众在战胜社会丑恶、自我惰性等方面有了参考，从而改变自己的行为方式。二是道德激励，即新闻提供道德榜样，把道德观点和行为具体化、形象化，产生一种感染力和影响力，受众先知后行，在对道德典范认知后内化为自己的需求，从而提高自己的道德境界，人与人之间的伦理关系得到调整。三是思想激励，即传播先进思想。习近平指出，先进的思想文化一旦被群众掌握，就会转化为强大的思想物质力量。反之，落后的、错误的思想文化如果不破除，就会成为社会发展进步的桎梏。新闻的效应就是引导公众逐步改变落后的意识，形成新的观念。

（4）娱乐性。娱乐性是指人们从新闻中获得乐趣，陶冶性情或得到轻松感。娱乐性是许多软新闻的价值效应，可给人们提供快乐的享受，也可从中获得有趣的知识。各种趣闻、体育新闻、幽默事件，代表大众文化潮流，都能使受众得到乐趣和快慰。现代媒体的娱乐化倾向日益突出，引起人们更多的关注。但如果过度追求新闻的愉悦性，崇尚绯闻和各种笑料，则难以避免新闻的低俗化倾向，从而导致媒体过多报道娱乐化的新闻而忽略新闻的其他价值，进而导致新闻的其他价值的丧失。

从现代新闻价值的内涵来看，只要一条客观事实能给受众带来效应，满足受众的某种精神需要，如求知、娱乐、激励等，它就可以成为新闻。这就使各种新闻新生类如史态类新闻的复活有了理论依托。尽管报道现态和拟态类新闻是新闻媒体的主流，但史态类新闻带给受众的不只是新鲜感，还有知晓性、获益性等，因而史态类新闻的复活也就成为必然。史态类新闻这一早已存在的事物因其时效性的缺乏曾被束之高阁，但随着新闻实践的变化，传统新闻业时代所强调的新闻性、新闻价值标准不再那么严格，史态类新闻的复活就有了现实的依托。

第五节　研究框架

本书试图运用文化研究中的文本分析及相关方法，从理论和功用层面对史态类新闻进行学理性透视。史态类新闻作为新闻的一个重要分支，具有新闻不变的内涵，同时也在文本叙事等方面展现出独特之处。史态类新闻的复活不但根基于其丰富的理论与实践基础，更得力于其内在的多重传播价值。这主要体现在以下基本内容中。

第一，概念的建构。对于一个"新事物"，概念的建构是其学理化的逻辑起点。在切入史态类新闻内涵前，立足于史态类新闻衍生于新闻的特性是我们全面辨析史态类新闻概念无法回避的逻辑前提。目前在学界业界公认的"新闻是新近发生的事实的报道"这一定义已随实践愈显苍白，因为它无法涵盖当今如春笋般涌现的各种新闻新生类。因此，在吸收前人成果的基础上，本书根据研究对象和任务对发展中的"新闻"定义进行梳理并导出自己的工作定义："新闻是被报道的，公众欲知、应知、未知的事实的信息"。该概念包括新闻的三个维度：史态类新闻、现态类新闻和拟态类新闻。在此基础上，建构出史态类新闻的基本含义是报道内容主体为与新近事实相关联的过去事实的新闻。进而分析其独特的内涵即报道事实静态化、借新闻由头而复活、具有清晰的认知性等。本书通过概念的建构，赋予史态类新闻独立的意义。

第二，类型考察。作为一种新闻文本，史态类新闻与其他文本既有相似点，又有其独特之处。从类型学角度考察，史态类新闻的文本类型最典型的有解密新闻和纪念性新闻。解密新闻是对长期隐蔽的历史事实进行揭秘式的阐释，它最为完整地体现了史态类新闻的特征；而纪念性新闻是借纪念日等做有时距的报道，尽管它既具有史态类新闻的特征，也有现态类新闻的一些特征，但从目前文本的呈现上看，更多的是借新闻由头报道过去事实，因而将其归类于史态类新闻。当然这并不意味着史态类新闻只有两种类型，事实上背景新闻作为边缘性文本也具有史态类新闻的特征，只是特征不如前二者明显。从史态类新闻的传播载体来看，不同媒介上的史态类新闻也都各具特色。报纸史态类新闻以文字见长，样式非常灵活；广播史态类新闻以声音传情，讲究语言的口语化；电视史态类新闻则文、声、画结合，显得非常形象生动，而且也能表现深度；而网络新闻则集报纸、广播、电视于一身，实施多媒体立体化互动性的报道，赋予受众意义的无穷尽。

第三，文本叙事。对史态类新闻的文本叙事进行麻雀式的解剖，是为其制作提供一种范式。史态类新闻文本具有固定的叙事结构，即大多由概述和新闻故事组成。但它与其他新闻文本最大的不同就在于其新闻故事的构成因子中，场景是由近场景（新闻由头）和远场景组成，其核心事实主要由距当下时间较远的过去的事实组构而成，而当下事实只是为核心事实作衬托。因此，史态类新闻比较讲究叙事策略，这主要体现为其叙述者的复杂化，叙事视角的多元化，并通过文本的互文保持受众的陌生感，利用悬念与延宕来延续受众的注意力，使用细节构筑真实抓住受众的兴趣点，通过多种叙事手法的运用，史态类新闻弥补了因时效性不足带来的缺憾，使文本更具可读性和深度。

第四，多重传播价值。作为一种新闻话语，史态类新闻始终都在建构意义。而意义的建构会受到"主导文化秩序"的限制。史态类新闻因强调一种国家/民族精神，使其与官方话语达到"意义共契"，从而成为构建主流文化及其意识形态的一个生成点和一支辅助力量。对于新闻从业者而言，史态类新闻复活的一个功能就是负载着新闻从业者的使命而前行。它不仅拓展了新闻信息资源，推动新闻传播的知性化，还进一步彰显新闻专业主义，实践着娱乐化浪潮中新闻从业者的人文关怀。与此同时，史态类新闻满足了受众的求知需要，成为其前行的参照坐标，还实现了受众的审美期待。更为甚者，史态类新闻作为一种文化记忆，真正成为传受主体传播价值的共振点，它既是一种文化传承，更是传受主体怀旧情结的释放和实现。

第五，发展走向。在全球化与媒介融合语境下，在多元文化的浸润中，随着新闻传播理念的变化，史态类新闻也会渐趋完善和系统化，其形式和内容会进一步丰富和多样化，并走向生态化的发展。但应注意的是，尽管史态类新闻在实践中不断迸发出创造力和生长力，但处于发展阶段的它多数还不规范，有的仅仅是一种雏形，如果没有阳光和呵护，它或许就会像一株幼苗受到风吹雨打而夭折于消费文化的侵蚀里。因此，对史态类新闻的展望既是一个学理层面的预测，也是一种悄然的提醒。

第一章　史态类新闻的概念建构

　　史态类新闻的生发源于新闻的生发,二者是分支与主干的种属关系。而新闻的概念及新闻价值取向的变化,为史态类新闻奠定了阐发与推演的依据。同时史态类新闻虽是新闻的一个分支,其内涵却是一个丰富的范畴,在切入内涵前,立足于史态类新闻衍生于新闻的特性是我们全面辩证分析、认识史态类新闻无法回避的逻辑前提。

第一节　史态类新闻——新闻的分支

一、新闻概念的再厘定

"新闻"一词最早出现在我国唐朝初年（约公元705年）出版的《新唐书》中[①]。书中记载，有位叫孙处玄的文人，因抱怨当时缺少传播海内外新鲜事的书刊而感慨曰"恨天下无书以广新闻"。也有人说以"新闻"一词命名之书出现于唐中末时期的著名文学家段成式的《锦里新闻》三卷[②]，可惜《锦里新闻》已失传。而"新闻"有确切含义则出现于唐末尉迟枢的《南楚新闻》中，该书认为新闻为"新近听说过的事情"，此时的新闻可为传奇，可为野史，无所谓事实的真伪，亦无所谓新旧，唯新奇而已。真正把"新闻"一词用于时事报道之义的则是与尉迟枢同代的诗人李咸用，他在其《披沙集》中写道："故人不见五春风，异地相逢岳影中。旧业久抛耕钓侣，新闻多说战争功。"（《春日喜逢乡人刘松》）"天涯行欲遍，此夜故人情。乡国别来久，干戈还未平。灯残偏有焰，雪甚却无声。多少新闻见，应须语到明。"（《冬夕喜友生至》）

报刊意义上的"新闻"一词则始见于宋代赵升的《朝野类要》。该书在谈到当时已存在的"边报""朝报"之后，还提到另一种所谓"衷私小报"，"其有所谓内探、省探、衙探之类者，皆衷私小报，率有泄漏之禁，故隐而号之曰新闻"。这里的新闻是经过刺探采访而见诸报端的政治性较强的新闻。

在西方，新闻学始祖卡尔·毕歇尔（Carl Bücher）认为新闻为心灵的交通手段，这与我们所认知的新闻概念有所差距。而从表达新闻之意的字词来看，主要有两个：news和journalism。根据《牛津英语词典》的解释，在古

[①] 郑保卫：《新闻学导论》，新华出版社，1990年，第1页。
[②] 参考刘建明：《当代新闻学原理》，清华大学出版社，2003年，第80页。

英语中有 newes，newis，newys，niewes 等多种表达方式，表达① 新的事物、小说；② 消息（Tidings）、对新近事实的报告；③ 单条消息；④ 消息发送、送信者、印刷品；⑤ 报纸等多种意思。①这一词汇在 14—16 世纪开始被广泛运用。1423 年，苏格兰的詹姆士一世在他发布的敕书里使用的"新闻"一词："我把可喜的新闻带给你"，就是第二种含义的表达。美国著名新闻史学家埃默里声称："直到 1500 年左右，消息（tyding）这个词通常用来描述有关时事的报道；造出新闻（newes）这个词是为了把偶然的信息传播行为与有意识地采集和加工最新消息的努力区分开来。"② 15—17 世纪正是这样的努力日益明显的时期。1621 年，英国出版商伯恩和艾克尔在国王特许下创办了英国第一家定期刊物《每周新闻》（*Weekly News*），英语的"news"作为新闻之意第一次用于刊名开始流传开来。③而 1665 年，第一次采取了单页两面印刷而且全是新闻的《牛津公报》问世之后，英文报纸（newspaper）一词开始出现了。同年一份以 *Journal* 为报名的《学者报》（*Journal des Savants*）出现了。据《牛津英语词典》的解释，Journal 的意思有：① 转移；贯通（Trans）；记录；② 机器轴颈。19 世纪以后 Journal 才从第一种含义中与法文的消息与消息报道的意思广泛结合，形成了表示新闻业、新闻工作者的意思，《英语词源学》中还明确指出从法语中的借用开始于 1833 年。④很显然，尽管"news"和"journalism"都可以指新闻，但是由于来源和使用历史的不同，这两个词的含义还是有明显区分的。《韦氏国际词典》认为："news"表示对最新的事件、消息、信息的议论；报纸、杂志、广播电视上所报道的东西及报纸读者和电台受众所感兴趣的事情。"journalism"则是表示对流行素材的整理和编辑以通过媒介发表、报纸杂志或其他媒介的编辑和管理、报纸杂志本身及报纸杂志中事件和观念的描述。⑤由上可知，在长期的历史演变中，英语中"news"和"journalism"两个词各有特定的所指，前者主要表示事实和信息，后者表示编辑和出版。尽管两个词之间的含义还有小部分的重合（事实与事实加工、加工与新闻出

---

① *The Oxford English Dictionary*，Oxford University Press，1989，p374.
② [美]迈克尔·埃默里（Michael Emery），埃德温·埃默里（Edwin Emery）著：《美国新闻史：大众传播媒介解释史》，展江等译，新华出版社，2001 年，第 9 页.
③ 郑超然等：《外国新闻传播史》，中国人民大学出版社，2000 年，第 54 页.
④ *The Etymology of English Language*，H. N. Wilson Company，1995，"journalism"条.
⑤ *Webster's Third New International Dictionary*，Merriam-Webster INC，1981，p1524，p1221.

版），但二者的区别还是日益明显化。

由此可见，新闻这个概念早已使用数百年，一路从口语传递时代，到手写、印刷、电子、网络时代，每一个年代都有新闻，而每个年代对新闻的看法也随时空而转移。从19世纪下半叶起，西方新闻界就开始探讨新闻的定义，随着20世纪新闻学科的出现，对新闻定义的探讨一直不绝于缕。

什么是新闻？新闻的定义是什么？美国的沃伦·K.艾吉、菲利普·H.奥尔特和埃德温·埃默里，在他们所著的《新闻报道与写作》（*Reporting and Writing the News*）一书的开篇，就表达了这样一种无奈："一个多世纪以来，新闻编辑和教育家们一直毫无成效地试图给新闻下一个确切的定义，以供记者去衡量种种事实。实践证明，想找这样一个定义，简直同想在荒山里找到传说中荷兰人丢失的金矿一样。这两种追求可能永远是毫无成果的。"[①]毫无成果虽显武断，但到目前为止，新闻定义纷繁复杂，观点多有出入，难以形成较为统一的认识倒是事实。

从新闻定义本身来看，有人把这些定义分为六类，也有人分为七类。笔者认为最为典型、影响最大的有三类，即事实类、传播类、信息类[②]。

一是事实类：

新闻是现在新的、活的、社会状况的写真。
　　　　　　　——李大钊：《在北大记者同志会上的演说词》

新闻者，最近时间内所发生的，认识一切关系社会人生的兴味实益之事物现象也。
　　　　　　　——邵飘萍：《新闻学总论》

最近发生的事实，能引起多数读者兴味，能给予读者以实益，方是新闻。
　　　　　　　——潘公展：《新闻概说》

新闻者，乃多数阅者所注意之最近事实也。
　　　　　　　——徐宝璜：《新闻学》

新闻，就是广大群众欲知、应知未知的重要事实。
　　　　　　　——范长江：《记者工作随想》

[①] 尹德刚等：《当代新闻写作》，复旦大学出版社，1997年，第4页。
[②] 举例部分来自刘建明：《当代新闻学原理》，清华大学出版社，2003年，第82-84页。又见吴谷平：《真实是新闻的生命》，载《新闻记者》，2005年第8期。

凡世界上新发生的新发现的与人类生存有关的事实与现象，都是新闻。

——萨空了：《科学的新闻学概论》

所谓新闻，就是在最近的期间所发生而被认识的，并能影响及社会，正确地报告出来的事实。

——李公凡：《基础新闻学》

社会（国际的、国内的、本地的）上发生的事实。为群众所关心的，对人民有较大影响，具有典型意义的事实，就是新闻。

——徐铸成：《采访浅谈》

新闻是一种新的、重要的事实。

——胡乔木：《人人要学会写新闻》

新闻即刚发生和刚发现的事物。

——（法国）贝尔纳·瓦耶纳

新闻是新近发生的，能引人兴味的事实。

——（美国）布莱尔

新闻是关于突破事物正常轨迹或出乎意料的事情的情况。

——（美国）麦尔文·曼彻尔

这里列举了十几位著名报人、新闻学家给"新闻"下的定义，虽然表述方式有所不同，但无一例外都强调了新闻的本源是事实。即便是博加特受到指责的"狗咬人不是新闻，人咬狗才是新闻"，瓦克尔的"新闻是女人、金钱和罪恶"，强调的也还是事实。

二是报道类：

新闻是新近发生的事实的报道。

——陆定一：《我们对于新闻学的基本观点》

新闻是新近变动的事实的传布。

——王中：《论新闻》

新闻是公众关注的最新事实信息的报道。

——郑保卫：《新闻理论新编》

新闻是已经发生或正在发生的事情的报道。

——（美国）约斯特：《新闻学原理》

新闻就是同读者的常态、司空见惯的观念相差悬殊的一种事件的报道。

——（美国）阿维因：《宣传与新闻》

新闻就是大众注意和大众有关之事的老实、公正、完整的报道。

——（美国）D. 勃列德莱：《你的报纸》

新闻乃是任何为人类所关怀的，而又有时效意义的报道，最多读者关怀的报道，就是最佳的新闻。

——（美国）庞德：《新闻学概论》

新闻是就某个具体问题、事件或进程提出现实的报道。

——艾弗雷特·丹尼斯和梅尔文·德弗勒：《认识大众传播》

新闻就是把最新的现实的现象在最短的时间内介绍给最广泛的公众。

——（德国）道比德特

新闻是根据自己的使命对具有现实性的事实的报道和评论，用最短时间、有规律地连续进行广泛传播的经济范畴内的东西。

——（日本）小野秀雄：《新闻学原理》

新闻是对事件的报道，而不是事件本身固有的什么东西。

——丹尼尔·麦道格尔：《解释性报道》

新闻是新近发生或新近发现的事实的传播。

——陆云帆：《新闻采访学》

三是信息类：

新闻是经报道（或传播）的新近事实信息。

——宁树藩：《新闻定义新探》

新闻是被传播（报道）的事实的信息。

——黄旦：《新闻传播学》

新闻是报道新近变动事实的信息。

——董天策：《新闻定义的语义学探讨》

新闻就是及时公开传播的非指令性信息。

——项德生：《当代新闻学》

新闻是新近发生的事实的报道的信息。

——胡正荣：《新闻理论教程》

新闻就是经选择加工，并及时公开传播的有用信息。

——陈坚：《新闻定义之争与内在主客体矛盾》

新闻是经过媒体报道的对不同人有不同兴趣的最新的信息。

——李希光：《关于新闻的定义与新闻写作》

新闻是传播（报道）新近事实的价值信息。

——艾风：《也谈新闻定义及其他》

新闻是新近发生的事实变动的信息。

——成美、童兵：《新闻理论教程》

新闻是一种信息，是传达事物变动最新状态的信息。

——李良荣：《新闻学概论》

新闻是对新近发生或发现有价值事实及意义的信息传播。

——赵振宇：《新闻及其时空观辨析》

就三类定义来看，从新闻是"某种事实"到"某种事实的报道"，再到"某种事实的信息"的变化，我们不难看出，新闻的定义在努力朝着准确界定对象内容的方向发展。很多学者认为陆定一先生在20世纪40年代的"新闻是新近发生的事实的报道"比较圆通，因而成为国内较为权威的定义。也有学者试着对几种类型进行融合以给新闻较全面的诠释，如复旦大学李良荣教授就认为在新闻工作和日常生活中，存在着并行不悖的两种新闻定义：① 新闻是新近发生事实的报道；② 新闻是新近事实变动的信息。这两种定义互为表里，定义① 表达出新闻的形式，定义② 表达出新闻的实质。

如此繁多的新闻定义给我们一个启示，新闻学是一门实践性很强的学科，随着新闻实践的不断发展，新事物的层出不穷，要想给"新闻"下一个周全的完整的定义是比较困难的。那么我们还有讨论下去的必要性吗？其实，新闻概念的不确定性不仅无损讨论的价值，甚至是其应该被深入探讨的来源。毕竟，在当今社会，新闻已成为民众极其重要的信息来源，而新闻媒体也在现代人生活中扮演着举足轻重的角色。尤其是在网络时代，机器人代写新闻、眼镜新闻学等使既有的新闻概念受到强烈挑战，网络的平等性使新闻性质发生巨变，这些迫使我们不得不重新审视和反思新闻概念。

众所周知，定义亦称界说，即指出概念所反映的对象的本质特征。列宁曾经指出"下'定义'是什么意思呢？这首先就是把某一个概念放在一个更广泛的概念里。例如，当我下定义说驴是动物的时候，我是把'驴'这个概念放在更广泛的概念里。"从逻辑学的角度来看，下定义的基本公式是：被定义的概念=它邻近的属概念+种差。而科学的定义方法有四条规则[①]：第一，定

[①] 刘元亮等：《科学认识论与方法论》，清华大学出版社，1987年，第195-196页。转自胡钰：《新闻定义：历史评析与科学重建》，载《清华大学学报》，1999年第1期。

义应当相称，被定义概念与定义概念有相同外延；第二，定义不应当循环，如果甲概念借助乙概念来定义，就不能反过来再用甲概念定义乙概念；第三，定义不应当是否定的，应说明对象是什么，而不是说对象不是什么；第四，定义应当简明清晰，不应当用批语或描述式的说法。按照这四条规则，我们来看看究竟什么是新闻。

从新闻的产生过程来看[①]：

事实 → 传播者 → 传播内容（新闻）→ 传播媒介 → 接收者

新闻的产生首先有两个基本条件。第一，要有事实，事实构成新闻的基本内容，是新闻的本源，事实在先，新闻在后。事实作为新闻学中最基本的范畴，就像哲学中的"物质"与"意识"一样，构成新闻报道的认识基础。事实本义指"事情的真实情况"[②]，是事物的存在状态。当我们说"事实"的时候，绝不是指传播者对事实的认识，而是客观世界发生的大大小小的事件，新闻只是对这些事件的反映。否认事实是"自在之物"，而是"认识主体所把握的事实"，无疑是一种唯心论和经验论。事实总是客观的、运动的，不依赖人的主观意识而存在，传播者永远不能改变已经发生的事实，能够改变的只是对事实的陈述，但它已经不是事实，而是对事实的反映。事实的"客观存在"独立于人们意识之外，你没有看到它或有意遮掩它，都不能消灭它的存在。记者没有采访或报道某件事，这件事依然存在，并不依记者对他们的认识而改变，也不会因媒体对它们的不同描述而消失。这也确立了新闻的出发点是事实、新闻的根据是事实、新闻的标准是事实、新闻的根本特性是事实等这样一些基本观念。第二，新闻是传播者对事实的再现，新闻可以真实、客观、全面地呈现事实，从而达到新闻报道与报道对象内容上的统一。不具备这一环节，事实只能是事实，它无法进入新闻传播过程而成为新闻。事实转化为新闻，除了传播者在凌乱的事实中选择新闻事实进行加工，还要赋予事实一种表现形式。正如李普曼所言，在任何事情上都没有人能够呈现全部事实。新闻也像所有其他认识世界的方式一样，在各种主客观可能因素的影响制约下，传播者的再现形式具有主观性和有限性，比如是使用短讯、通讯还是深度报道，还是使用什么风格的语言，都离不开传播者的主观意志。但它们仅仅是文字、材料结构和事实与议论的比量多少的不同，而不应是新闻

[①] 参考黄旦与杨保军观点。黄旦：《新闻传播学》，杭州大学出版社，1997年，第140页；杨保军：《论新闻学的基本问题》，载《新闻记者》，2019年第4期。

[②] 中国社会科学院语言研究所词典编辑室：《现代汉语词典》（第五版），商务印书馆，2005年，第1246页。

事实同客观事实本质的差异。真正的差异在于新闻包括传播者对新闻事实的整合、安排和陈述的结果，表现为传播者在文本中对新闻事实的智能展示，既有客观事实，又有指代性，即把事实的意义反映出来。客观事实本身不能突出自己的意义，需要感受它的人去体验、去陈述，传播者代替一般人的体验把事实的意义更准确、更集中地表达出来，形成了新闻的正确倾向。因而，事实是产生新闻的客体，传播者是生产主体，新闻则是传播者这一主体对客体作用的结果。当然，在全球范围内，新闻报道者经历了从专业新闻工作者到"专业新闻工作者和非专业新闻者相结合"再到"公民记者与专业的新闻工作者平分秋色"的模式转移，在自媒体时代，人人都有麦克风，人人都是传播者，这极大地改变了专业人士垄断新闻生产的媒介景观。根据美国皮尤研究中心公布的《2014年新闻媒体状况》报告，50%的社交网络用户会共享或转发新闻报道、图片或视频。如波士顿爆炸、乌克兰暴动等近年来的许多"爆炸性新闻"都由无数普通网民在第一时间进行现场发布。查尔斯·斯特林认为"博客等扩展了新闻业的定义，使更多各种各样的作者可以成为报道者"[1]。同时，机器人也跻身网络新闻报道者行列。这些变化毫无疑问都会影响到新闻的呈现。

因此，从新闻的产生过程我们可以得出：首先，新闻来自事实但并不是事实[2]。事实是多种多样的，但并不是所有的事实均能进入新闻产生与传播过程。事实要成为新闻，必须经过再现这一环节。新闻与事实之间是"副本"与"原本"的关系，即"实际事件是原本，而新闻则是它的副本"[3]。副本以原本为模型，对原本进行摹写，也即新闻是符号化编码化的事实，并不是纯粹客观之物，于是就有同一事实不同新闻报道的状况，也就产生了如何报道才更符合事实本来面貌的问题。这些都是"新闻是……事实"的公式所无法解答的。这也就是说，以事实作为新闻定义的属概念是不科学的。它违背了科学的定义方法的第一条规则。其次，新闻必须经过报道但不是报道。报道居于事实与新闻之间，是新闻产生的必经之路，任何事实都不可能越过报道而自成为新闻。简而言之，没有报道，就没有新闻。但新闻又不是报道，据《现代汉语词典》，报道指"通过报纸、杂志、广播、电视或其他形式把新闻告诉群众"或"用书面或广播、电视等形式发表的新闻稿"。[4]在发生的事实

---

[1] 见王君超：《谁动了"新闻"的定义》，载《中国报业》，2014年第4期。
[2] 观点取自黄旦：《新闻传播学》，杭州大学出版社，1997年，第145页。
[3] 藤竹晓：《电视社会学》，安徽文艺出版社，1987年，第35页。
[4] 中国社会科学院语言研究所词典编辑室：《现代汉语词典》(第五版)，商务印书馆，2005年，第50页。

转化成为新闻的过程中，"报道"的含义显然是前者，即新闻传播者借助新闻媒介向社会成员报告或评述新闻事实的过程。新闻则是这种行为的内容。二者的关系是"新闻离不开报道，报道又不等于新闻，因为它只是新闻产生的必要条件，新闻则是它所产生的结果。"①这样报道与新闻之间也不存在种属关系。

从以上分析可得出一个结论：以"事实"或"报道"作为新闻的属概念是不科学的。那么，以信息作为新闻的属概念又如何呢？

笔者认为信息有广义与狭义之分。从控制论角度看信息的定义属广义的信息，常见的有六种②：① 信息是人们对事物了解的不定性的度量，从而把信息看作是不定性的减少或消除；② 信息是控制系统进行调节活动时，与外界相互作用、相互交换的内容；③ 信息是作为事物的联系、变化、差异的表现；④ 信息表现了物质和能量在时间、空间上的不均匀分布；⑤ 信息是系统的组织程度、有序程度；⑥ 信息是物理载体与语义构成的统一体。在这诸多定义中，定义①得到多数人认可，即信息是在一种情况下能减少不确定性的任何事物。信息可以消除人们的不确定性，而新闻也可以消除人们的不确定性。作为表述事物互动状态或关系的信息，在其现实性上包含了丰富多样的具体形态，如通知、报告、消息、报道、情报、知识、资料、数据等。而无论是"新近变动的事实""新近发生的事实的报道""新近或正在发生的对公众有知悉意义的事实"还是"新发生或新发现的事实"，都是表述事物的内部或外部互动状态或关系的。因此，我们可以肯定地说，新闻与信息有相同外延，新闻在本质上是一种信息。而且传播学集大成者施拉姆认为人类社会的联系是靠信息的共享建立起来的，而"大众媒介是了不起的信息增殖者，也是信息的很长的输送管。""传播机器能够收集大量信息，能很快增殖和被广泛地利用，以致使控制和扩散信息的能力出现了量变，聚集了人们的注意力。"③新闻是通过媒介传递的，而媒介又是信息增殖者、信息输送管，这也正说明新闻就是一种信息。

当然，前面所说的是信息的广义，而狭义的信息在有的学者眼里则直接等同于新闻。④从汉语词源"信"和"息"二字都有音信、消息的意思。将二字连用为信息一词，始见于唐代。晚唐诗人许浑在《寄远》诗中已有"塞外

---

① 黄旦：《新闻传播学》，杭州大学出版社，1997年，第144-145页。
② 王雨田：《控制论、信息论、系统科学与哲学》，中国人民大学出版社，1988年，第336-341页。
③ [美]威尔伯·施拉姆等：《传播学概论》，新华出版社，1984年，第17页。
④ 此段参考摘选自董天策：《新闻定义的语义学探讨》，载《西南民族学院学报》，2001年第9期。

音书无信息,道旁车马起尘埃"之句,这是"信息"一词的最早出处。诗中的"信息",指音信、消息。也就是说,汉语的"信息",最初完全是"消息"的同义词。而汉语"消息"一词要比"信息"更为古老。先秦典籍《周易》中有言曰"日中:则昃,月盈则蚀。天地盈虚,与时消息"。此中"消"是消逝、消失之意,"息"是生息、繁衍之意,二字对举连用,指自然界兴衰生灭、盈虚动静的变化情况。大约到汉魏时代"消息"的词义有所扩大,不仅指自然界的生灭动静,而且指人世间的沧桑浮沉。到了唐朝,"消息"的这一含义得到了广泛运用,单是杜甫在安史之乱时期的诗篇中,就频繁地使用"消息"一词来表述社会变迁、家庭成员凶吉、朋友生死等人世变动情况,如《徂边行》中就有"几度附书向洛阳,十年骨肉无消息"之句。由此可见,无论是自然界的生灭动静,还是人世间的沧桑凶吉,种种变动情况都是"消息"的本义。即消息的本义是客观世界(自然、社会)的变动情况以及这种变动情况的表述。弄清了"消息"的本义,也就弄清了"信息"的本义。因为从哲学的高度看,无论信息怎样丰富多样,其本质内涵都可以表述为"事物存在的方式或运动、状态以及这种方式或状态的直接或间接的表述"。①这是我国信息科学研究者对"信息"下的一般定义。把这个一般定义与"消息"一词的本义相对照,我们就会发现两者除了语词形式的差别,实际内涵完全一致。因为"事物"就是"客观世界存在或运动状态",就是"变动情况",反言之,也同样成立。

那么新闻和信息是否存在刘建明先生所言"用信息界定新闻,等于用手机来界定移动电话一样,只不过玩了一个'异名互换'的游戏。……如果用信息来解释新闻内涵,就会把新闻荒漠化,把信息狭隘化"的逻辑硬伤呢?②从上面的分析来看,狭义地说,二者是等同关系,但从广义来看,信息的范畴既包含新闻又大于新闻。也就是说信息既邻近新闻,而外延又大于新闻。而我们在使用一个概念时不只是取其一面,而是综合看待,因而信息与新闻不存在"异名互换"的关系,信息可以用来做"新闻"的邻近的属概念。

属概念找到了,那么它的种差呢?也即什么样的信息才能成为新闻呢?

新时期以来,伴随着改革开放的前进步伐,国内新闻传播观念不断发生变化,就是由传播者本位观念向受传者(受众本位)观念的转变,进而向传受共同本位观念的转变。事实上,传播者和受传者作为传播过程五要素中唯一的两个"人"的因素,是一个对子,在传播过程中居于核心地位。传播者

---

① 钟义信:《信息的科学》,光明日报出版社,1988年,第39页。
② 刘建明:《当代新闻学原理》,清华大学出版社,2003年,第53页。

与受传者在传播系统中,既是传播大系统中独立的子系统,同时又通过持续不断的双向信息交流相互作用、协同进化。因此,传受二者不能偏废。从这个角度出发,那么新闻的种差应该包括:

第一,新闻是被传播的信息。①从新闻的产生过程我们已经发现事实必须经过新闻传播者的反映和传播才能进入新闻领域成为新闻。因为客观世界所展示给周围的信息是一种自在信息,这种状态下的"信息"不是我们所谓的新闻,新闻作为一种社会化信息,其信息内在的实质就是新闻人对现实中的最新事件和情况的感知。所以只有当信息被传播者所感知并进行传播,方能成为新闻。试想一下,人类和自然界曾经发生了多少变化?可以说有无数的未知存在,而我们至今仍一无所知或探究不清,所以只有那些被我们获悉的他人(受众)欲知的变化信息才是新闻,我们没有获悉的,就是发生了(比如地壳变化、人类衍化、某些疾病的奥秘等),也不是新闻。比如2001年美国"9·11"事件,其整个事件的原本过程和状态本身还不能直接称作新闻。

那么,为什么用传播而非报道呢?报道一词在传统媒体时代非常合理,因为传统媒体有其固定的时间和版面,受众每天都在接收信息,事实经过大众媒体的报道被受众所接收。正如霍尔伯斯坦(Hallberstam)认为新闻是必须被报道出来的,他认为新闻的基本目的就是为了告知。奥斯瓦尔德·施维默尔甚至偏激地认为"没有在媒介中报道的事物,等于社会中根本不存在"。②这也就意味着客观事物如果没有经过信息化处理,没有进入大众传播的过程,是不能被称为新闻的。但在网络时代,媒介即讯息,人人都是传播者,很多事实经过目击者的建构就可直接传到网络上而为大众所知,同时,大众也会主动去搜寻自己想要知道的信息,这种主动寻求新闻与等待被告之的落差明显存在于传统媒体与网络媒体之间。将新闻的定义落脚在报道一词上,其潜台词是只有记者和编辑才是新闻生产的特许经营者。因而我们如果还将概念放在受众被新闻媒体告之的观念上,则不能涵盖新现象。而传播即通过媒介公开发布,无论机构与个人,无论媒介大或小,这儿的媒介不仅包括传统大众媒介,也包括各种自媒体。但能确定一点,如果没有媒介的介入进行传播,就不是新闻,新闻需要经过媒介的"编码"过程,然后被信息接收者解码,从而看到事实的呈现。当然,经媒介传播的信息不一定都是新闻,如文学作

---

① 王莉:《新闻定义之我见》,载《长沙大学学报》,2005年第1期。
② 奥斯瓦尔德·施维默尔:《媒介文化的光辉和痛苦》,见维尔费雷德·巾莱多:《媒介与社会》,斯图加特科学出版公司,1990年。

品也可以刊登在媒介上,但不是新闻,因为它不具备新闻的不变特征:真实性和新鲜性。同样若同时具备真实性和新鲜性的事实如部分历史信息也不是新闻,因为它没有经过媒介传播,不具有公开性,这种历史信息只有经传播后才转化为新闻。

第二,新闻是公众欲知、应知、未知的信息。一个人发出符号而没有确定的接收者是构不成传播的,因而公众作为传播的出发点和归宿点,其期待就是传播者的命令。正如波兹曼所言:"真理不能,也从来没有毫无修饰地存在,它必须穿着某种合适的外衣出现,否则就可能得不到承认,这也正说明了真理是一种文化偏见。"①它不仅反映了撰述者的一种主观认知,更要考虑到接收者对此的主观理解。事实上,在受众的接收过程中,新闻的交互性和议论性增强,促使新闻成为一个发现的过程。

其实,早已有学者注意到受众的意义,只是未引起应有的重视,如范长江就曾提出"新闻是广大群众欲知、应知未知的重要事实";徐铸成提出"社会(国际的、国内的、本地的)上发生的事实并为群众所关心的,对人民有较大影响,具有典型意义的事实,就是新闻"。郑保卫在2004年也提出新闻是公众关注的最新事实信息的报道,强调了公众关注这一属性。事实上,任何真正意义的新闻都应该提供公众欲知、应知和不知的内容,无论是新闻机构的记者和把关人还是个人传播者,都会强调这一点,无论是刚发生、正在发生的、将要发生的,还是过去已发生的事实,只要是公众想知道、应该知道而不知道的,它就具有新闻价值,就可以传播出来满足公众的需求。这一方法将新闻价值问题纳入新闻定义中,因此"公众欲知、应知、未知的事实"是新闻本质的题中应有之义。

从这两个种差的限定,大家可能已发现我放弃了"新近发生的"或"新近发现的"作为新闻种差的限定。这是因为,在新闻的概念中,"新"的概念应该是区分新闻与其他信息的关键点,但这个"新"的概念并不必然意味着时间上的新,还包括新的其他意义。正如台湾学者批判的,新闻机构为了掩饰异中求同的特质,得一直强调最快、即时,这种用表象的新来隐藏实质上的不"新"就是资本主义下快餐文化的一大特色。②也就是说,这种以时间上的新作为判断,其实忽视了"新"这个概念还可能是现象上的新、理解上的

---

① 尼尔·波兹曼:《娱乐至死》,章艳译,广西师范大学出版社,2004年,第28页。
② 施盈延:《资讯时代的新闻概念:小写新闻的诞生》,载台湾《资讯社会研究》,2003年1月,第181-210页。

新、观点上的新等。如果是在传统媒体时代，呈现版面和时间有限，只求时间上的新都是难事，岂会有其他新意的可能？因此，受众无法即时地掌握一连串事件的变化，只能看到当下事件发生的状态，而不是一连串发展的过程。"新"的其他意义在此就难以展现。但在网络时代，数字技术提供了快速搜寻的资料库，在呈现新闻时，可以借用超链接同时将相关资料纳入，创造一种更完整的新闻，而不只是用时间上的新来检视是否足以称其为新闻。比方说，在报道政府拟订新政策时，可将新闻连接当地其他政策或他国政策，甚至是不同时空上的不同政策，这种将时空无限延展的新闻概念，将让新闻可以有机会形成知识，并跨越传统新闻概念，展现新闻与各个情境自相联结的多元意义，让人们获得的新闻是自己与世界的一种新的联结、新的感受或新的理解。同时，媒介技术进步和公民记者队伍的壮大，日益将正在发生的事实推向新闻前台，在新闻根据没有成立之时即开始报道，并依靠多人在线、自愿协作的方式提供多角度、多侧面、多信源的"碎片化报道"，并在之后对之前的信息进行证实，这也刷新了新闻定义中的"及时"概念。

因此，新闻概念可以更完整。我们同时也看到很多学者已经意识到这一问题，而不再使用这类词，比如：

新闻是被传播（报道）的事实的信息。

——黄旦

新闻就是经选择加工，并及时公开传播的有用信息。

——陈坚

新闻就是同读者的常态、司空见惯的观念相差悬殊的一种事件的报道。

——（美国）阿维因

新闻就是大众注意和大众有关之事的老实、公正、完整的报道。

——（美国）D. 勃列德莱

新闻是就某个具体问题、事件或进程提出现实的报道。

——艾弗雷特·丹尼斯和梅尔文·德弗勒

这些定义都没有就信息是否是新近发生的还是新发现的作限定。

因而，在借鉴范长江对新闻的定义"新闻，就是广大群众欲知、应知、未知的重要事实"的基础上，笔者根据自己的研究对象和任务为新闻确定出一个工作定义，即：

新闻是被传播的公众欲知、应知、未知的事实的信息。

当然，这并不是新闻的完整定义，只是对什么是新闻这一问题从传受者角度来进行的一个基本的回答。正如徐宝璜曾说过:"新闻固为事实,但不必事事皆新闻也。"新闻之所以为新闻,就在于它具有区别于其他事物特有的个性,从这一定义中我们看到了新闻的特性:真实性、新鲜性和公开性。

第一,真实性。①真实,乃新闻的生命。一是事实之真。据《现代汉语词典》定义:事实本指事情的真实情况,因而事实是客观存在的,事实不存在真假之分;而新闻的本源就是事实,先有事实,后有新闻,有什么样的事实,就有什么样的新闻。如果不存在事实,也就不存在新闻,因而新闻的真实性也就不能剥离开来。马克思在其革命生涯中一贯重视新闻的事实性,强调文艺和新闻的区别,认为新闻只能遵循事实,不能臆想,即使是逻辑推理也要有事实根据。而文学虽也讲究"真实",但这"真实"是"艺术之真"。文学不必追求事事皆有出处,更不是对某一实事做"直播"式的报道,而是在其基础上提高,允许进行"合理想象",以追求事实的完美。二是传播之真。从真实的本质及逻辑归属来看,真实属于在意识活动中出现的范畴,不属于客观事物自身范畴。也就是说如果人们不去认识客观事物,就无所谓真实不真实的,即客观事物本身是不存在真实不真实问题的。只有当人们开始认识和反映客观事物时,才会出现真实性问题。从新闻的发生过程来看,新闻是客观存在的事实经过传播者传播才成为新闻,这其中必定掺杂传播者的主观认识,因而新闻的真实性也不仅是针对新闻事实,也针对传播手法,它也是一个在新闻报道过程中产生的认识论问题。这就要求传播者在反映事实的过程中应按照客观事物的本来面貌作真实的陈述,新闻中所涉及的人物的形象、言行;所涉及事件的起因、过程、结果,包括一些细节,都须准确,容不得半点虚构、夸张、缀合;更不允许无中生有,凭空捏造。

第二,新鲜性。消除公众的未知性,使公众了解他不知道和想知道并需要知道的事实,是事实具有新鲜性的基础,也是新闻存在的本质属性。"公众欲知、应知、不知的事实"应包括"新发生、新发现、新披露"的事实以及事实的"最新存在"状态。②大多数新闻涉及的都是"新发生"的事实,如刚结束的比赛、新推出的措施、凌晨的地震等。而"新发现"与"新披露"性质类似,被发现(或被披露)的事实大多是早已存在或以前发生的,是历史性事实(旧事实),但对所有人或绝大多数人而言是"不知、欲知"的事实,

---

① 陈作平:《新闻理论新思路》,中国传媒大学出版社,2006年,第105-111页。
② 黄晓钟:《新闻写作思考与训练》,四川大学出版社,2002年,第60页。

同时,"发现"或"披露"这个行为本身(包括发现者或披露者)构成一个"新"发生的"事件",也成为"新闻"的组成部分。而事实的"最新存在"状态则指那些延续变动事物的"目前"情况,它们不是"发生"而是"存在",属于"非事件性"事实,如经验、问题等。因此,新闻的新鲜性应包括两个维度:一是新闻内容的新。过去没有的、罕见的、稀有的、过去已有但不为人知的、已为人知但又产生新意义的、已有但被淡忘又重新记忆的、即将发生会对人们产生影响的事实。这就要求传播者要努力寻找、发现"新事实"。二是时间之新。这主要强调及时发现事实,这事实既包括新近发生的事实,也包括已过去的事实,过去的事实虽已过去但因种种缘由一直没有机会发布,或未能及时发现,若干年后经人发掘报道,只要有个新闻由头,仍具有新鲜性。如2001年11月,百岁老人张学良将军在夏威夷去世,各种新闻媒体不仅报道了这一事实,还用大量的篇幅,详细披露了张学良在多年前向他人诉说的自己对西安事变的观点,对蒋介石的看法,为何遁入空门,以及对自己一生是非功过的评价。这些事实早就存在,但却是首次报道出来公之于世。再如对云南抚仙湖水下古城的报道,古城早已存在,并非是新近变动产生的,但对其发现却是今日之事,因此仍具有新意,具有时效性。

第三,公开性。①公开性是对新闻事实的分享状态和交流方式做出限定,将新闻事实的交流方式限定为通过媒介进行传播,只有被媒介传播的事实才是新闻事实。它包括传播内容的公开和传播范围的扩大,需经历三个环节达到最终目的。公开性起源于对客观事物所形成的信息的"去遮蔽"状态。所谓"去遮蔽"状态,就是指客观存在的事物首先是自在的,在没有进入人的认知领域前都是未知事物,有关这一事物的所有信息都是被掩盖遮蔽的。去遮蔽就是客观事物由自在状态逐步进入人的认知领域,被人的意识活动所把握。这是公开性要经历的第一个环节。从存在论意义上来看,真实的、变动的信息在现实世界中有很多,但能够进入人的认知领域,被人们认识到的新闻事实很有限,而最终进入传播环节的信息则更少。公开性所经过的第二个环节则是这种被人们认识到的事实是否能够实现公开交流?尽管是极其重要、新鲜的信息,但如果信息的掌握者出于主观或客观方面的原因而不愿将其提供出来与他人分享,就只能是自我传播式的交流,而无法实现事实的公开性。只有进行信息的分享才能向公开性迈进一步。而第三个环节就是采用

---

① 参考陈作平:《新闻理论新思路》,中国传媒大学出版社,2006年,第120-122页。

什么方式进行公开传播。按照传播学的分类，人类传播活动可分为自我传播、人际传播、群体传播、组织传播和大众传播。除了自我传播不具备公开性，人际传播、群体传播、组织传播和大众传播都具有公开性。但由于人际传播、群体传播和组织传播受特定的传播方式和受众对象限制，对新闻信息来说，其传播方式必须是通过媒介来进行传播，也即事实如果只是通过面对面进行传播的方式虽具有公开性但不具有广泛性，而通过媒介比如微信，能更大范围地传播，也才能让更多数人知晓事实，因此公开性的必要条件就是事实必须经过媒介的传播才能成其为新闻。

因此只要具备真实性、新鲜性、公开性的事实就是新闻。

二、新闻种类的新分法

传统的新闻种类，一般是根据新闻的形式、内容和性质、地区的不同来划分的，即按表现形式划分，新闻种类包括消息、通讯、调查报告、评论、图片等；按报道内容划分，有政治新闻、经济新闻、文教新闻、体育新闻、军事新闻、法律新闻、社会新闻等；按报道地区划分，有国际新闻、国内新闻、本地新闻等；按报道性质划分，有动态新闻、事件新闻、非事件新闻、综合新闻、人物新闻、经验新闻、连续报道、跟踪报道、批评新闻等。

这些分类虽很科学，但不够全面，没有把事实的发生时态考虑进去，因为从新闻定义来看，新闻的主体为"公众欲知、应知、未知的事实"，这具有三个维度，即过去、现在、未来。第一个维度指新近发生的和正在发生的事实，这在新闻中数量最多也最常见。第二个维度指过去已发生但不为人知的事实、已知的但产生新意义的过去事实、淡忘的又被重新记忆的历史事实，这着重强调人的主观能动性和发现能力，同时也强调公众欲知、应知之义。第三个维度则指现在已发现的必将发生的事实。这三个维度共同构成新闻事实的组成要素，完善和拓展着新闻的内涵和外延。事实上，在新闻实践中，这三种形式也在以不同形态出现。

例 1-1：伊拉克入侵科威特[①]

新华社科威特（1990年）8月2日电 科威特国防部发言人宣布，伊拉克军队于今天凌晨入侵科威特。

---

① 刘明华、徐泓、张征：《新闻写作教程》，中国人民大学出版社，2002年，第147页。

这位发言人通过科威特电台说，伊拉克军队今天凌晨两点越过边界，占领了科威特领土上的一些哨所。

这位发言人对伊拉克使用武力解决两国争端表示遗憾。他要求伊拉克停止入侵行动，立即撤出其入侵部队。

新华社记者在凌晨5时听到了枪炮声。到发稿时为止，枪炮声仍不绝于耳。

这条新闻是就刚发生的事实进行的报道，可谓现在时态的新闻，而这类新闻在目前的报道中是最常见和普通的。

例1-2：冷战时美苏打过气象武器战[①]

"去年肆虐美国的'卡特里娜'飓风是由俄罗斯秘密研制的气象武器引发的！"美国气象专家史蒂文斯不久前发表的这一言论使全球舆论一片哗然，更招致俄国科学家的强烈批评。近日，俄《真理报》刊登长篇文章，对史蒂文斯的观点进行了坚决的反击，并揭露了美国的气象武器秘密研制计划。随着两国在这一问题上争论的升级，人们的目光也被拉回到了几十年前，美苏秘密进行气象武器竞赛的那段岁月。

美国引飓风袭击洪都拉斯

气象武器是指通过人工制造风云、雨雪、雷电等自然现象，对敌人实施打击的一种特殊武器。早在100多年前，一些科学家就开始研究这类武器，他们中的代表人物是美国著名科学家忒斯拉，他曾于19世纪末制造了一台超大功率的变压器，能产生10千瓦的人工闪电，传播距离可达50公里。此后，美国军方逐渐重视气象武器的研究。1940年底，美国政府开始实施代号为"凤凰"的控制天气计划，该计划是忒斯拉理论的深入发展，从人工制造雷电扩展到控制各种天气变化。

二战结束后，美国军方又制定了一项研究气象武器的"黑计划"。在艾森豪威尔担任总统期间，美国军方在一份研究报告中明确提出了"气象控制比原子弹还重要"的观点。此后，美军先后进行过数十个秘密气象研究项目，其中包括制造地震的"阿耳戈斯"计划、制造闪电的"天火"计划和制造飓风的"烈风"计划。

……（以后十四个自然段叙述的都是过去的事）

[①]《环球时报》，2006年3月17日，《史海回眸》版。

例 1-3：罗宾斯坦的"爱情"

路透社日内瓦 1982 年 12 月 20 日电　阿尔图·罗宾斯坦于今日逝世，享年 95 岁。两岁那年，他第一次坐在钢琴旁时，便堕入"情网"而不能自拔——这种"爱情"，以后持续了 90 多年。他曾经说过："我演奏时，实际上是在谈恋爱。钢琴家绝对应演奏他衷心热爱的乐曲。"罗宾斯坦出生在波兰罗兹。父亲伊格纳西·罗宾斯坦是个纺织厂主，有七个孩子，阿尔图是最小的……（以后的十一个自然段都是过去发生的事）

例 1-2 与例 1-3 的新闻除导语中"美国气象专家史蒂文斯不久前发表的这一言论使全球舆论一片哗然""阿尔图·罗宾斯坦于今日逝世，享年 95 岁"外，其余都是叙述过去的事实，进一步说明相关问题，让受众了解来龙去脉。《新闻名作三百篇》（胥亚主编，湖南人民出版社 2003 年版）是一部选编较好的新闻作品集。粗略统计，这部书共选消息名作 160 篇，其中中国的消息 101 篇，国外的消息 59 篇。消息是新闻中最讲时效的体裁，可是，在 160 篇消息中有半数用了过去的事例。《新闻与正义——普利策新闻奖获奖作品集Ⅰ》（[美]沃尔特、李普曼等著，展江译，海南出版社 1998 年版）收入国际报道 56 篇，国内报道 37 篇，也同样有半数以上用了过去的事例。当然这些过去事实只是为说明主体而补充，尚未成为新闻报道主体。但它证明了过去的事实能成为新闻的一部分。同样还未发生的事也能成为新闻，就像英语动词的"将来时"。

例 1-4：第 20 号台风即将登陆日本　带来暴雨强风等极端天气①

人民网东京 8 月 23 日电　据《朝日新闻》报道，第 20 号强台风"西马仑"逼近日本，日本气象厅 23 日召开临时记者会进行情况通报。预计该台风将于 23 日晚间伴随着暴风雨从四国地区（德岛县、香川县、爱媛县、高知县）到近畿地区（大阪府、京都府、兵库县、奈良县、三重县、滋贺县、和歌山县）一带登陆。气象厅认为日本西部地区有可能在夜间同时出现暴雨及强风、大浪等"多个可能带来灾害的极端天气现象"，并呼吁民众尽早避难。

目前，第 20 号台风正在沿四国近海向北方移动之中。该台风在登陆后将横穿日本西部，24 日早晨到达日本海。预计四国地区与东海地区（爱知县、岐阜县、三重县、静冈县）从 23 日中午开始，近畿地区与中国地

---

① 《第 20 号台风即将登陆日本　带来暴雨强风等极端天气》，人民网-日本频道，2018 年 08 月 23 日 14:55。

区（鸟取县、岛根县、冈山县、广岛县、山口县）从晚上开始，将会出现强降雨，一直持续到24日。第20号台风与第19号台风"苏力"带来的降雨相加后的总雨量局部地区可能超过1000毫米。大浪也可能带来灾害，在日本西部暴雨灾区要特别警惕泥石流等自然灾害。

受台风影响，日本航空（JAL）决定取消23日中午之后在关西、四国及九州地区起降的共计100个航班，全日空（ANA）决定取消共计16个航班。

从这些新闻事实的呈现状态来看，有"过去时""现在时"和"将来时"，即新闻事实的过去、现在和将来。这也就给新闻分类增添了一个新的维度，即时态维度。因此著名新闻学家梁衡依据新闻的时态将新闻分成三类，即：显性的（瞬间的），指那些已发生的明摆着的新闻，如突发事件、会议新闻；隐性的（稳态的）指那些已经发生，但时间性不是很强，还未被人知道的新闻，如人物新闻、经验性新闻。这两类都是在采访前已经发生的新闻。预见性新闻则指必定要发生，但是还未发生的新闻，如可预见性的事件等。关于瞬间新闻和稳态新闻，梁衡说："实践中，我发现报上登的新闻大体可以分为两类，一类是刚发生的，如昨天召开了某个会议，哪个要人来访，发生了某个案件等等，这些事时效性较强，可以叫'瞬间新闻'，'显性新闻'，稍纵即逝。记者写这种新闻关键是要快，叫'抢'新闻。""与'瞬间新闻'相对的一类新闻，是那件事早就发生，并一直存在着，但是从没有报道过，还不为人所知。……由于事件本身时效性并不强，它早几个月迟几个月，甚至早几年迟几年报出，一样可以吸引读者，这类新闻可以叫'稳态新闻''隐性新闻'。……当记者期间，凡是我写出的这类稿件都得到了较强烈的反响，我获得的几项全国性新闻奖恰恰都是这种稳态新闻。"[①]"瞬间新闻"要求记者的采写着眼于"快"，"稳态新闻"所要求记者的采写着眼于"深"。

梁衡的分类表述了新闻在时间呈现上的不同，但他对报道过去事实的新闻（稳态新闻）的概括稍显片面。因此笔者在其基础上进行重新整合，认为从新闻报道内容发生的时态来看可以分为史态类新闻、现态类新闻和拟态类新闻。现态类新闻着眼于信息的现状，报道内容主要为短时间内发生的稍纵即逝的显性的动态的事实；拟态类新闻注目于信息的趋态，报道内容主要为必定要发生、但还未发生的事实；而史态类新闻则立足于挖掘信息的史态，

[①] 梁衡语，见成青华等编：《倾听梁衡——在新闻、文学与政治之间》，新华出版社，2004年，第226-228页。

报道内容主要为早就发生的、不为人所知的隐性的、稳态的事实。

三、史态类新闻的界定

重新划分了新闻的类型后,我们就应该回归本书的主题——史态类新闻。什么是史态类新闻?从新闻的时态分类,我们可以看出,新闻所报道的事实有三种:过去事实、现在事实和将来事实,而史态类新闻所涉及的报道内容则是其中的过去事实,这是它与现态类新闻、拟态类新闻最大的不同,也就自然成为史态类新闻定义的种差了。另外,史态类新闻属于新闻,是其重要的一个分支,二者应是种属关系,史态类新闻定义的属概念则为新闻。这样史态类新闻的概念就建构在新闻定义的基础上,并在其基础上做进一步的限定,根据新闻的定义"新闻是被传播的公众欲知、应知、未知的事实的信息",笔者也试图为史态类新闻下一工作定义,但鉴于下定义的科学性和严谨性,笔者尚不敢断言史态类新闻的定义,只能给大家一个描述性的概念:

史态类新闻是以过去事实为主要传播内容的新闻。

这一描述性概念表明史态类新闻仍然具有新闻不变的内涵即真实性、新鲜性和公开性。真实性和公开性的特征较为突出,而史态类新闻"新鲜性"较为迷惑。事实上,为什么认定史态类新闻仍属于新闻的一部分,具有新闻的"新鲜性"特征?就在于它所报道的事实满足"新鲜性"的要求。第一,它包括过去已发生但不为人知的事实。事实虽已过去但因种种缘由一直没有机会发布,或未能及时发现,若干年后经人发掘报道,只要为公众想知道的,仍具有新鲜性。第二,它包括过去虽为人知但被赋予新意义的事实。很多事实已过去,也为大多数人所知,但它却在事物的发展过程中给受众带来了新的意义。如长征过去多年,但长征却在人们对它的纪念中不断产生出新的意义供人们思索、参考。因而这样的事实同样具有新意。第三,它包括人们已淡忘的被重新记忆的历史事实。这种事实能勾起受众的怀旧情结,让受众在怀旧中体会重温旧事的"翻新"感。

对史态类新闻这个概念需说明的是它与历史知识的不同:在前面已有所论述,史态类新闻关注的是过去已发生的真实的事实,这个事实被重新发现或根据特定时期赋予新的意义。而历史知识是关于历史的相关知识,尽管它可能通过媒体形式反映出来,如中央电视台《百家讲坛》中的易中天品三国,三国虽在这儿也绽放出新的意义来,但它不属于史态类新闻,而只是一个课堂的延展，讲坛形态本身就是适应现在受众新的需求利用媒体进行传播，它是媒体教育功能的显现，不能归入新闻形态，就好比广播电视大学中的历史老师通过电视媒体进行历史知识的讲解一样。

另外，从目前的文献看，有关对过去的事实的传播大体有以下称呼：稳态新闻、档案新闻、历史新闻、背景新闻、解密新闻、追溯新闻、资料新闻等，它们所报道的事实有的与史态类新闻一致，有的属于其中的一部分，有的部分内容与史态类新闻重合，因此笔者对这些类型按其所报道内容进行整合，统称为史态类新闻。它着重在档案、旧闻、历史中寻找"新"闻，从而挖掘出"已经成为历史的新闻、当年新闻背后的历史"，以旧带新，赋予其新的意义，并给受众某种启示或满足受众的求知欲。

第二节 史态类新闻的特点

什么是史态类新闻，前面已对其定义进行了一定的描述，那么它的内涵是什么，有什么特点？笔者尝试引进科学社会学的"范式"概念及其理论模式来进行探讨。

范式（paradigm）是用以指导观察和理解的模型或框架，由美国科学哲学家托马斯·库恩（Thomas Kuhn）在其《科学革命的结构》（1962）中最早提出来的。库恩认为科学界是由一个流行的范式所控制的，那个范式代表科学界的世界观，它指导和决定问题、数据和理论的选择——直至另一个范式将它取代，如太阳绕着地球转的观念后来就被地球绕着太阳转的观念取而代之。在库恩看来，范式的构成包括以下四种要素[①]：第一，符号概括，科学共同体共同使用的公式；第二，共同信念，包括形而上学的世界观或是理论模型；第三，共有价值，科学共同体培养了科学家共同的鉴赏力；第四，范例。目

---

① [美]托马斯·库恩：《科学革命的结构》，金吾伦等译，北京大学出版社，2003年，第163-168页。

前国内学者在讨论研究范式时多采用更为宏观的、形而上的定义,并认为在社会科学中,范式更替的模式与库恩所说的自然科学并不相同。自然科学家认为一个范式取代另一个范式是代表了从错误观念到正确观念的转变。例如,现在已经没有天文学家会认为太阳绕着地球运转。对于社会科学,理论范式的变化没有自然科学的绝对化,它只有是否受欢迎的变化,很少会被完全抛弃。社会科学范式提供了不同的观点,每个范式都会提到其他范式忽略的观点,但同时又会忽略其他范式揭露的一些社会生活维度。因此,社会科学中的范式没有对错之分;作为观察的方式,它们只有用处上的大小之分。[①]也就是说社会科学范式是有关科学和社会基本性质的一组形而上学的假定,提供了观察人们社会生活的不同方式和思路。而每一种范式都能够敞开新的理解,带来不同类型的理论,并且激发不同类型的研究。

从范式的概念可看出任何"范式"都意味着是由一定的概念或术语、一定的世界观(主要是信念与价值)、一定的范例所构成的实践或理论模式。从这样广义的范式概念来看,中外新闻传播显然存在着多种多样的范式。比如,源自西方的客观报道、解释性报道、调查性报道、深度报道、新新闻主义,中国新闻界创造的典型报道、正面报道等就是不同的新闻传播范式。史态类新闻的实践及其概念化,本质上是对我国当前一种新型的新闻传播范式的理论概括。换言之,如果要问史态类新闻是什么,我们可以初步确定,史态类新闻是一种新的新闻传播范式。作为一种新的传播范式,史态类新闻具备新闻的不变内涵,即新闻的真实性、新鲜性、公开性。以此为前提,再去寻找史态类新闻独有的特色,就会发现,其独特之处可概括为以下几点:

一、传播事实静态化

史态类新闻传播的内容本质上是客观事实,而这个事实已经发生且告一段落,它属于静态性的事实。所谓静态,是相对于动态而言的,指相对静止的状态。在哲学中,只要有动态,必然有静态存在。在新闻实践中也分两类,一类属于动态,事先无法预知,譬如印度尼西亚地震之类随时可能会发生的天灾或人祸;另一类属于静态,事先可以预知,譬如反法西斯战争胜利60周年纪念活动。实际上,如果说好的动态新闻是活鱼,那么好的静态新闻就是金子。活鱼诱人,靠的是它的新鲜;金子闪光,靠的就是它的内在质地,只

[①] [美]艾尔·巴比:《社会研究方法》(第10版),邱泽奇译,华夏出版社,2006年,第33-34页。

要质地纯,它就是块好金。史态类新闻事实是"隐性的"、相对静态化的,它就像兵马俑,不是新近发生的事实,而是那种早已发生在我们身边而不被人们觉察的客观事实。它的时间跨度有长有短,短的半年一载,长的三年五载,甚至几百上千年。它之所以成为新闻,不是因为它的发生过程,也不是因为它的发现过程,而是因为这个静态化的本质是"金子",其本身就是长期被掩盖的新闻。因为它具备了新闻的"新"义,因为它对于受众来说具有可以借鉴和学习或"温故而知新"的地方。尽管它早已发生,并且存在多时,但是,因为别人没有发现,因此是"新"的,而成为新闻。

例 1-5:1975 年扑朔迷离的"外星人绑架案" ①

日前,研究人员表示,外星人可能使用引力波进行通信,宇宙中或许存在着其他高智慧生命形式。自从二战结束以来,外星人一直是热点话题。1975 年,一名美国伐木工人声称遭到外星人绑架,他的故事成了美国几十年的文化热点,以他的故事改编的电影《外星追缉令》获得了票房成功。

这名伐木工人名叫特拉维斯·沃尔顿,据他所说,1975 年 11 月 5 日,他在亚利桑那州斯诺弗莱克镇附近的森林同工友们一道工作。当他和 6 个同事坐在卡车上时,他们看到一个飞碟状的物体盘旋在距离地面大约 110 英尺处,发出高音调的嗡嗡声。

沃尔顿后来声称,突然一束光从飞船里射出来,把他击晕了。其他 6 人开车逃跑。此后,沃尔顿失踪多日,一名伐木工人报案说,他亲眼看到沃尔顿被飞碟吸走。一开始,警察怀疑这六人杀害了沃尔顿,编造出这个故事。与此同时,小镇居民对树林进行地毯式搜索,但却一无所获。令人意想不到的是,五天之后沃尔顿又出现了。

沃尔顿事后这样表示,他感觉离事发才过去了几个小时,而不是五天。他被击晕后醒来是在一个像医院病房的房间,被三个又矮又秃顶的生物观察着。他声称他跟这些生物打了起来,直至一个戴着头盔的人把他带到另一个房间,其他三个人在他的脸上套上一个透明的塑料面具后,他昏了过去。沃尔顿声称,之后他什么也不记得了,直到他发现自己在一条高速公路上,飞碟在他上方飞走了。

在沃尔顿声称遭外星人绑架数天后,美国《国家问询者报》和空中现象研究组织牵头对沃尔顿及其工友进行测谎,据称他们通过了测谎。

① 《环球时报》,2019 年 5 月 21 日,第 13 版《史海回眸》。

接着,《国家问询者报》授予沃尔顿和他的同事"年度最佳不明飞行物(简称 UFO)案例奖"及 5000 美元奖金。一些 UFO 研究者认为,沃尔顿确实被外星人绑架过。

但许多人分析后认为所谓的"沃尔顿绑架案"是一场骗局,目的是为了赚钱。美国记者菲利普·克拉斯称,沃尔顿的故事是为了赚钱而制造的骗局,他在沃尔顿及其同事的报告中发现很多不一致的地方。在调查此案后,克拉斯报告道,对沃尔顿等人的测谎不符合规定,沃尔顿利用屏住呼吸等措施来对付测谎,他还发现一名审查员最初进行一场失败测试后认为这起案件涉及"恶劣欺骗"。科普作家迈克尔·舍默批评了沃尔顿的说法,他说:"我认为测谎仪不是一个可靠的判断真理的工具,我认为沃尔顿没有被外星人绑架过。"认知心理学家苏珊·克兰西分析称,外星人绑架报道是在外星人故事出现在电影和电视上之后才有的,沃尔顿很可能受到全国广播公司电影《UFO 事件》的影响,这部电影在他本人声称被绑架前两周刚刚播出。克兰西注意到,在这部电影播出后,所谓遭到外星人绑架的报告越来越多。

尽管质疑之声众多,美国公众还是很关注沃尔顿案,这起著名外星人绑架案的当事人沃尔顿从默默无闻的伐木工人成了热点人物。1978 年,他出版了一本名叫《沃尔顿经历》的图书,详细介绍他遭外星人绑架的经过。他经常出席 UFO 大会或出现在电视访谈节目上,参加电影和电视剧拍摄,他甚至还出资在亚利桑那州举办自己的 UFO 会议。

派拉蒙影业公司对沃尔顿的故事很感兴趣,在《沃尔顿经历》基础上,编剧特蕾西·托尔梅将此事改编成了更耸人听闻的外星人绑架故事。1993 年,电影《外星追缉令》在美国上映,剧中由丹尼尔·伯纳德·斯威尼扮演沃尔顿、影星罗伯特·帕特里克出演沃尔顿最好的朋友。这部电影上映后得到普遍好评,美国电影评论家罗杰·埃伯特说,飞船里的场景真的很好,这一次我确实相信我看到的是真正的外星人。后来,《外星追缉令》还入选 25 部最佳科幻电影。

这条新闻报道的是 1975 年一个伐木工人声称自己被外星人绑架的事,这个事件已是尘埃旧事,是早已发生的静态化的事实,但因其特殊性,尽管早已发生,却仍然是受众所愿意知晓的,因而它具备了新闻价值的新鲜性,从而具备了报道的价值。当然,并非一切已发生的事实都是静态新闻,就像一切新近发生的事实不一定都是动态新闻一样。衡量静态性新闻的价值不是时间概念上的"新"与"旧",而是质量概念上的"有用"与"没用"、意义上的"新"与"旧"。是"有用"的金子还是"没用"的石子,要用试金石来试一试,也就是要掂量掂量,看看这个"静态存在"是不是有借鉴意义,如果是,静态事实也就成为静态新闻。

二、借新闻由头而复活

毫无疑问,历史中蕴含着各种极具新闻价值的事实,但当历史与现实生活没有关联时,它依旧是死的历史,不具备活用为新闻的条件。但如果历史与现实生活发生某种联系或者引起了受众的关注或兴趣的时候,它就具有了转化为新闻的潜在可能性。而这一联系就是我们常说的新闻由头。"由头"在《现代汉语词典》中指"可作为借口的事"①,"新闻由头"顾名思义,就是新闻的引子,或者叫"新闻根据""新闻依据"。"新闻由头"是新闻的基本因素之一,是决定新闻价值的重要方面。它告诉受众新闻事实为什么现在成为新闻。有些过时的新闻,现在才进行报道,其中必有缘由。而这个缘由就是要使"过去发生的事(历史)"与现时的某个"变动"产生一个联系的时间节点,这个"变动"就是一种"发现"。"发现"意味着有人发现了历史中蕴藏着的新鲜的、公众应知而未知的事实,而这种"发现"本身就构成了一个新闻事件从而成为构成新闻报道的事实,但实际上,新闻报道的主体是附属在"发现"背后的"历史事实"。

另外,新闻由头还是新闻事实的有力证据,是新闻发布的依据或契机。它包含着较强的时效性与联结新闻主题的重要性的双重信息。一个好的新闻由头,可以吸引受众的目光,扣住受众的心弦,使受众情不自禁地往下继续了解事实的真相,如历史文物大发现,历史悬案被侦破,历史内幕被揭开,历史真相大白,放失旧闻被重拾等。时间会使过去的新闻成为历史,而历史往往深藏着新闻,而这些新闻价值常常以休眠状态潜在于社会发展进程中。于是聪明的记者就借新闻由头挖掘历史中潜在的新闻。如重大历史事件本身及其发生地、当事人(见证人、亲历者、目击者),历史名人本人及其相关人物在特定时段里或特定时代背景下都可能再度成为新闻追逐的对象。

史态类新闻之所以能成为新闻,就是其借一个新闻由头在一定环境下复

---

① 中国社会科学院语言研究所词典编辑室:《现代汉语词典》(第五版),商务印书馆,2005年,第1646页。

活,从而焕发出新的生命力。这些新闻由头多种多样,概括起来,大概可以分为两类。一类是重大历史事件的时间节点。历史纪念日或重要的时间节点(新的十年、新的政府任期或新世纪的开端),为新闻媒体提供了"正当的、文化层面合理的新闻由头"。比如改革开放是决定中华民族历史命运的重大事件,2018年是其40周年,对新闻行业来说,这自然是需要浓墨重彩纪念的时间节点。另一类为当前的新闻热点。这一类可能是一个新闻事件、一个新闻话题,乃至一个新闻所涉及的地点、物件等。总之,史态类新闻所记录的历史事件,能够在当前有现实投射。

例 1-6:留欧派超过半数 脱欧派遭到嘲讽
1975 年英国脱欧公投吵翻天①

近日,英国首相特雷莎·梅做出决定,将再度寻求向欧盟提议延后脱欧期限。有评论称,英国脱欧公投至今已将近3年,就像走进了迷宫。历史上,英国融入欧洲大陆之路坎坷崎岖,40多年前,英国曾举行过一场类似的脱欧公投,结果六成以上英国人希望继续留在欧洲共同体(欧盟的前身,简称欧共体)。

入欧难,脱欧也难

1975年春季,英国每户人家都收到政府分发的三本小册子,一本是留欧派编写的力主留欧小册子,另一本是脱欧派写的小册子,还有一本是英国政府自己撰写的支持留欧小册子,这些小册子谈到的最主要问题是食物、钱和工作……为什么要分发截然不同观点的小册子?这还得从英国同共同市场(即欧共体,在英国国内一般称为共同市场)的纠葛说起。

二战结束以来,英国一直在入欧和脱欧之间徘徊。1952年欧洲煤钢共同体成立时,英国决定不加入;1957年创建欧共体的《罗马条约》签署时,英国也缺席。20世纪50年代末期,麦克米伦首相领导的保守党政府戏剧性地改变态度,委派爱德华·希思为英国进入共同市场提交申请并牵头谈判。1963年1月,英国在欧共体大会上提出加入申请,但法国总统戴高乐否决了英国的入欧申请。1970年希思当选首相后亲自领导许多场入欧谈判,1973年1月英国终于加入了欧共体。

但英国内部就入欧一事分歧很大,有人认为,入欧后在全球物价不断上涨的情况下征收食品税,这会给英国收支平衡增加新的负担。另一方面,外交部强烈亲欧,外交官们对国内脱欧呼声感到不安。1974年大

---

①《环球时报》,2019年4月9日,第13版《史海回眸》。

选期间，工党竞选纲领许诺，工党大选获胜后会让民众决定是否继续留在共同市场内。工党领袖哈罗德·威尔逊明显支持留在共同市场内，但他需要满足工党内部的要求，公投成了一个各方都能接受的办法。

原本，在1974年初，58岁的威尔逊已经准备退休，如果大选失利，他就在几个月内辞去工党领袖之职。然而，1974年2月大选出人意料的胜利延长了他的政治生命。1974年3月4日，威尔逊第二次出任首相，这回等待他的将是头疼的脱欧公投。

首相的咆哮

1974到1975年的英国，左派人士大力支持脱欧公投，他们认为这是把英国带出共同市场的绝佳机会。威尔逊明白，是否脱欧取决于易变的民意，问题是如何最大限度地争取到留欧选民。

1974年12月，威尔逊出访法国，之前他听说法国总统德斯坦希望英国脱欧，他决定到爱丽舍宫劝说德斯坦支持自己。没想到的是，威尔逊因飞机颠簸引发心悸。随行医生诊断后要求他减少工作量多休息。但威尔逊仍决定前去说服德斯坦，最终德斯坦在会谈中暗示支持英国留欧，就这样，威尔逊在外交上拉到了重要一票。不久，他又同来访的西德总理施密特进行长时间交谈。会后，威尔逊更加确信，只有留欧才是英国最好的选择。

1975年2月26日，威尔逊政府提出一份脱欧公投白皮书，经过议会讨论，公投时间被定在6月5日。但是，这时政府高层就脱欧问题发生了严重分歧，在3月18日内阁投票中，16位大臣支持留欧、7位大臣希望脱欧。内阁留欧和脱欧两派均表示，他们不受集体决议约束。为此，威尔逊决定，大臣们在议会发言时应慎重表达政府政策。

令威尔逊没有想到的是，这一天晚些时候，工党议员道格拉斯·杰伊组织了一场80名工党议员参加的会议，反对留欧。与此同时，工党国际委员会主席伊恩·米卡多向新闻界公布一项工党全国执行委员会讨论的议案——建议工党为脱欧积极努力。据内阁中脱欧派中坚人物卡素尔回忆，怒不可遏的威尔逊打电话给她时已经几乎疯癫了，竟然用恶毒的语言骂过来。不久，在一场内阁会议上，威尔逊愤怒地说道："我不能领导这个内阁了，内阁成员在工党全国执行委员会等外部机构指挥下已经动员起来……我怀疑民主能否还能存在下去，我不想这样玩。首相有持异议的权力吗？我们被允许参加大会吗？我被踢得太厉害了，工党全国执行委员会在不通知我的情况下就出台决议，我该缺席大会还是只当个旁观者呢？"说完，他就起身大步走了。

留欧！留欧！

尽管内阁分裂令威尔逊烦恼，但他发现，大多数英国民众以及几乎所有英国主流媒体都赞成留欧，左翼《晨星报》是唯一一家支持脱欧的全国性著名报刊。作为脱欧运动骨干的工业大臣本恩声称，进入共同市场直接导致食品价格大幅上涨，并且英国丧失了50万个工作岗位。他的这番言论很快就被留欧派和媒体嘲笑。《每日镜报》称本恩为"恐惧大臣"。

留欧和脱欧两派都使用电视节目宣传造势，这些节目吸引了多达2000万观众。总的来看，留欧运动广告更有效，展示出倾听民众呼声及回答民众关切问题，而脱欧运动演说者就像自动提词机一样在说话。由于很多英国商人和英国工业联合会的支持，留欧运动拥有更多活动资金，留欧运动财务主管阿利斯泰尔·麦卡尔平表示，商界绝大多数人亲欧，银行和大型工业公司捐赠了大量资金。在力量对比悬殊的情况下，其实在6月5日脱欧公投前，英国民众心里已经有答案了，留欧是铁板钉钉的事。

经过数月争吵和争斗，6月5日早上7点至晚上9点，英国举行首次全国性公投——欧共体成员身份公投。公投结束两小时内，最终结果就被统计出来，67.23%的英国民众支持留欧，留欧派取得最终胜利。威尔逊很高兴，但他在公开场合只是说："这是一场自由的投票，没有强制。"

虽然公投为英国"入欧"提供合法性，但反对声音还并不服气，他们指责威尔逊为献媚欧洲而背叛英国利益。在如此强大的压力之下，威尔逊次年辞职。1979年，英国迎来大选。不出意料，工党大败，保守党人撒切尔当选。

上面这一新闻报道了英国1975年脱欧公投情况，这已是一个过去多年的陈旧事件，但因英国又在2019年举行脱欧公投，于是就有了报道的新闻由头，而这一事件也得以见诸报端，从而满足了受众的求知欲。

同样在关于澳门回归祖国的报道中，北京人民广播电台记者采访了闻一多的儿子闻立雕，回顾了《七子之歌》的整个创作过程，《前辈泣血唤七子，今朝欢歌迎澳门》这条新闻获得了"中国新闻奖"二等奖。与历史类似的事件发生时，对现实有借鉴意义的历史事物都会重新产生新闻价值。邓小平资助过的"希望工程"对象——广西的周标亮，她的每个人生成长转折点几乎都是新闻，她考上中师、当上教师、应邀出席在澳大利亚举办的奥运会都是新闻。著名的"希望工程""大眼睛姑娘"照片已成老照片，但照片中的姑娘却不断成为热点的新闻人物。①而这些新闻都是借新闻由头焕发出新的活力。事实上，史态类新闻的由头既可以是"实"的（新近某一具体事件引起），如纪念性新闻的报道，也可以是"虚"的（借特定时段或特定时代背景），如解密新闻等。虚实结合，共同托生出史态类新闻。

三、具有极强的认知性②

从新闻的时效性上讲，是忌讳历史事件的报道，因为你报道的不是新近的事实，也就谈不上时效性；但从欲知性的角度讲，久远的历史事件或许比近期发生的事件更有可读性，因为"久远"的是大多现时受众所不知的，而且还是他们想知道的。如果说现态类新闻，或者说事件性新闻每天都在发生，难免会让人有雷同之感，那么，史态类新闻则是"以旧带新"，使历史价值与新闻价值紧密衔接。如荣获1999年第十届"中国新闻奖"一等奖作品的消息《"天体大十字"预言宣告破产》，先倒叙400多年前法国的诺查丹玛斯写的一本名叫《大预言》的书，其中提到1999年地球将出现大劫难的预言。接着，记者集中报道了1999年8月18日的实况，这一天没有发生特殊的天文现象，更没有发生地球毁灭这样的大劫难，世界各地的人们像往常那度过了平静的一天，"天体大十字"这一"末世论"预言宣告破产。当然这些必然以传者的敏感性、传者的长期生活积累、传者的独到发现为基础。史态类新闻的这一特点，也就决定了它具有极强的现实认知性，给读者以新的意义和享受。

四、表现手法的灵活性

史态类新闻所记录的是零散的已过去的事实。而零散的过去的事实因其缺乏时效性而不容易引起受众的注意，这就需要传者注意叙事策略（这在文本分析一章中将详细阐述），既要运用悬念等手法吸引注意力，又要用细节拴住受众，还要按着新闻报道和新闻写作的要求，把事实、观点、感受准确生动地表现出来，同时将自己的观点巧妙蕴藏其间。这样写出的新闻自然很"软"，很"水灵"，很有生活气息，相较于现态类新闻，则具有较强的可读性和认知性。

---

① 此两例选自甘毅：《新闻的历史价值与历史的新闻价值》，http://www.gxnews.com.cn/channel/zjzj/article.php?litterateurid=11805&articleid=348376。
② 参考赵新民：《现象类稳态新闻的可读性》，载《新闻知识》，2004年第8期。

第二章　史态类新闻的类型考察

任何种类的新闻报道都有各自的特点和规律，否则，就难以进行把握和操作，史态类新闻亦是如此。史态类新闻的特点在实践中已逐步体现了出来。因此本章尝试运用类型学理论，从文本角度对史态类新闻的呈现形态进行探究。

第一节　史态类新闻的文本类型

"文本"（text）一词的原意是指一部文学作品书写或印刷的形式，即文学作品的物理印刷品或制成品。但在具体的运用中，现代批评家已经把它从文学领域扩大到泛指一切具有释意可能的符号链，几乎囊括了各种有待于接受主体从中读出某种意义的符号对象。"在原则上把艺术品从所有这些外界参照物中孤立出来看待，把它当作一个由各部分按其内在联系而构成的自足体来分析，并只根据作品存在方式的内在标准来评判它。"①从这个意义上来讲，"文本"的概念就包含了"作品"一词所没有的内涵，即文本具有自身的、自足的、相对独立的某种蕴意。正是基于这一理解，我们可以将媒介文本——新闻作品视作一种文本。媒介文本是我们这个世界不可或缺的一部分，它们是社会现象，这使它们更具时事性和社会相关性，反过来也赋予我们研究更多的相关性。而新闻文本包含的任何其他信息，都必须以事实信息为基础。它与其他文本相较有自己的特点。

本节着重从类型学的角度来研究文本（文本的叙事特征则在第三章作具体研究），类型学分析基于文本分门别类，也即对文本内容的分类以及对这些文本的形态结构的探究。但如安德鲁所言，所有使用"类型"这一术语的作者，都被置于一个自相矛盾的境地。如界定一部"西部片"的依据是对一组影片的分析，而这组影片被分析之前是不能被说成是"西部片"的；把"西部片"看成一个类型，分析它，列举出它的基本特征，就是用提出另一问题的方式回避实质。②这也可看出类型学研究具有较高的阐释性和较低的可靠

---

① [美]韦勒克等：《文学理论》，刘象愚等译，江苏教育出版社，2005年，第96页。
② 李道新：《影视批评学》，北京大学出版社，2002年，第233页。

性：换一个研究者，可能会推出完全不同的观点，并且能够同样严密地证明他或她的论点。从这个角度来看，笔者下面要论证的解密新闻、纪念性新闻和背景新闻同属于史态类新闻的观点可能就会遇到上述问题，尤其是处于史态类新闻与现态类新闻交叉地带的文本——背景新闻既具有史态类新闻的特征，也有一部分现态类新闻的特征，而且还具有非新闻的特性，因此就不太容易理解为史态类新闻。史态类新闻的种类有纪念新闻、解密新闻、资料新闻、档案新闻、背景新闻等，笔者发现这些新闻有交叉之处，比如资料新闻与背景新闻有很大交叉，常与现态类新闻配合使用，所以将之放入背景新闻，而档案新闻又多为解密式新闻，故将其放在解密新闻里，因此，笔者主要分析纪念新闻、解密新闻和背景新闻三大类型，但这只是选取了文本特征较为突出的类型来进行论证，并不意味着史态类新闻只有这几种类型，事实上，随着史态类新闻的发展，其表现形态的丰富多样在不断地展现出来。

一、核心文本之一：解密新闻

（一）概念及特点

解密新闻是指对长期隐蔽或掩盖的历史事实进行揭秘式的报道。这些机密也许过去很久，但仍是受众所关心的、想知道的，有些甚至还对今后的工作生活起一定启示作用，不因时间而失去其认知价值，而且还能满足受众的求知欲。所谓解密，即解除机密状态。有些事当时不许讲、不敢讲、不便讲、不愿讲，时过境迁，现在则可以无忧无虑地大胆讲出来。这些秘密、机密情况虽然过去已久，但仍是人们关注的、想知道的，于是，由记者挖掘和报道出来，或由某些知情人写成文章刊出来。如1978年11月21日《人民日报》所载通讯《天安门事件真相——把"四人帮"利用〈人民日报〉颠倒的历史再颠倒过来》，报道的是两年多以前（1976年4月5日）发生的事件；1979年2月26日《人民日报》发表的通讯《一场捍卫党的原则的伟大斗争——揭穿林彪、"四人帮"一伙制造"2月逆流"重大政治事件的真相》，报道的更是12年前（1967年2月）发生的事件。同样在《中国社会导刊》2002年第5期的一篇文章《第一次坦言接受外援》，报道前有一提要题："在中国的救灾捐助史上，1991年7月11日是值得载入史册的一天，这一天中国第一次向全世界公开发出救灾援助紧急呼吁"。这篇文章当然已是"旧"闻，不是"新"闻。但这个旧闻又包含着新闻的因素，因为"紧急呼吁"当时就为大家所熟知,但"紧急呼吁"产生的背景、内幕,却从未披露。按照新闻的定义:"新闻是被传播的、受众欲知、应知、未知的事实的信息",那这些内容第一次披露就是一种新闻,或者说具有新闻的素质。这一过程,应当让大家知道,也是大众感兴趣的。比如下文因档案解密而将美国曾想带核武器入日全境应对东亚危机的事实第一次呈现在大多数人的面前。

例 2-1:日媒:美国曾想带核武器入日全境应对东亚危机[①]

日本共同社 19 日从解密的美国政府档案获悉,在 1969 年向日本归还冲绳的谈判过程中,美国政府内部曾探索与日方达成"紧急事态时美方可携带核武器进入日本本土"的协议,并写入当朝鲜半岛和中国台湾发生紧急事态时,允许美军在未进行事先磋商的情况下使用驻日美军基地。香港《南华早报》评论说,美国试图以此应对可能爆发的东亚危机。虽然因为被接受的可能性较低而没有最终向日方提出,但可以从中看出第二次世界大战和朝鲜战争后,华盛顿是如何试图扩大在这一地区的军事存在的。

这份日期为 1969 年 6 月 26 日的美国国务院绝密文件显示,当月初的日美外长会谈上,日本时任外相爱知揆一递交了为当年 11 月达成冲绳归还协议而准备的日美首脑联合声明草案,美政府就此研究了不同方案。在"美方要求悉数列入"的声明草案中,写入在远东发生紧急事态时允许携带核武器进入日本全境的条款。同时,美方认为日方不太可能公开接受该草案,还准备了将秘密协议作为附属文件的另一套"日方更易接受的"方案。

该方案采用秘密协议草案的方式将"美国可以携带核武器进入日本全境"这一内容表示出来。秘密协议草案其实就是冲绳归还日本后召开的"日美安全保障磋商委员会"的会议记录。

日本共同社称,1969 年美国向日本归还冲绳时,日本政府最终与美国达成密约:冲绳回归日本后也允许美军携带核武器进入冲绳。这件事情现在已被世人知晓,但今年 9 月在美国国家档案馆获得相关文件的琉球大学教授我部政明指出:"不仅是冲绳,美国当时还想让日本同意美方可以携带(核武器)进入日本全境。这一事实是首次得以确认。"

再如《南方周末》2005 年 11 月 24 日《往事》版报道的《大兵团作战——人

---

① 《环球时报》,2017 年 11 月 20 日。

工合成胰岛素中鲜为人知的故事》第一次披露大兵团作战在人工合成胰岛素中的故事，让受众产生新奇感。其导语写道：

> 今年是中国科学家人工合成结晶牛胰岛素40周年。1965年9月17日，中国科学院生物化学研究所等单位经过6年多的艰苦工作，第一次用人工方法合成了一种具有生物活力的蛋白质——结晶牛胰岛素，作为中国人的骄傲，许多人认为，这是中国科学家与诺贝尔奖距离最近的一次。它和"两弹一星"研究一样，也是中国人在科学领域的面子——不但证明了中国人是聪明的，增强了中华民族的自信心，还证明了中国在科研领域可以和西方发达国家相竞争，甚至在一穷二白的基础上做出世界一流的成果。40年来，围绕这项工作，已经出现过数以千计的各种形式的报道。但是，在这个为期六七年的研究中，还有一些鲜为人知的故事，其中，被探究得最少的可能是1960年前后的"大兵团作战"。

解密新闻最大的特点就是揭秘性。所谓揭秘就是指完整的过程性调查的展示。从理论上讲，任何历史都有被无意地遗忘的角落和有意地掩盖起来的秘密。这些一直或正在被遮蔽的事实，有的是被权力遮蔽，有的是被利益遮蔽，有的是被道德观点或者偏见遮蔽，有的是集体无意识的遮蔽，有的是被狭窄的生活圈子或者是技术遮蔽。而解密新闻的追求目标就是把这些隐蔽的真相和信息，通过记者的调查，还原地、剥笋般地、逐一地、公正客观地传达给受众，从而也赋予自己强有力的揭秘性。

（二）种类

1. 史料性调查新闻

调查性报道（Investigative Reporting）源于20世纪初叶在美国轰轰烈烈展开的黑幕揭发运动。19世纪60年代，揭露性报道与调查行为渐渐融合，使调查性报道开始风行美国，最典型的就是《华盛顿邮报》关于"水门事件"的报道，它使美国的调查性报道达到了一个高潮。这一时期，现代意义上的调查性报道成形，其特点就是记者在报社的支持下，进行长期的、大量的、艰苦的调查和采访，用详尽而确凿的资料、采访记录、数据就某一问题进行全面而透彻地解剖。在这一过程中，记者不偏不倚，用事实说话，保持客观、中立、平衡的态度。因此埃默里父子的《美国新闻史》将调查性报道定义为："利用长时间内积累起来的足够的消息来源和文件，向公众提供对某一事件的强有力的解释。"①而甘惜分先生则认为："调查性报道是一种以较为系统、深入地揭露问题为主旨的新闻报道形式。"②

史料性调查新闻属于调查性报道的一种，它侧重于对已过去的历史事实展开调查进而揭露事件的真相。如获得第89届普利策调查性报道奖桂冠的《一个30年的秘密》就是一个典型的史料性调查新闻。③这篇题为《一个30年的秘密》（The 30-Year Secret）的报道为读者讲述了一个发生在20世纪70年代的猥亵幼童案件，故事的主人公之一是当时的波特兰市市长高兹米特（Neil Goldschmidt），另一位是年仅14岁的女高中生苏珊（Susan）。从1975年起，高兹米特以雇佣保姆为名，诱骗苏珊与其发生不正当性关系。3年后，高兹米特调离波特兰市，官运亨通，曾担任卡特政府的交通部秘书长和俄勒冈州州长，一度成为俄勒冈州最闪亮的政坛明星。而当年聪明美丽的苏珊却沦为瘾君子和管教所的常客，心灵的创伤在30年后仍难以愈合。2004年5月12日，文章一经发表，美国舆论哗然。迫于压力，高兹米特辞去了他在俄勒冈州高等教育委员会、高兹米特咨询公司等处的职务，并在媒体上公开承认了当年的罪行。这些历史事实虽已发生，但不为人知或为少数人知，经过记者的不懈努力使真相浮出水面，还原事实本来面目。再如中央电视台《新闻调查》栏目2016年11月5日播出的《山村疑案》回溯和探讨了主人公柯长桂当年被定罪的过程及现在的无罪释放。先是叙述主人公柯长桂拿到无罪判决书，接下来提出疑问，从死缓到无罪，两个截然不同的结果到底是如何导致的？影片还原了案件的整个过程，正如其播映简介所体现的："2002年6月3号凌晨，陕西省柞水县曹坪镇马台村村民郝延林的遗体，在路上被人发现，这里离柯长桂家只有不到五十米远。经过警方的一番调查，认定柯长桂嫌疑重大，商洛中院一审判处柯长桂死刑，缓期两年执行。在审判中，给柯长桂定罪的证据，除了中毒死亡的鉴定结论外，仅仅只有柯长桂的五次有罪供述，及其丈夫蔡定卫的四份证言。柯长桂不服判决提起上诉，陕西省高院撤销商洛中院死刑判决，发回中院重审。2004年12月，柞水县法院判柯长桂犯故意杀人罪，处有期徒刑十五年。柯长桂和她的儿子，从此走上了一条漫长的申诉之路。直到2016年7月，柯长桂拿到无罪判决书。"这给人们留下长长的思索。

---

① 迈克尔·埃默里等：《美国新闻史》（第九版），展江译，中国人民大学出版社，2004年，第533页。
② 甘惜分：《新闻写作大辞典》，河南人民出版社，1993年，第153页。
③ 选自龙燕堂：《真实，调查性报道的技巧》，载《新闻记者》，2006年第4期。

2. 档案新闻

档案新闻就是指以档案为素材写出的新闻,它也可以看作是媒体对档案原有的潜在的信息进行开发利用和重新整合,从而孕育产生新的信息,即再生信息。①新闻的特质就是告诉人们欲知、应知而未知的事实信息。档案是"国家机构、社会组织和个人在社会活动中形成的,保存备查的文字、图像、声音及其他各种形式的原始记录"。②简而言之,档案是人类社会生产生活实践的原始记录。档案的功能就是真实地记录了人类认识世界和改造世界的全过程,并把这些信息分门别类地储存起来,使后人能够从中汲取前辈的知识和智慧,总结成功的经验和失败的教训。档案作为人们处理事务过程中遗留下来的"副产品",由于特定的历史环境,有的事件在当时处于机密状态,不为人知,或为少数人所知,或只是知其表不知其里,难以满足受众的求知欲。时过境迁,这些档案已过保密期而可以公之于众。正如恩格斯所言,对于事态的真相,现在不可能提出文件作证据,只有在事件本身成为历史陈迹时,这些证据才会出现。如 1999 年 7 月,《洛杉矶时报》的一名记者在美国国家档案馆发现了美国总统尼克松的一份秘密悼词。1969 年 7 月 20 日,美国宇航员尼尔·阿姆斯特朗和埃德温·奥尔德林乘宇宙飞船成功登陆月球。然而美国有关部门在把他们送上月球时,并没有把握能将他们顺利接回地球,时任美国总统的尼克松便提前拟好了一份悼词,准备在他们遭遇不测时给关注此举的人们一个交代。这篇悼词取名为《月球灾难》,标明日期为 1969 年 7 月 18 日。就是说,该悼词在阿姆斯特朗和奥尔德林登月的前天就写好了。值得庆幸的是,他们在月球上停留了 21 个小时以后,又乘船返回地球,因此尼克松的那份悼词也就没有派上用场,只好一直被保存在美国国家档案馆。《月球灾难》刚到解密时间,便被《洛杉矶时报》的记者抓住,并于 1999 年 7 月 13 日作为一条重要的新闻刊出。这就是一个典型的档案新闻,既是对过去事实的报道,又有一定的新闻由头——纪念登月 30 周年,自然就具有新闻的新鲜性。我们再以第 22 届中国新闻奖二等奖作品《91 年前的今天,中国最早的共产主义组织在重庆诞生》来分析,这篇报道中真正算得上是新近变动内容的只有导语和结尾,仅占正文(790 字)的 18.9%,其余部分全是档案资料,主要为解密档案的内容。标题为三行标题,引题交代新闻背景和信息源,其中

---

① 陈乐道:《档案乃新闻的再生资源:试论档案新闻》,中国档案学会 2008 年档案工作者年会论文集。
② 吴宝康:《档案学概论》,中国人民大学出版社,1988 年,第 32 页。

"档案解密"体现信息来源的分量；正题以最有含金量、爆炸力和吸引力的内容，交代新闻的核心事实，凸显了最具价值的信息，其中"91年前的今天"则标注了时间跨度，将古今联结，是一种意在当下的历史观照。导语表述新近变动，而其正文部分则着重描述了诞生时间、地点、成员以及领导审查、毛泽东批示、董必武认可、学者研究考证等细节信息，也是这份尘封已久的报告曲折的面世史，这些背景资料虽然过去久远却鲜为人知，仍具有新鲜性。但如何让其有恰当理由面世呢？我们看到《重庆日报》选在2011年3月12日报道，其原由就在于"重庆报告"中说："1920年3月12日，我们的组织在重庆正式成立了。"无疑，"3月12日"是个特殊的时间坐标，而2011年又逢中国共产党成立90周年纪念。因而这个时间就为媒体提供了一个很好的新闻由头，从而让这份档案新闻得以被报道。

例2-2：（引题）**中国早期共产主义运动又一重要档案解密**
（正题）**91年前的今天，中国最早的共产主义组织在重庆诞生**[①]
（副题）**本报获准公开发表《四川省重庆共产主义组织的报告》**

　　重庆，作为"中国早期共产主义运动发祥地之一"的结论，最终被史实印证。

　　1920年3月12日，一群进步青年在重庆率先于全国成立"四川省重庆共产主义组织"，91年后的今天，这段鲜为人知、且在中国革命史上具有重大意义的历史档案得以解密。

　　在中国共产党诞辰九十周年前夕，中央档案馆同意本报独家公开发表这群重庆青年当年写下的《四川省重庆共产主义组织的报告》。

　　这一珍贵文献大约作于1920年，是"四川省重庆共产主义组织"的四位负责人给共产国际中共代表团的一份报告，共七个部分。其中第三部分详细介绍了组织的历史，并报告"1920年3月12日，我们的组织在重庆正式成立了"。

　　这是迄今国内发现的成立时间最早、且不依赖共产国际帮助、由一群拥护马克思主义的重庆青年独立自主地建立起来的共产主义组织。

　　该组织有近40位正式成员和一批候补成员，机构包括书记处和宣传、财务、出版三部，并在川西、川西南、川东南、川北和川东建立了支部。当时四川省有成都、叙府（宜宾）、雅州（雅安）、顺庆（南充）和重庆5个共产主义组织，而重庆是"总的组织""正式组织"。他们宣称"共产

[①]《重庆日报》，2011年3月12日，第1版。

主义是现在和未来与邪恶斗争的手段",并主张建立一支红军队伍。

该报告为俄文译稿,是中国共产党"一大"档案的一部分,原存于共产国际档案馆,1956年由苏共中央移交给中国共产党。中央档案馆将部分中文译稿送给毛泽东等中央领导同志审查,毛泽东作了批示,董必武认可了这批档案的真实性。但由于种种原因,这批档案一直未公开。后来,一些专家学者对此反复研究、考证,最终经中央档案馆同意,在今年3月12日这一特殊日子公开这份尘封已久的档案。

市委宣传部常务副部长、市委党史研究室主任周勇认为,《四川省重庆共产主义组织的报告》的价值在于:它是中国早期共产主义运动乃至中国共产党创建史上一份极为珍贵的史料,它再一次证明了中国共产主义运动的发生,以及中国共产党成立的历史必然性。

(三)解密新闻案例分析:以南方周末《往事》版部分新闻为例

史态类新闻的概念是"以过去事实为主要传播内容的新闻"。我们以解密新闻的代表——《南方周末》的《往事》版为例来看解密新闻是否属于史态类新闻。

1. 南方周末《往事》版概况

1998年,在主编江艺平的主持下,《南方周末》大胆改革,进行系列先锋探索。当年4月24日,《南方周末》推出了首张《实验特刊》,其发刊词写道:"我们一直在学习,我们一直在尝试。因为我们还年轻,因为我们渴望进步。……我们试图用新的角度、新的方法看待周围的一切,同时,这也是我们在未来调整或增设版面之前的一次实验。……没有实验就没有创造,没有创造就意味着停滞。本期《实验特刊》只是一个开始,我们还将继续,因为我们不想看到一个停滞的世界。……我们所有努力都是为了让你知道更多。"①

在这种先锋探索的背景下,《解密新闻》版于1998年5月29日在《实验特刊Ⅱ》中出炉,首任编辑为陈明洋。首期推出的新闻共四条,其头条为《〈实践是检验真理的唯一标准〉发表前后的内幕》,在实践是检验真理唯一标准的大讨论20年纪念活动中,由《实践是检验真理的唯一标准》完成稿的执笔人和重要的历史见证人孙长江口述当时的情境,编辑陈明洋记录整理而成;刘

---

① 《南方周末》,1998年4月24日,第17版。

志宝的《85年前的一项民意测验》,此文以1913年7月江苏第一师范校学生"关于你崇拜的人物"考卷调查为依据,通过调查结果的数据——300多份考卷中孔子、孟子得票218张,说明袁世凯搞尊孔复礼是有民间思想基础的;肖木森的《随州古城似编钟专家指有意为之》,则着重介绍了历史学家对随州历史和出土的编钟160件文物的研究最新成果;而《辞条里的往事》则摘录了上海1952年出版的《新订新名词辞典》的"社会之部·群众工作"词条,有"反恶霸斗争""诉苦大会""斗争果实""红黑点运动"等9条解释,折射出1949年前后中国社会的某方面情况。

在不声不响推出3期后,编辑才露面通过"告读者"阐释解密新闻的宗旨、定位及对象。

"解密新闻"在"实验特刊"里已经刊出3期了。有心的读者恐已注意到,"解密"除了在"保密""解密"那样的用法里的含义,我们还取"知情者将所知之情说出来"的意思。

"解密新闻"要做的内容,可用两句话来概括:"已经成为历史的新闻、当年新闻背后的历史。"目的在于给读者提供不可不知而又尚未知晓的历史材料,让他们获得一份知情权。

"解密"的对象不分国界,而以中国"社会主义阵营"之苏联和资本主义之美、日、德、法等为主;不分时代,而以现当代为主。

自然欢迎众多贤明来稿。举凡已经解密、最新公布的历史档案及其介绍、研究性文字;健在的历史事件的当事人、与重大历史背景发生特别纠缠的个人的回忆;历史学者推翻成见的新观点;折射过往时代的有意味的民间资讯——都是我们所希望的。①

以这样的宗旨指导实践,使解密新闻形成了自己独有的鲜明特色。在以后的实践中,诸如"密档解读""打开记忆""口述历史""翻案文章""细说从前""昨日·另眼"(有意味的过往资讯)、"逝水流影"(旧照片、旧的图画材料等)等栏目也渐趋稳定,内容丰富,品种齐全。

2001年7月12日,《解密新闻》栏目改名为《往事》。虽然版名有所变化,但总的看来,该栏目的新闻思想和编辑风格并没有太大变化,只是将上述具体栏目撤销合并为一个栏目《往事》。2008年以后,《往事》版依然存在,但笔者发现其副刊及阅读版面也时不时刊出史态类新闻。2015年后,《往事》版文章日渐式微。

---

① 《南方周末》,1998年7月10日,第17版。有改动。

2.《往事》版新闻特点

从《往事》版的前身《解密新闻》版（以下简称《解密》版）出炉之日到2017年12月底整整20年，《往事》版共刊登新闻551篇（见表2-1）。

表2-1　《南方周末》《解密·往事》版1998—2017年统计表

时间（年）	1998	1999	2000	2001	2002	2003	2004	2005	2006	2007
期数（期）	15	24	26	20	21	23	24	20	21	22
文章（篇）	34	33	36	25	32	35	32	25	32	37
时间（年）	2008	2009	2010	2011	2012	2013	2014	2015	2016	2017
期数（期）	29	21	15	25	10	12	18	9	5	7
文章（篇）	49	40	23	38	17	17	22	11	5	8

为了更集中深入地对南方周末《往事》版进行分析，本文选取2003年到2016年为样本研究区间。之所以选取这段报道区间来讨论，最主要是因为样本获取易得性，从2003年起，南方周末有了电子版，这样就使笔者获取样本较为容易。如上统计，该阶段南方周末共有261期《往事》版，发表文章391篇，足以反映报道的总体概貌和主要特征。

（1）从题材类型来看，《往事》所报道的内容为过去的事实。

题材指"构成文学和艺术作品的材料，即作品中具体描写的生活事件或生活现象"。根据《往事》版的开篇"告读者"语所提到的：

> 举凡已经解密、最新公布的历史档案及其介绍、研究性文字；健在的历史事件的当事人、与重大历史背景发生特别纠缠的个人的回忆；历史学者推翻成见的新观点；折射过往时代的有意味的民间资讯。

《往事》版新闻的题材类型可以分为四类[①]：一是历史揭秘，即"已经解密、最新公布的历史档案及其介绍、研究性文字"，注重秘密档案的解密和被掩盖的史实的曝光；二是历史口述，即"健在的历史事件的当事人、与重大历史背景发生特别纠缠的个人的回忆"，注重的是当代人对历史事件留存的记忆，关注现在与过去的连接；三是历史新论，即"历史学者推翻成见的新观点"，注重历史的新解读以丰富和发展对历史人物和历史事件的认知；四是历史资讯，即"折射过往时代的有意味的民间资讯"；这又可细分为历史溯源（注重在大众日常生活中的现象、俗语的历史探究）、历史再现（注重历史场景的

[①] 参考江光亮：《新闻聚光灯下的历史》，载《新闻知识》，2005年第11期。

再现）和历史观察（注重以独立现代观察者的角度，去审视剖析历史现象，探索构建新的历史观念）。（见表2-2）

表2-2 《往事》版头条新闻或整版报道分类表

	部分作品篇目
历史揭秘	清宫八千麻袋档案的来龙去脉（20040205）、蔡元培为陈独秀编造假履历（20060223）、鲜为人知的张伯苓追悼会（20070201）、吴宓日记中的李源澄之死（20090702）、康有为"衣带诏"真相（20120823）、胡适何以骂陶希圣"荒谬绝伦"（20141023）
历史口述	我所知道的温玉成（20050728）、我所知道的万里（20060518）、我给董必武写了一封信（20090521）、我所知道的黄彰健先生（20100520）、我不能原谅自己——蛋常丹琦（20130404）
历史新论	也谈《毛主席去安源》的幕后风波和历史真实（20060727）、蒙古官员调查报告中的九一三事件（20160331）
历史资讯	现场1945：台湾光复前夜（20051124）、北中国的自由"孤岛"——燕京大学抗战写实（20050929）、"洋浦风波"始末（20100923）、清末预备立宪的路线图和时间表（20140123）、为抗日而绝食的王季绪（20150319）、重庆的"南开"（20160823）

从这些选题可以看出《往事》版所涉及的人物及事件都是过去的事实。

（2）从新闻特性来看，《往事》的新闻大多具有显要性、新鲜性和接近性。

重要性指新闻事实变动的影响、意义和重要程度，显著性则是事实变动的明显程度。一个事件，往往因为重要而显著，因为显著而重要，因而合称为显要性。显要体现的是新闻与人和社会的互动关系。而地点、人物及事物变动的程度突现其显要。

通过对《往事》的新闻标题所涉及的历史人物名称统计分析，我们可看出史态类新闻报道的这些人物对中国历史进程和社会改革的影响之巨。391篇文章标题中，有156篇涉及人名，人名出现总次数为223次，出现频率5次以上的有胡耀邦、陈寅恪、毛泽东、胡适、孙中山、蒋介石等。

从表2-2中我们可看到，《往事》版的相关报道约六成以人物为切入点，所报道人物以党、国家高级领导干部，学界名流和争议性人物为主，同时还有少量的民间人物和国外重要政治人物。他们一般具有较高的历史贡献、历史地位和公众的知名度，他们在关键时候所起到的独特作用、富有戏剧性的命运都是受众欲知、应知的事件，具有较高的揭秘性。最关键的是涉及重要人物的相关事件，这类事件的真相和详细内幕由于当时特定的历史原因未被报道，或被掩盖起来，大多数为受众不知道的事实，或知道该人物但不知道其事件的起因结果，而第一次被披露呈现出来，实现对埋藏于人们心中的历史的"复活"和回顾，尽管属于过去的事实，但仍是受众欲知、应知、未知的事实，仍具有新鲜性。

从接近性来看，接近性指新闻与受众在空间距离或心理距离上的接近程度。距离越近，受众越关注。

史态类新闻报道的是过去的事实，其发生时间近在一两年，远至千百年以前。从《往事》版的报道我们可以看出事件发生时间仍以现当代为主（见表2-3），还是贴近时代、距离当代读者较近的历史事实。和一般人对于历史报道看法不同的是，真正的考古（古代）新闻反而没有出现。

表2-3 《往事》报道年代构成表

历史年代	篇数（篇）	报道标题及时间
古代 （1848年以前）	3	商鞅的为人为政与战国风气（20090528）、康乾盛世藏富于民（20090827）、遗诏能证明雍正继位的合法性吗？（20130919）
近代 （1848—1912）	28	清宫八千麻袋档案的来龙去脉（20040205），天文算学馆的存与废（20040205），120名清朝幼童赴美留学的前前后后（20040304），晚清西医在中国（20040318），《申报》是如何报道光绪帝病情的（20040715），在为吴可读建专祠的背后（20060420），袁昶、许景澄之死（20060601），难为李鸿章（20060713），"宁波石碑"究竟是谁人所赠（20061123），光绪帝最后的阅读书目（20070531），清末"国有"与民营的激斗（20070614），八国联军是怎样在天津搞拆迁的（20070913），清末三个大学堂章程（20090716），末代状元刘春霖如何当国民代表（20100617），晚清儒者的"引西救儒"（20100617），清末官制改革与"皇族内阁"（20110519），晚清地方自治的尝试（20111222），慈禧太后归政记（20130926），梁启超与清末预备立宪运动（20131205），不出五十年清朝必亡——曾国藩和心腹幕僚赵烈文秘谈录（20140116），戊戌变法的另一面

续表

历史年代	篇数（篇）	报道标题及时间
		（20140109），清末改革史话之一（20140626），东南互保与庚子变法（20140626），刘坤一与晚清政局（20170724），清末新政的设计师张之洞（20140807），改造科举制：清末新政第一步（20140821），新政纲领："红鄂会奏变法"第二折（20140904），1910年国会请愿（20141013）
现代（1912—1949）	184	篇目略
当代（1949至今）	176	篇目略

而从《往事》报道的历史事件的地域来看，《往事》关注的重点是国人利益和兴趣密切相关的地区。根据《往事》报道标题和主要内容分析，其涉及地域绝大部分是我国大陆地区，共有360篇，港澳台地区4篇；美国14篇；苏联6篇；东南亚2篇（因日本报道主要集中在侵华战争时期，涉及地域在大陆，故将它归之于中国大陆）；其他地区5篇。（见表2-4）

（3）这些文本都有自己的新闻由头。有的是纪念日的来临，如《"大兵团作战"：人工合成胰岛素中鲜为人知的故事》是为纪念中国科学家人工合成结晶牛胰岛素40周年而作的特别报道；有的是在特定时段成为热门话题，如在每年洪水肆虐最疯狂的八月推出了《1975年驻马店水库溃坝事件》这篇报道。

从以上论证可看出《往事》版所报道的人物及事件大多是历史上较出名的或具有一定影响但不为人知的事件，尽管说这些都是已过去的重要事实和重要人物，但它们又为大多数人所欲知、应知、未知的事实，因其首次披露而具有新鲜性，并借一定新闻由头复活成为新闻，所以它们属于史态类新闻。

表2-4 《往事》报道标题（含人、物、地）篇目统计表

国家或地区	篇数（篇）	报道篇名和发表时间
中国大陆地区	360	蔡元培为陈独秀编造假履历（20060223）、温玉成"文革"沉浮录（20050113）、钱学森"万斤亩"公案始末（20110303）、黄天迈：从左派学生到军统特务（20150205）、谁设计了武汉"梅岭一号"（20160823）等
中国港澳台地区	4	国学大师陈寅恪的港穗因缘（20050310）、现场1945：台湾光复前夜（20051103）、我与台大哲学系事件（20060615）、我与禁书的故事（20060309）

续表

国家或地区	篇数（篇）	报道篇名和发表时间
美国	14	《时代》周刊与1942年中原大饥荒（20030626）、非常威尔逊（20040812）、120名清朝幼童赴美留学的前前后后（20040304）、1976朱莉娅·尼克松之北京往事（20061102）、"宁波石碑"究竟是谁人所赠（20061123）、牛满江：执著的追求卓越的贡献（20061207）、尼克松添乱（20070830）、追忆里根大总统听课（20071122）、凭吊美国第一次总统竞选（20080228）、美国总统选举办法是怎样设计出来的（20080313）、作为"阿林斯基弟子"的奥巴马（20121115）、美国也闹过"红卫兵""义和拳"（20150430）、开启"乒乓外交"之门的美国运动员（20150730）、杰斐逊的矛盾与遗产（20160630）
苏联	6	苏共与卡尔穆尔之间的债务纠葛（20050602）、列宁在1923（20050324）、"苏维埃宫"为什么没有建造起来（20050224）、苏联语言学史上不应被忘却的一页（20070104）、列宁与斯大林拿多少工资（20071122）、俄罗斯会为斯大林全面恢复名誉吗（20091224）
东南亚	2	在胡志明家做客（20030213）、中国远征军第一次入缅作战缘何失利（20050630）
其他地区	5	一位犹太女子写给胡适的情书（20050407）、帕斯捷尔纳克的诺贝尔奖危机（20091224）、纳粹神学家有罪吗（20121101）、纳粹帽子的戴与摘：德拜事件始末（20150709）、被身份纠结的舌头——休斯和法农的故事（20160324）

二、核心文本之二：纪念性新闻

近年来，各媒体依托纪念日、纪念周年，用新闻的方式介入历史，披露被宏大叙事所淹没的真实细节，还原历史事件中个体的经历，形成一个又一个的舆论焦点，在社会上引起强烈反响。这样的一种报道形式就是我们要提到的第二个核心文本：纪念性新闻。

（一）纪念性新闻的含义及生发的缘由

纪念的本义是指用事物或行动对人或事表示怀念，而纪念性新闻就是指以纪念某一特殊日子为新闻由头，对历史事件或重要人物进行追溯式、史料式报道的新闻。它实际上是对过去曾报道过的重要事件的"旧事重提"，以"现在"的眼光来重新审视历史事件和当时的报道，既带有纪念性，同时又会披露一些新的事件材料。

纪念日是指为纪念某人、某事或某物在每年特定的时间举行仪式或庆典的日子，是一种有意义的纪念活动日或娱乐活动日。最初的纪念日被用于庆祝、纪念、重演、预演某些大事件，有农业生产的、狩猎的、宗教的、社会文化的。纵观中外纪念日的形成过程，往往因一件重大历史事件的发生，或因重要人物身上发生的重大事件，人们或为了纪念，或为了反思，或为了庆祝而进行各种活动，这些活动赋予人类个体，以及这一个体所属的政治、宗教或是社会经济的集团以凝聚力与存在意义。因为这种纪念能使人类抚平心灵的创伤和混乱，平稳而充满信心地掌控自己的命运，一次次地强化着人类的美好愿望与理想，激励人类奋进；它弘扬人类社会中的正义、英勇、博爱等优秀品质。这实际上就是纪念日最本质的内在——精神补偿。因为这种精神补偿作用，人类需要它，由此而代代相传，代代弘扬，久而久之，成为一种习俗。王献忠在其名著《中国民俗文化与现代文明》中认为习俗是一个国家或民族在自己发展过程中逐渐形成，反复出现，并代代相习的生活文化事象，习俗具有约束、实用、教育和娱乐等诸多功能。[①]如抗日战争对中国影响深远，而与之相关的各种节点自然就成了我们实施教育的契机，如抗日战争爆发日、西安事变日、抗战胜利日等，每逢节点，无论官方还是民间都会进行如火如荼的纪念活动。如2015年抗日战争胜利70周年的纪念活动达到了有史以来的最高峰，并创下了若干个第一次：第一次由党和国家最高领导人为抗日战争宣传工作研究制定"中长期规划和具体工作方案，确定研究重点和主攻方向"；第一次由国务院新闻办公室发布中国人民抗日战争暨世界反法西斯战争胜利70周年纪念活动唯一指定标识；第一次由中共中央、国务院、中央军委向约21万名抗战老战士老同志等颁发纪念章；第一次以纪念抗日战争胜利的名义举行盛大阅兵仪式；第一次邀请多国政要参加抗战胜利纪念仪

---

① 转引自刘竹：《节日文化与精神补偿论析》，载《云南师范大学学报》，1999年第2期。

式；第一次在抗日战争胜利纪念日当天全国放假一天……这一系列纪念活动产生了极大的社会反响。

"所有的历史都是当代史"，史学界的这句俗话，既可以用来解释我们今天常常纪念历史的原因，更可以用以指导我们的纪念性报道——毕竟所有的历史，都是从时代需要出发、从当代人的角度来书写和解读的。纪念报道的价值就在于追溯历史、观照现实和启迪未来。埃迪曾认为有关过去的新闻故事常以纪念报道、历史类比、历史语境三种面目呈现，但历史语境和历史类比都无助于公众对历史事件之意义的全面理解，因为历史语境将历史呈现为事实证据型，是"解释"，后者尽管在过去与现在之间建立联系，但它倾向于将过去"简单化"或"戏剧化"。相比之下，系统和深入的纪念报道，则"提供了话语空间，令过去之变动不居的意义在其中展开直接的协商"，也为大众提供了重新审视过去的机会。以纪念长征的报道为例①，关于长征，媒体通常通过当下的人事切入历史，将追述和怀想作为最重要的表达方式。尤其是中华人民共和国成立后，无数的人物访谈、纪念性报道、文学与历史读本一起，完成了国人对于长征的想象——有关艰苦、执着、牺牲与胜利。2005年新华社分社与《北京青年报》联合推出了大型报道《我的长征——寻访健在老红军》。浩浩荡荡70天的连续整版报道，捧出了老红军的个体生命中最珍贵的记忆，内凝着他们对于长征的深刻理解和真挚感情。在这些故事中，我们看到的并不都是骄傲与胜利，同时也能看到困境中的失落，看到失去战友的悲伤，甚至看到无望时的痛苦，这些增加了我们对于红军英雄的无比敬意。这些故事带给我们的不仅是对长征精神的再次确认，还有视觉与心灵的全面冲击。

（二）纪念性新闻属于史态类新闻

为什么说纪念性新闻也是一种典型的史态类新闻呢？我们以《解放军报》纪念红军长征胜利70、80周年的相关报道为例：

在纪念红军长征胜利70周年时，《解放军报》推出了"红军长征胜利70周年特刊"②。从2006年8月1日到10月23日，中间除去国庆节放假，特刊每周推出一期。第一版为长征大视野，有颂扬红军长征精神的"追寻峥嵘

---

① 参考刘永昶：《穿行于历史的新闻》，载《军事记者》，2004年第12期。
② 此案例选自陶克：《增强历史题材报道的感染力》，载《军事记者》，2006年第12期。

岁月",有描写红军传人的"红军团队风采",有展示红军远征历程的"长征看台",有谈笑低吟的言论"长征随想";第二版为长征的历史史话,有专家深度点评长征的《解读长征》,有展现长征中著名战役和红军英雄风采的《经典战例》《英雄传奇》,有个人回忆长征的《红军将士口述长征》,有鲜为人知的史海钩沉《长征秘闻》,有《图说长征》小栏目;第三版为长征的文化话题,先后推出了《长征,震撼心灵的历史细节》《红军,留在藏胞心中的圣灵》《经典重读:名家笔下的长征》等13个与文化有关的专题;第四版为长征广角版,有讲述当代人如何传承长征精神的《我和长征有个约定》,有历史场景和追忆思考融为一体的《万水千山的诉说》《红色旧址》,有记录健在老红军生活状况的《寻访老红军》,最后一期特刊在中央纪念红军长征胜利70周年大会召开后的次日刊出,除前4个版外,又增加4个版,将70个老红军口述长征还没发完的22篇,分为路线篇、信仰篇、浴血篇和团结篇。

在80周年之际,《解放军报》又推出包括12期每周三的4个版特刊和最后一期16个版的大特刊,共64个版,形成了规模宏大的报道阵势(见图2-1)。如2016年8月3日的4个版报道内容各有侧重,5版主打名家专稿,包括《仰望不朽的精神丰碑》《那年那月,那群远征的人》《足迹与力量的延伸》,6版至8版分别是"长征·记忆",包括《走好我们这代人的长征路》《难忘瑞金,那片照亮我信仰的土地》《长征史上的今天》《瑞金》;"长征·传承",包括《不忘初心,忠诚永在》《铁心跟党铸荣光》《红星照我去战斗》《连史星空》;"长征·映像",包括《不忘初心继续长征》《红军第一份长征行动计划》《铭记大渡河的炮声》《红军将士忆长征》。最后一期21日的特刊也是如此,从第5版到第20版,除去封面和封底,每个版面都是一个篇章,而连续的几个篇章又形成一个共同的主题,总共可以分成四大版块。第6版、第7版、第8版为第一部分:不忘初心,我们的红色基因;第9版、第10版、第11版、第12版为第二部分:浴血奋战,我们的英雄壮歌;第13版、第14版、第15版、第16版为第三部分:永不磨灭,我们的文化血脉;第17版、第18版、第19版为第四部分:接力长征,我们的使命担当。

从这些文本中我们看到:

第一,多为系列报道。纪念性报道大多体现为系列报道,尤其是重大纪念日报道。

/ 第二章 史态类新闻的类型考察 /

图 2-1 《解放军报》纪念长征胜利 80 周年特刊（20160803）

第二，以过去事实为主要传播内容。这些系列报道文本既有报道现在的事实，如人们的纪念活动的报道，也有过去的事实的报道。从前面所有的文本我们看到该纪念活动的所有新闻（主要为现态类新闻与史态类新闻）报道中，过去相关事实的报道占据主要位置，《解放军报》中以过去的事实报道为主体的新闻数量为 80%以上，因此，笔者可以得出这样的结论，纪念性新闻是以报道过去事实为主的新闻。

79

第三，常用特写与通讯。上面文本体现出：现在事实的动态报道一般都较简短，属于动态的消息，而对过去的事实的报道有特写、有通讯，篇幅较长。消息速度"快"却缺乏深度，不能有效地体现事件的来龙去脉，不能展现事件的全貌给受众一个全面的理解，而特写和通讯可以更好地体现报道的深度和广度。这就说明在这些纪念性报道中对过去事实的报道不仅是在数量上占优势，也在质量上取胜。

第四，具有新鲜性。这些文本所披露的历史事实虽说较为有名，但在已经定型的历史轨迹、结论和众人皆知的事件中，仍有大量的鲜为人知的人和事，仍有大量有待发现、未曾披露的真实，如从经历长征且目前还健在的红军口中讲出的历史就是大家闻所未闻的，更何况还涉及鲜为人知的历史事实的首次披露；还有的虽为大家所知，可因时代久远，已逐渐被人淡忘，重新提及并在当前的大环境下赋予一定的意义，也使这些熟知事实产生出新的意义，如有的事实作为四五十岁的人是知道的，但对于一二十岁的人却很遥远，通过对历史的回顾对其产生一定影响。比如《解放军报》在纪念长征胜利80周年"长征·印象"版中，与解放军档案馆合作，每期提供几份此前未知的珍贵图片资料，让静态的资料通过记者的采访，引领读者追随记者的身影，重走长征路，寻找长征记忆。

第五，有新闻由头。除历史事实本身的新鲜性，这些文本还有一个较为突显的新闻由头，即当下的纪念日及人们的纪念活动。历史事实的新闻性借纪念日而复活。

以上文本涉及的是史态类新闻在纪念日的系列报道中所占的比例，从这些文本中我们发现纪念性新闻属于史态类新闻，同样从单一文本来看也是如此，例如：

例2-3：唐山大地震：不肯泯灭的记忆①

杨　静

编者按：今年是唐山大地震30周年。30年前，一场举世震撼的大地震将唐山夷为一片废墟，24万个生命沦为亡魂。30年后，新城崛起，废墟不再，除去这场灾难中的幸存者，以及与之相关的少部分人，对于更多的人来说，"唐山大地震"已成为一段冰冷的历史。有关这场灾难，究竟留给今天的人们多少清晰的图像、难忘的瞬间和震撼人心的细节？历史不该仅由宏大叙述和终结话语构成，更多活着的历史，其实就珍藏在

---

① 《中国青年报》，2006年5月31日，《冰点》版。

你我身边小人物的记忆深处。正值唐山大地震30周年,我们刊登一位亲历者的回忆:为抚慰这场灾难中的亡魂和受伤痛的心灵。

　　1976年,我所在的部队医院,为保障铁道兵某部修筑北京至赤峰铁路的医疗卫生工作,从外地调往北京沙河。当时,我是一名护士。

　　7月27日那天,天气异常闷热,我和同屋的刘小红、江平热得睡不着,就拿着小马扎,坐在院里聊天。直到后半夜才回屋躺下。

　　7月28日凌晨近4时,睡梦中的我,觉得床在使劲晃动。被惊醒后,我立刻意识到是地震,抱着衣服就冲出了门外。也许是起得太猛,或是大地抖得厉害,我觉得天旋地转,晕得只有紧贴着墙才穿上衣服。当时我以为北京地震了,后来听广播说,震中在河北唐山。

　　7月29日,上级通知我们组建医疗救护队。医疗救护队分为两个梯队。第一梯队共有15人,我是其中的6名女兵之一。我们准备好药品、帐篷、粮食,随时听候命令准备出发。

　　那天,司务长提出买点儿菜带上,但教导员说:"天热,菜就不要带了。到了唐山再买吧。"

　　曾参加过1966年河北邢台地震医疗队的一位老兵对我们几个女兵说:"你们去了没什么事干,等着全国人民慰问吧。"

被卷儿里包着的是什么

　　7月30日早8点,我们乘一辆解放卡车向唐山驶去。一路上,有的聊着天,有的哼着曲。虽然我们心里明白这是执行任务,但从上到下都不够重视。尤其是我,既没带水壶,脚上也只穿了双布鞋。我想,反正唐山离北京也不远,乘车几个小时就到。

　　汽车进入丰润县地界。我们看到公路两旁倒塌的房屋越来越多,公路上驮着各色家用对象的骑车人也越来越多。一个骑车人的后座上,横着放着一长条木板,木板上有个用棉被卷成长条的对象,被麻绳捆扎得严严实实的。越往唐山走,驮着木板上捆扎被卷儿的骑车人就越多。

　　被卷儿里包着是什么?一路上我们胡乱猜着。突然,有人大声说道:"这形状,像是人……"

　　就此,车厢里的歌声停止了。

　　当汽车路过一个不知名的村庄时,我们看见公路边的大坑里,堆着上百具尸体。男女老少都有。他们身上没有伤痕,好像还在熟睡,只是他们全身都呈现出灰土色。

　　汽车驶离这个小村子好远了,才有人轻声说:"他们是被倒塌的土房活活闷死的。"

……

10里地汽车开了10小时

也许是7月30日那天天气十分炎热，也许是我们对眼前的惨景始料未及，大家都沉默不语，手中的烙饼难以下咽。而滴水未沾的我更是咽不下去，我没带水壶，那种情况下，怎好喝别人的水？

下午2时，我们到达唐山市郊。我们要去设在唐山机场的"抗震救灾前线指挥部"报到，领任务和药品等。

……

就说你们58岁

还有两个伤员，我已记不清她们的名字，好像都有个"英"字，但我永远记住了她们的年龄：一个61岁，一个63岁。

61岁的"英"，整个前额从头顶被劈开，翻开前额，白生生的头盖骨全能看见，而前额里的肉的表层颜色已经绿了，阵阵腐臭扑鼻而来。她的伤口感染非常严重，我们只能用盐水和酒精给她清洗伤口，每天两次，却没有明显好转。医生说，必须把她的腐肉全部去掉才能好转，但我们的医疗条件有限，他不敢冒这个险。

……

明天，说不定我们就在海底了

送走最后一批伤员的第二天，我们医疗队也要返回唐山市。因夜里我突然发低烧，回唐山的路上，副教导员让我坐在驾驶楼里。

一路上，不时看到两三个人被五花大绑在路边的树干上，旁边有荷枪的民兵看守。司机告诉我，他们因抢劫商店和路人而被示众。

……

洪水和地震哪个更惨？

住了两天院，我的病情不但未见好转，下肢开始轻度浮肿，脸也开始肿胀，眼睛只剩两条细缝，看什么都是模糊的，只能凭说话声分辨人。8月17日，医疗队领导决定让我乘坐专送伤员的卫生列车回京治疗，继而又听说搭回京的解放车，并决定让刘群送我回京。我拒绝了领导的好意，带好药，坚持一人搭车回去。

还是这条京唐公路，但我已看不清窗外的景物了。

……

据不完全统计：在唐山大地震中，共有24万人遇难。其中，仅唐山市区,就有 7000 多个家庭成员全部遇难,7000 多个丈夫失去了妻子,8000 多个妻子失去了丈夫。死难者中有许多变成了我曾见到过的"被卷儿"。

就在本文将要写完之际,2006 年 5 月 27 日,印度尼西亚爪哇岛中部的日惹地区发生了里氏 5.9 级地震,有 5000 多人转瞬间成了亡魂。看着电视里播出的地震惨况,我的眼泪夺眶而出:为了印度尼西亚,但又何尝不是为了唐山?

我承认,30 年了,我的记忆不时会被牵回震后 18 天的日子,任何一点与这个城市沾边的人和事,都会勾起那段不肯泯灭的"灾难记忆"。每年的"7·28",我都会格外关注媒体的相关报道,但不是报道《抗震纪念碑——出奇地安静》,便是媒体本身"出奇地安静"。年复一年,愈发"出奇地安静"。

我不得不承认,在大多数人的记忆中,唐山大地震已成为一段冰冷的历史。

这篇纪念性新闻除编者按的前言外,全文都为一个亲历者对过去发生的事实的叙述。

通过以上分析,笔者认为纪念性新闻的报道主体是过去的事实,因而属于史态类新闻报道。而且在后文介绍纪念性新闻的分类时所举案例也会进一步说明这一问题,其现态新闻的特征只是附属于史态新闻特征而为其服务的。纪念性新闻除了拥有史态类新闻特征,还呈现出一些自己的特点。

(三)纪念性新闻的特点

(1)等时距性。纪念性题材的报道是一种比较特殊的新闻报道,它的特殊之处就在于它是等时距的进行,即每隔一年或一段时间进行。虽然灾荒、战争、疾病等给人们带来无穷无尽的灾难和不幸,但追求美好的理想与愿望却是人类精神中永不会放弃的,人类要通过一种形式来表达它、强化它,以激励自己的精神追求。而特殊的时辰,使人们相信纪念日具有丰富的寓意和象征性,它能使人们获得对美好未来追求的勇气,成为一种人生的推动力量。无论是谁,都可以在纪念日中获得自己表达理想和愿望的机会与方式,可以感受到源于自然的心灵感应与支持,得到心灵的慰藉。正如保罗·康纳顿认为,"有关过去的形象和有关过去的回忆性知识,是在(或多或少是仪式的)操演中传送和保持的"。于是人们总会每隔一年或一段时间举行相关的纪念活动,以强化人们美好的理想与愿望,激励人们奋进。而媒体也会因相关活动的等时距而等时距地进行报道。因而说纪念性新闻具有较强的等时距性。比如对抗日战争胜利的相关纪念报道，笔者以抗日战争为关键词，统计《人民日报》1949年10月1日至2015年12月31日标题中含有此词的报道共有762篇，主要集中在对抗日战争胜利"逢十"周年活动期间，其他年份则较少。而这些"逢十"周年的相关报道，又主要集中在1985年、1995年、2005年和2015年，这四年的相关报道分别有76、95、233和149篇，占到"逢十"周年相关报道的70%以上。

（2）较强的策划性。纪念性报道具有等时距性的特点，纪念活动等时距发生，媒体就会等时距进行报道，而多次重复性报道似乎很难出彩，于是对于纪念性报道的心态有三种，一种是应付心态，一种是投机心态，还有一种是务实创新心态。在纪念日到来之时，很多媒体会推出专刊或专题，将史料集合起来（见表2-5《人民日报》的纪念专刊）。也有媒体不甘平庸，希望在最不容易出彩的地方与众不同。但这里面也有走偏的，虽然也有创新，但更像是一个借题发挥的投机或噱头。2005年巴金老人逝世时，某媒体次日就推出了100个版的纪念号外，声称7个小时做完100个高质量的纪念版，不仅创造了报业的奇迹，甚至在整个中国报业史上，都是一个奇迹。但后来却被揭露出来其将以前发表的文章加以篡改，以旧充新、滥竽充数。这是一种典型的带有投机色彩的纪念心态的反映。如果说历史像老酒，时间跨度越久远，品味也就越理性，纪念性报道不单是为了历史的重提，这样只会把历史的味道越冲越淡。纪念历史、发现历史、关照现实，才是纪念性报道的最好心态。纪念，不仅仅是纪念，纪念，是为了更好地前行。旧闻新编，有多少套路可以重来呢？因此务实创新、精心策划才是最好的选择。利用传媒已经发表的东西，重新进行分类、加工、整理、组合、标注、链接，构成新的价值，让读者产生新的阅读快感和思索。如2015年是纪念抗日战争胜利70周年，全国各大媒体对此进行精心策划和实施，从5月7日开始，《人民日报》推出《民族记忆·你不知道的抗战故事》专栏，由《人民日报》记者组成若干小分队，挖掘新发现的史料，重访重要抗战纪念地，寻访健在的抗战将士及亲属，通过他们的讲述，将一个个不为人知的抗战故事，以鲜活的方式、全媒体渠道呈现给读者，以铭记历史、缅怀先烈、珍视和平、开创未来。新华网推出大型专题《纪念世界反法西斯战争胜利70周年：70载 为了不能忘却的记忆》，注重历史重现与反思的双重展示。央视网则推出《纪念中国人民抗日战争暨世界反法西斯战争胜利70周年影像馆》，利用老照片与经典纪录片再现抗日战争的峥嵘岁月。吉林电视网开设《铭记历史、缅怀先烈》专题，并推出全媒体大型行进式特别报道。而浙江在线新闻网站则联合湖南当地媒体发起"抗日英雄、魂归故里——长沙会战浙籍将士遗骨回家"新闻宣传活动，引发中央电视台、新华网、人民网等100多家媒体参与，得到国内外关注。

纪念长征胜利80周年时，多家中央媒体推出了纪念特刊、专题报道以及与长征有关的活动，再现历史记忆，展示当今变化。新华社开设《长征胜利80周年》栏目，以融媒体形式呈现推出。《人民日报》连续刊发评论，论述长征对于中华民族的伟大意义，指出新时期的长征也要沿着确定道路不断前行。10月21日，《解放军报》隆重推出16个版的《征程万里 不忘初心——纪念长征胜利80周年特刊》，带领读者通过阅读经典的方式铭记历史，继续前行。中央电视台《新闻联播》《焦点访谈》、新闻频道等陆续推出重点栏目——《长征路 新故事》《说不完的长征》《长征故事》《红军走过的地方》《英雄》《布告里的长征》《震撼世界的长征》等。中央人民广播电台在《新闻和报纸摘要》节目中连续播出系列报道《不忘初心再长征》，系列新闻广播剧《生死关头》也于9月中旬与听众见面。从10月19日开始，中国国际广播电台连续3天报道遵义新变化。

从这些案例中我们可看出不管是投机还是务实，纪念性新闻都显示出其极强的策划性。

纪念性报道策划的创新，可以是选题方案的匠心独运，可以是报道视角的慧眼独具，也可以是报道形式的推陈出新。策划的重心在于把最能表现纪念主题的内容凸现出来，从而提升纪念性报道的影响力。

表2-5 《人民日报》2001—2016年纪念特刊

序号	时间	名称
1	2001年6月25日—7月4日	纪念中国共产党成立80周年
2	2004年7月1日	纪念七一特刊
3	2004年8月21日、22日	纪念邓小平百年诞辰
4	2005年7月11日、12日	纪念郑和下西洋600周年
5	2005年9月3日	纪念中国人民抗日战争胜利60周年
6	2006年6月30日—7月1日	纪念中国共产党成立85周年
7	2006年10月10日、22日	纪念经军长征胜利70周年
8	2007年7月1日	纪念香港回归10周年
9	2007年8月1日	纪念中国人民解放军建军80周年
10	2009年12月20日	纪念澳门回归10周年

续表

序号	时间	名称
11	2011年6月20日—7月1日	纪念中国共产党成立90周年
12	2015年9月3日—4日	纪念中国人民抗日战争暨世界反法西斯战争胜利70周年
13	2016年5月19日—6月30日	纪念中国共产党成立95周年
14	2016年10月21日	纪念红军长征胜利80周年

（四）纪念性新闻的类型

从所报道的内容来看，纪念性新闻可分为两种类型：

（1）人物型纪念性新闻。人物型纪念报道指针对重要人物所进行的纪念活动、该人物的历史事迹等的相关报道。对重要人物进行纪念，是因为这些让人崇敬景仰的英雄们在人类追求幸福、追求美的进程中，燃烧了自己的生命，释放了巨大的正义力量，或拯民于水深火热之中，或体现出一种气壮山河的道德力量，甚或推动历史车轮前进。如大禹、屈原、岳飞、海瑞、郑成功、黄继光、邱少云、任长霞等，英雄的献身，在人们心灵深处留下了不可磨灭的悲伤。英雄已去，但精神不灭，纪念、追怀、歌颂这些英雄，就成为人们发自内心的强烈愿望，一系列纪念英雄的节日，正是对人们内心深处这一精神需要的补偿与强化。[①]人们通过这些纪念，使自己的哀思得以寄托，也使英雄的精神代代相传，发扬光大。如2011年，人们以不同方式纪念麦克卢汉百年诞辰：网络上有纪念他百年诞辰的网页；Neopoiesis 和 Peter Lang 出版公司分别出版了重新挖掘其思想的《媒介和形式的原因》(Media and Formal Cause) 以及《传播理论》(Theories of Communication) 等新书；全球各地召开了40余场论坛和讲演等纪念活动。上述种种，不断地将麦克卢汉与"全球传播""赛博园区""数字时代"等新颖语词联结在一起，以此凸显这位"传播奇人"的当代意义。笔者也曾做过一个有趣的统计，在谷歌（google）网上随意输入"纪念诞辰100周年"进行搜索，就有5 420 000项符合该要求[②]，其中涉及的重要人物中外著名人物均有，但相对而言，近现代人物更多。

人物型纪念新闻的核心就是所报道的人物，当然对人物的报道始终离不

[①] 参考刘竹：《节日文化与精神补偿论析》，载《云南师范大学学报》，1999年第2期。

[②] 该数据统计于2019年8月31日。

开在其身上所发生的相关事件。人物型纪念新闻通过多种体裁报道历史人物，反映不同历史时期典型性个体的事迹和思想，通过个人问题揭示广泛、深刻的社会问题，记录下从个人这面镜子所反射出的时代精神和历史风貌给世人以启示。如《经济参考报》（以下简称《经参》）在2004年8月对于邓小平同志100周年诞辰的报道，刊登的稿件分两部分，一部分是新华社播发的通稿中的重要文章（包括图片），另一部分是《经参》自己组织的稿件。转载新华社通稿的主要文章有《1980—2020：综合国力节节攀升——从奔小康到全面建设小康》《"有好法子就有好日子"——百姓眼中的邓小平理论》《从"发展是硬道理"到"科学发展观"》《邓小平同志诞辰100周年纪念大会在京隆重举行》《胡锦涛同志在邓小平同志诞辰100周年纪念大会上的讲话》《回眸慰小平 追忆寄深情——写在邓小平百年诞辰之际》。《经参》自己组织采写的重点稿件有《开启中国信息革命征程》《引领中国融入世界经济》《〈经济参考报〉在小平同志关怀下成长》《"经济参考论坛"与"三个有利于"》《邓小平改革开放和经济建设经典论段》。从8月9日至8月23日，《经参》共用12个整版的版面进行报道，刊登稿件27篇，图片21张，5张题词和批示影印件，稿件字数累计8万多字。①通过这些报道受众对邓小平其人其事有了一个全面的了解。

（2）事件型纪念性新闻。所谓事件型纪念新闻是指对历史上所发生的重要事件进行纪念而进行的报道。它是以一个独立的事件为核心而展开的报道，如纪念反法西斯胜利70周年，纪念长征胜利80周年，纪念唐山大地震40周年，纪念"9·11"十周年等等，都是围绕着具体事件进行的。正如在纪念红军长征胜利70周年的活动中，新华社记者重访长征路的开篇语中所提到的，无论是一个人也好，一个国家也好，一个民族也好，都是在一个个历史事件中成长的。而一些特殊的历史片断，因其对国家、民族具有特别的意义，而被重点记录，但不管史料是如何丰富，随着当事人的渐渐消失，一代代人之间的代沟不断扩大，历史总是因为时间流逝产生的距离而充满了神秘感。于是有远见的人，因担心历史的启示也会随之消失而不断地纪念它，以启迪后人，从中吸取教训或力量。②如在2018年，为庆祝改革开放40周年，中央电视台专门策划出一个5集的特别栏目《追梦时代》，分为激情出发（1978—1987）、

---

① 李仁虎:《和读者一起分享一个伟人对一个媒体的深切关爱——经参关于邓小平百年诞辰报道总结》，新华网。
② 《新华社记者重访长征路开篇语》，http://www.jx.xinhuanet.com/ztdj/2006-09/11/content_8002503.htm。

市场活力（1988—1997）、走向世界（1998—2007）、复兴征途（2008—2017）和未来之梦（2018— ），每一个名称都是针对特定的时间段的不同特点进行的总结，前 4 期以十年为单位将改革开放 40 年中带有标志性意义的关键人物、关键事件、关键地点等元素，以观察的视角与个人记忆讲述改革开放对中国发展的重要性、对世界的影响性，以及给国家现在和未来的发展带来的启示。而最后一期节目重在展望。

三、边缘性文本：背景新闻

新闻不断变成旧闻的客观现象，在新闻采编学上另有意义，即旧闻进入资料库，成为背景资源，可以源源不断地被新的新闻作品采用。从这个意义上讲，旧闻是新闻的组成，旧闻在新闻中再生。新闻因背景而出新，背景因新闻而刷新。新闻不断变成旧闻是必然，旧闻变成背景资源是或然，采编人的背景资源拥有和背景使用技巧成为决定新闻作品质量的因素之一是当然。

（一）定义及特点

背景原指绘画等艺术作品中衬托主体的背后景物，借用到新闻写作上来，指的是衬托新闻主体的材料。背景新闻就是以新闻背景为主要报道内容的新闻，但它不是背景材料的简单堆砌，而是对背景材料进行整理加工，提炼出观点，是系统的、全面的新闻背景。它以原发新闻为基点在广度上发散开来，在时间上回溯从前，寻找新闻的第二落点，对新闻要素中"为什么"展开，是对形成新闻事实的来龙去脉、历史环境中各种矛盾之间内在的辩证关系的剖析与解释，不仅"让读者知其然，还要知其所以然"。因此它具有以下特点[①]：① 新闻性。这是背景新闻区分其他知识介绍的最主要特点，背景新闻的内容大多是旧的背景资料的组合，但因其辅助新闻，随新闻事件的发生而不再是单纯的资料，而是新闻引发的新闻，从而凸显出自身所具有的新闻价值，具有自己的新闻性，因此背景新闻必须在原发新闻刚刚发生不久组织刊发，过早或过晚就不再成其为新闻。② 相对独立性。背景新闻有别于新闻中的背景部分，新闻背景是新闻的有机组成部分，而背景新闻则以相对独立的形式独立成篇，它在内容上与原发新闻相对脱节，所反映的内容要比新闻中的背景部分要广要深，在背景新闻中不仅要交代事件的背景、相关情况、影响，还

---

① 郑义风：《从新闻背景到背景新闻》，载《青年记者》，2003 年第 6 期。

要将观众想知道、要知道的内容作立体化传播，是实现传播立体化的重要手段。③知识性。背景新闻的核心功能是解释与说明，因此它除了有助于读者了解把握原发新闻，还具有很强的知识性。如美国发生的"9·11"事件，媒体在报道这一事件的同时，配发了一系列背景资料，这些资料有知识性的：美国摩天大楼、世界恐怖组织简介；有人物资料："拉登其人"；有历史资料："阿富汗战争回顾"；有地理资料："阿富汗地形概况"；有数据资料："塔利班武装力量知多少"，等等。这些知识性资料的配发，增添了这一突发事件报道的力度和广度，拓宽了人们的视野，报道的深度感显而易见。④补充性。背景新闻虽独立成篇，但它的存在仍由原发新闻报道的基本事实确立，失去了所依附的事实，也就失去了报道的源泉。因此它通过更详细地报道事件发生的内因和外因，以及形成的历史分析，对事件成因与其他事件之间的关系的阐明，形成对新闻主体的一种补充，一种铺垫，以使读者对主体有更深的理解。有了背景新闻的衬托，原发新闻中所蕴含的精彩内容就格外清楚地展现在受众面前。背景新闻虽不具有原发新闻事实的那种时效性，但原发新闻事实离开它就难以产生应有的思想意义和社会价值。

（二）背景新闻：史态类新闻与现态类新闻的交叉地带

从背景新闻的概念和特点我们看到背景新闻属于新闻，那么，它是否属于史态类新闻呢？以《环球时报》为例来分析，《环球时报》每期设了3个版面的《新闻背景》（第二、三、四版），经过通读发现，第四版的新闻背景更属于笔者阐释意义上的背景新闻，因此样本着重选取第四版的新闻背景，时间为2006年3月，这期间的样本共有23期，由于2006年3月2日样本缺失，故笔者获得22期样本共61篇文章。从前面的分析可知，从报道内容发生时间来看，史态类新闻着重于过去事实的报道，而现态类新闻着重于刚发生和正在发生的事实的报道。那么，《新闻背景》版的报道从其报道内容及发生时间来看又该属于谁呢？笔者按报道内容及发生时间分类对此做了统计（见表2-6），发现从报道内容的主体来看，以过去事实为主的大概有19篇，而以刚发生事实为主的占42篇。由此可以看出《新闻背景》中的报道仍以现态类新闻居多，更多体现为现态类新闻的深度报道，但也不乏借一定新闻由头以报道过去事实为主的史态类新闻，如《金融反恐就像大炮打蚊子》一文，以英国警方刚对外公开的对恐怖分子搜捕行动的细节为新闻由头，详细地、揭露性地报道了近年来恐怖活动资金来源的重大演变及国际态度。《美抓老逃兵吓唬新兵》一文以美国五角大楼展开的一场规模浩大的抓捕老逃兵行动,来介绍美国新老逃兵的情况。

因而可以说背景新闻处于史态类新闻与现态类新闻的交叉地带,也就是说,它既具有史态类新闻的特征,也具有现态类新闻的特点,还具有文献资料的特点。

表 2-6 《新闻背景》新闻列表

序号	报道时间	标题	主要事实	发生时间
1	20060301	德否认暗助美军攻克巴格达	特工暗助美国	2003 年
2		韩高官酒后非礼女记者	韩高官酒后非礼女记者	2 月 24 日
3		日本市长自杀	市长自杀	2 月 26 日
4	20060303	俄说 BBC 报道不客观	俄《真理报》批评 BBC 报道不客观	3 月 1 日
5		冰湖钻探美不想让俄领先	俄计划在福斯多克冰湖钻探	2003 年
6		美驻马领馆遭恐怖袭击	美驻马领馆遭恐怖袭击	3 月 2 日
7	20060306	委内瑞拉 50 万民兵防美国	50 万民兵开始训练	3 月 4 日
8		高尔夫风波逼韩总理辞职	韩总理高尔夫风波欲辞职	3 月 1 日
9		2007,美不会从伊完全撤军	英报称 2007 年多国部队撤军,美否认	3 月 5 日左右
10	20060307	俄立法震慑恐怖分子	反恐法草案通过	3 月 1 日
11		全意大利祈祷被绑婴儿平安	意大利一婴儿被绑架	3 月 2 日
12		德国有支妈妈侦缉队	针对毒贩妈妈侦缉队的事迹	无
13	20060308	赴日外国人要被迫按手印	出入境修正案出笼	3 月 7 日
14		日本大臣为幸灾乐祸道歉	日大臣对花样滑冰名将失误幸灾乐祸而遭谴责	3 月 6 日
15	20060309	非法劳工,活在日本最底层	非法劳工在日非法生活	无
16		俄各界评说戈尔巴乔夫	人们眼中的戈尔巴乔夫	戈 75 岁
17		金融反恐就像大炮打蚊子	追查恐怖组织资金来源的难度	2003 年至今
18	20060310	美众议院否了港口收购案	美众议院否了港口收购案	3 月 8 日
19		美国实验鼠工业揭秘	美国实验鼠来源揭秘	无
20	20060313	巴阿边境热卖"基地"光盘	巴阿边境关于"基地"光盘热卖	3 月初
21		佛祖转世少年神秘失踪	释迦牟尼转世的少年,在绝食修行 299 天后神秘失踪	3 月 11 日

续表

序号	报道时间	标题	主要事实	发生时间
22		行走的胖子成了美国英雄	为减肥行走美国	2005年至今
23	20060314	伊拉克混合家庭活得艰难	因宗教冲突,混合家庭活得艰难	无
24		印度民众为被杀女模特申冤	纪念女模特及其被杀的过程	7年前
25		埃及如何看护苏伊士运河	苏伊士运河被看护揭秘	1956年至今
26	20060315	纽约警界明星竟是黑帮卧底	退休警察为黑帮	3月12日
27		美六大港口找不到买家	六大港口无人问津	3月8日
28	20060316	探访比利时中国时装	记者探访中国时装在比利时情况	2006年3月
29		老米最后的监狱生活	米洛舍维奇监狱生活揭秘	无
30		上百荷兰人想娶难民女孩	科索沃难民女孩的遭遇	无
31	20060317	海牙监狱还关着47人	海牙监狱被关押人生活揭秘	无
32		印度人对逃税满不在乎	印度人逃税现象分析	无
33		伊朗担心慕尼黑惨案重演	伊朗担心足球队员被袭	3月15日
34	20060320	英国试药人用健康赚钱	试药人中毒	3月19日
35		3位前总统同时遭起诉	新加坡总统对前总统的起诉	3月15日
36	20060321	可口可乐让印度缺水	印度水资源缺乏	2003年至今
37		华人赌球集团渗透欧洲	记者揭秘华人赌球集团	无
38		美富豪全球埋宝藏	美国富豪全球埋宝藏	无
39	20060322	德推出妓女从良计划	德国推出妓女从良计划	3月19日
40		德国惊呼生育率太低	德国生育率较低	3月17日
41	20060323	美抓老逃兵吓唬新兵	美国逃兵事件频发	2005年至今
42		阿富汗女孩感动千万人	受虐12岁小女孩的悲惨经历	8年
43		纽约大桥下藏了批战备物资	大桥下发现战备物资	3月15日
44	20060324	韩国清除校园黑帮	校园暴力为患	无
45		大风吹倒尼日利亚高楼	一高楼被大火烧伤,大风吹倒	3月20日
46	20060327	黑衣人血洗狂欢派对	黑衣人血洗狂欢派对	3月25日

续表

序号	报道时间	标题	主要事实	发生时间
47		韩国农民飞到越南找老婆	韩国农民飞到越南找老婆	无
48		南亚劳工在迪拜过得惨	南亚劳工在迪拜的生活	无
49		英军说被救人质没良心	营救人质及获救后的态度	3月24日
50	20060328	格鲁吉亚监狱大暴动	监狱发生暴动	3月27日
51		德国兵世界杯当护工	德国兵世界杯当护工	2006年
52		加拿大掀起中国移民回流潮	加拿大中国移民回国热	无
53	20060329	尼日利亚难算清国民总数	尼日利亚人口普查	3月28日
54		荣誉谋杀震惊意大利	弟弟为荣誉枪杀亲姐	3月26日
55		印度有群代孕妈妈	印度女子代人怀孕	无
56	20060330	德国职业黑客的秘密生活	德国职业黑客揭秘	无
57		英情报部门通风报信挨批	英国情报部门通风报信	2002年
58		萨达姆不满老友讲话	萨达姆不满易卜拉欣讲话	3月26日
59		为了生活，她们选择跑步	非洲女孩的生活状态	无
60	20060331	很多英国人想封爵	英国人想方设法封爵	无
61		苏联老雕塑今何在	苏联老雕塑的命运	无

（三）背景新闻的种类

新闻背景资料有纵向性（发展的来龙去脉）和横向性（与周围事物的关系）的特点，相对于当前最新发生的新闻事实的动态性，无论是环境材料还是历史材料，都具有历史性。从背景新闻本身的材料内容来看，我们发现其可以分为四类：历史背景新闻、人物背景新闻、环境背景新闻、事物背景新闻。①

（1）历史背景新闻，是以时间为条件的背景新闻。这也就是事物发展的历史以及它在整个历史发展进程中所处的地位。事实上，新闻事件与历史事件是难舍难分的，新闻和历史之间的差别仅仅是时间，而时间具有相对性。有很多新闻就是从历史背景中产生的，如果没有历史背景材料，新闻事件就失去了它的意义，或者新闻也就根本不存在了。因而历史背景新闻就是报道内容以历史资料为主的背景新闻，多用于需回忆事件发展过程、需要做今昔对比的新闻中。有的历史背景新闻与原发新闻乃并行关系，即使缺少一般也

---

① 徐占焜：《论新闻背景》，载《新闻界》，2000年第4期。

不影响原发新闻的完整性；有的则直接解释说明原发新闻，两者的关系非常密切；有的甚至是原发新闻不可或缺的一部分（但不等于是新闻作品内容的一部分）。它可以采取回顾式，如对原发新闻难以细述的有关事实出现、产生的整个过程的情况回顾报道，这是背景新闻较为常用的一种报道形式，如某一政策措施的出台，某一经验的推广，某一事件的构成。严格地说，回顾式属于资料，只是已融入有血有肉的描述之中。也可以采取溯根式报道，就是把着眼点放在为什么上，去寻找其构成的原因，而不是简单平面地介绍原发新闻不能细述的事实，如推行某种做法，则要解答为什么要推行，由于属于一种事实性背景，因此，它必须依靠新闻主体而存在。[①]

例 2-4：从伦敦到纽约，国际都市对暴力说不[②]

中国青年报记者 杨杰

这几天，一位中国内地游客取消了 8 月末的赴港计划。一个月以来，包括美国、英国、日本在内的至少 11 个国家和地区更新了旅游警示，在爱尔兰外交及贸易部网站上，香港的旅游安全级别显示为"高度警戒"。

香港机场以井然有序、现代化和高效著称，是这个商业中心地位的象征，前几天却因为抗议活动一度陷入瘫痪。香港曾被誉为"全球最安全的大城市"之一，随着暴力事件频现，对它的担忧已成为各方"共识"。

近些年，一些国际大都市都曾在骚乱中被暴力刺痛。2011 年伦敦骚乱，年轻人在夜色中焚烧警车、切断交通、劫掠店铺。纽约，美国联邦调查局将"占领华尔街"运动定义为恐怖主义行动。而"黄背心运动"中，英国广播公司形容"浪漫之都"巴黎形同"战场"。

"非暴力"的活动，却带来骚乱的恐惧感

8 月 7 日，中国外交部发言人华春莹应询回应香港的事情时，发问："美国警方是如何处置 2011 年'占领华尔街'运动的？如果当前香港极端暴力违法事件发生在美国，美国的警方又会如何处理？"

2011 年 7 月中旬，反消费主义的杂志《广告克星》刊登出一张海报，画面上一位女性芭蕾演员站在华尔街标志性雕塑铜牛身上起舞，背景是戴着防毒面具的警察和烟雾。海报上方写着醒目的红字："我们一致的要求是什么？"下方用黑字写着："占领华尔街，从 9 月 17 日开始，带着你的帐篷。"

---

① 范军：《新闻背景的写作》，载《新闻与写作》，1996 年第 1 期。
②《中国青年报》，2019 年 8 月 21 日，第 6 版《冰点》。

这一天是美国的宪法日，大大小小的帐篷和形形色色的标语成为"占领华尔街"运动的主要标志，标语从"金融家是骗子"到"99%为1%服务"来控诉社会不公，媒体认为，"占领华尔街"运动是美国社会矛盾积怨的爆发点。

巴黎的"黄背心运动"则以反光背心为标志。2018年11月17日，逾30万名示威者走上大街小巷，抗议政府提高燃油税，要求经济平等，引发了法国半个世纪以来最大规模的骚乱。法国规定汽车上必须备有黄背心，它又是许多工人的工作服，黄背心就成了抗议者的纽带。有人甚至把黄背心套到了宠物狗的身上——动物也被迫承担了政治使命。

2011年发生在另一大城市英国伦敦的骚乱，起因是一名29岁的黑人男性马克·达根被伦敦警察枪杀。

起初，因对移民问题而不满的人走上街头。

但游行发展到后来，人们的诉求逐渐分裂。在"占领华尔街"运动中，有人支持自由主义但要求节制资本，有的抗议专门针对政府的个别政策，有的宣扬无政府主义；有的是失业无助的基层民众，有的是教授、学者和其他专业人士。

25岁的罗伯茨来自宾夕法尼亚州，他曾是垃圾清理工，2010年失业。他加入"占领华尔街"运动后，一直在纽约的祖科蒂公园安营扎寨，有免费食物派发，"我待了12天，胖了5磅。"

一些媒体认为，尽管组织者表示活动大多是"非暴力"的，却总给人带来骚乱的恐惧感。美国联邦调查局将"占领华尔街"运动作为恐怖组织行动进行监控和打击。2011年11月15日，警方与部分不愿离开的示威者爆发冲突，约200人被捕。随着冬季的到来，警察的强制清场冲散了"占领华尔街"运动的大部分示威者，这场大规模运动也逐步消散。

"它对生命和财产来说是严重的威胁"

凯旋门上，弗朗索瓦·吕德的那块著名的"马赛曲"浮雕，被示威者砸出了巨大的黑洞。紧张氛围从一个街区扩散到另一个街区。

"黄背心运动"开始之后，出于安全考虑，巴黎关闭了它引以为傲的一部分博物馆和公园，公共停车场的自动售票机也被拆了下来。

很多人戴着黑色头套，撬起历史悠久的香榭丽舍大道路面上的石头，投向街边的名牌商铺。包袋品牌Longchamp（龙骧）的店面被烧得一片焦黑，高档餐厅遭到破坏。一家位于一楼的银行被点燃，造成至少11人受伤。有人将燃烧物抛向警方竖起的路障，高喊"革命了"。

法国零售联合会对路透社说，一个多月里，法国零售商损失了11亿美元。法国财政部长称，法国餐饮业营业额已下降二至五成。英国保险业协会估计，伦敦骚乱对工商业造成的损失将达到数千万英镑，保险公司们估计将要支付超过2亿英镑的赔偿金。

英国《太阳报》称伦敦骚乱的一些场面是"可耻的"，并写道："在伦敦奥运会即将在一年内开幕的时间里，我们的名誉在这个最糟糕的时刻受到了严重的破坏"；"这是绝对的混乱状态，它对生命和财产来说是严重的威胁。"

至少有11人在"黄背心运动"中丧生，2200名示威者受伤，其中24人失明。受伤警员达1600人。有人在示威时，因心脏病发作而亡。一位年逾80岁的老太太被橡皮子弹射中头部，不治身亡。

2018年11月，一名50多岁的女性示威者在靠近意大利的萨瓦省不幸身亡，法国内政部公布了她的死讯：她是在路障附近被一辆汽车撞死的，肇事司机当时载着女儿，正通过一个由40多名示威者把持的加油站，有人敲打车辆，司机惊慌失措之下加速，导致事故发生。

仅仅隔了一个月，一名司机驾车时撞上了前面一辆因示威者设置路障而慢驶的货车，司机当场死亡。

伦敦那场骚乱中，至少有5人丧生。一位名叫埃利斯的男子在南伦敦被射杀，警方认为他是死于暴乱者的内斗，至今未找到凶手。

26岁的埃利斯是4个孩子的父亲。他被送到医院的第二天就去世了，他的母亲说，"凶手使我儿子的生命无足轻重。"她说当晚起码有3车人看到了凶手，却没人愿意出来指认，"他们不比杀人犯好到哪里去"。

在伯明翰，有3名巴基斯坦裔英国男子，在保护邻居、反抗暴力分子时被车撞死。其中一位逝者的父亲听到撞击声，跑了出去，"我永远记得看到儿子的画面，他的额头上粘着一块小小的鹅卵石，鼻子里的血流到了胡须里。我摸他的脉搏，但什么动静都没有。"

这位父亲之后呼吁人们冷静下来停止暴力。政治家赞赏他，诗人为他撰写诗篇，威廉王子颁给他英国荣誉奖。但事情过去几年后，他说："当我的儿子去世时，我对新闻界说，'一两天之后，全世界都会忘记，没有人再关心'，现在看来就是如此。"

"枪不会杀人，人才会杀人"

2011年夏天，一位在伦敦工作的中国人错过了一个朋友的电话，对方就连续拨打,直到听到他的声音、确认他安全为止。这在英国并不常见——打电话不如发邮件普遍,连续打电话甚至有些不够礼貌。

那段时间,民众密切关注各大门户网站的新闻,互发邮件,通报安危。伦敦骚乱发生后,有人利用 twitter(推特)组织抢劫,并通过 facebook(脸书)展示战利品,呼吁对警察使用暴力。滋事的青少年不仅乐于将犯罪现场照片放在社交网站上炫耀,还通过手机相互联络,告知潜在的洗劫地点。

没过多久,民意在社交网站上开始反转。有人发起了"暴乱清理"行动,立即得到响应。诸多英国年轻人自愿去清扫街道,还自己社区一片整洁。

伦敦居民拿着扫帚,而不是棍棒,出现在街头。志愿者们将各色扫帚举向天空,以此为"武器",向暴力宣战。"我们都住在这个社区,我们希望让世界知道,我们爱这里",请假来参加清扫活动的志愿者说。他们用扫帚清扫骚乱留下的碎玻璃等残渣。

到了后期,英国民众对骚乱普遍感到失望和愤怒。在政府开设的电子请愿网站上,要求严惩骚乱者的联名信,在短时间内就有超过 10 万人签名。还有人在脸书上号召大家支援警察维持秩序,一天内就有几十万人声援。一句广为流传的口号是,"枪不会杀人,人才会杀人"。

2019 年 7 月的最后一天,香港挂出今年的第一个"8 号风球",热带气旋离境后,码头海风如往常吹拂,茶餐厅依旧忙碌,港交所的钟声照常响起。"听日准时返工(明天准时上班)"是香港人面对台风时的揶揄,也是事实。风暴过后,中环的白领头戴耳机不失礼貌地抢路,一位当地人这样形容,香港像东八区的一盏永远准时的钟,在日光点亮这个区域时正常进行它的新陈代谢。

这条背景新闻报道内容的主体是历史事实的概述,讨论美国、法国和英国在类似游行示威中的反暴力行为。首先,全文除开篇概述了香港游行中的暴力带来的后果(共 186 字符)以及结尾表明期望(167 字符),其主干部分(共 2400 字符左右)则主要运用历史材料,介绍了美、英、法政府和民众在遇到此类事件时的态度与处理情况,直接用小标题引出观点并佐之以历史事实,如"它对生命和财产来说是严重的威胁""枪不会杀人,人才会杀人"等等,让受众在横向与纵向比较后能综合相关情况进行处理。其次,这条新闻内容虽然大多为旧的背景资料的组合，但通过历史材料的整合唤醒了人们因时间流逝而意识渐趋模糊的记忆，已不再是单纯的资料，背景在此因新闻事件的发生凸显出自身所具有的新闻价值，而具有独特价值的背景就成了新闻引发的新闻。此时，背景就不仅仅是围绕新闻而展开，也变成了受众应知、欲知的事实，从而具有了新鲜性。再次，该新闻的报道有其新闻由头——香港"反送中"运动引发的暴力事件的报道，借新近发生的事实而展开。因此，类似这样的历史背景新闻，笔者认为，它属于史态类新闻。

（2）环境背景新闻，指以空间为条件的环境背景。当新闻事实与现实环境因素有直接联系，或受制于现实环境，或影响现实环境的变化时，就需要提供有关现实环境的背景。环境背景新闻交代新闻事实与现实环境的关系，以及它在现实环境中所处的地位。环境背景的内涵很丰富，包括地理环境、政治经济环境、国情环境、民族环境、人文环境等诸多方面。如《再上甘巴拉——边海防纪行系列报道之十六》（中央电视台《新闻联播》栏目1994年8月4日播出）的导语是：

"边海防纪行摄制组走出墨脱，经拉萨来到位于世界屋脊的甘巴拉英雄雷达站采访。"

环境背景是：

"字幕：甘巴拉海拔5374米，上山雷达站要转199道弯。

"从拉萨到甘巴拉有104公里。在藏语里，甘巴拉是不可逾越的山，著名的羊卓雍湖就在上山乙路的下方。别看这湖清澈无比，却无法饮用，甘巴拉的每一粒米、一滴水都得从山下运上来。然而，米能运，水也能运，空气中的氧分子却无法搬运。

"字幕：甘巴拉的空气含氧量只有海平面的一半。"

艰苦的环境，衬托出边防战士崇高的精神。

（3）人物背景新闻。当新闻事实与人物密切相关时，就要提供相关人物材料。对受众有所了解的新闻人物，背景要简明扼要地点明人物的特色；对受众不熟悉的人物，要介绍人物的概况。有关人物的出身经历、身份特点、社会关系的背景材料，对说明新闻事实很有作用。阿拉法特去世的新闻震惊世界，全世界人民对此事都比较关注，《人民日报》在对该新闻的处理上增加了一条背景新闻《中国人民的好朋友》，通过对阿拉法特与中国的友好关系的梳理来进一步树立其在中国受众心中的形象。

例 2-5：中国人民的好朋友[①]

阿拉法特和巴勒斯坦人民是中国人民的好朋友。中国人民对巴勒斯坦人民一直怀有深厚诚挚的情谊，一贯坚决支持巴勒斯坦人民为争取恢复自己合法的民族权利所作的努力和斗争。1965 年 5 月，巴解组织在北京设立享有外交机构待遇的办事处。1988 年 11 月 20 日，中国宣布承认巴勒斯坦国，两国建交。同年 12 月，巴解驻京办事处改为巴勒斯坦国驻华大使馆。从 1964 年阿拉法特对中国进行首次访问之后至 2001 年 8 月的几十年间，阿拉法特曾经 14 次来华访问。几十年来，中巴领导人间的互访从未间断。1989 年 10 月 5 日，时任中共中央军委主席的邓小平在会见来华访问的阿拉法特总统时说："我们是几十年如一日，相互信任、相互支持的典范。我们的友谊万古长青。"2000 年 4 月 15 日至 16 日，应阿拉法特的邀请，国家主席江泽民对巴进行了国事访问。这是中国国家元首首次访问巴勒斯坦。江主席与阿拉法特总统进行了亲切友好的会谈。1998 年 7 月，阿拉法特在访华前夕就巴中关系题词说："巴勒斯坦人民永远不会忘记伟大的中国人民和伟大的毛泽东、周恩来、邓小平和江泽民等中国领导人对巴勒斯坦斗争事业所持的正义立场，我们为巴中与日同辉的深厚友谊感到自豪。"

（4）事物背景新闻。当新闻事实与某些事物密切相关时，就要提供相关的事物背景。把新闻事实放在大背景下去考察，可以使受众看得更清晰。如大连人民广播电台《新闻一小时》在选播新华社消息《"神舟号"飞船载人航天第一次飞行实验获得成功》后面，配发了背景新闻《载人航天》，详细介绍了载人航天技术在我国和世界的发展概况、载人航天飞船的结构、用途以及人类太空探险情况。受众从中可了解到：中国是继美国、俄罗斯之后第三个掌握载人航天技术的国家。消息中报道的是飞行实验的时间、地点、过程以及党和国家领导人的贺信，仅凭此受众很难体会到实验成功的意义。通过背景新闻的介绍，受众领悟到中国已跻身世界科技大国行列。

环境背景、人物背景、事件背景与原发新闻关系紧密，大多必须依托其原发新闻而出现，因而更多地体现为现态类新闻的深度报道，笔者认为应归属于现态类新闻。

由于背景新闻处于史态类新闻与现态类新闻的交叉地带，不完全具备史态类新闻的特点，因此笔者认为它应归属于史态类新闻的边缘性文本。

[①]《中国人民的好朋友》，载《人民日报》，2004 年 11 月 12 日，第 7 版。

第二节　史态类新闻的媒介表现

无论何种形式的史态类新闻，都要通过一定的载体呈现给受众。尽管史态类新闻的核心特点不变，但因载体的不同特点它所呈现出的表现形式仍有所区别。下面通过不同载体上呈现出的个案来进行分析。

一、报纸史态类新闻：文字见长　样式灵活

报纸是最古老的传播媒介，也是史态类新闻的摇篮，历史上许多影响深远的名篇都是通过报纸发表出去的，和广播、电视等新闻媒体上的同类新闻相比较，报纸史态类新闻有着自己鲜明的特色。笔者以环球时报《史海回眸》版为例来分析报纸史态类新闻的媒介特点。

2001年《环球时报》设置《史海回眸》版，宗旨在于"还原历史"，后与《人物春秋》版合并为《人物春秋·史海回眸》版（以下简称《史海回眸》）。2006年1月起《环球时报》由一周两期改为日报，周一至周五出版。因此，笔者的样本选取为2006年3月《环球时报》的《史海回眸》。《环球时报》在3月共出报23期，其中《史海回眸》报道稿件13篇。为方便研究，笔者将这13篇报道的标题分别呈列出来：《百年前欧洲流行"美国威胁论"》（20060301）、《藏族远征军浴血鸦片战争》（20060303）、《蒋介石曾严惩"台独"分子》（20060307）、《百年前山西票号曾辉煌海外》（20060309）、《日妓女间谍祸害中国50年》（20060313）、《郑成功有支黑人洋枪队》（20060315）、《冷战时美苏打过气象武器战》（20030317）、《1953年，中情局颠覆伊朗政府》（20060321）、《希特勒曾想炸平整个德国》（20060323）、《600吨沙俄黄金失踪之谜》（20060327）、《美海军之父服务过三大帝国》（20060329）、《蒋介石曾援助韩国抵抗日本》（20060331）。随着时间的推移，《史海回眸》固定为周二、周四出刊，因此，笔者又选取2019年3月的样本，取得文章12篇，分别为《她

推动创设了国际妇女节》《英美非法公分毛里求斯至今》（20190305）、《"沙皇黄金"疑云延续百年》《西方大都市曾为马粪操碎了心》（20190307）、《德国与委内瑞拉，500年恩怨纠缠》《非洲独立国家改国名雪耻》（20190312）、《六场坠机悲剧改写20世纪航空史》（20190314）、《拿破仑强推"法国优先"酿苦果》《澳"白人至上"组织曾专门袭击亚裔》（20190321）、《百年前留法勤工俭学探采救国火种》（20190326）、《戈兰高地俯瞰中东风云变幻》《富凯餐厅，"黄背心"砸了的百年权力与奢华》（20190328）。那么这些报道所表现的报纸媒介特征有哪些呢？

（一）语言运用见诸功夫

报纸新闻听之无声，看之无影，和广播、电视相比是弱势，但其文字的表达能力却是广播、电视等难以企及的。

1. 标题凝练、生动

俗话说"读书读皮，看报看题"。也就是说报纸的标题的首要任务就是要"抓住"人，让受众见之则喜。自费订阅曾达95%的《环球时报》深谙其道。其标题的制作力求简练、具体、生动。由于《史海回眸》所报道的事实发生时间都较久远，受众容易产生心理隔膜，因而其标题很注意受众心理的贴近性，如《蒋介石曾严惩"台独"分子》《日妓女间谍祸害中国50年》《郑成功有支黑人洋枪队》《冷战时美苏打过气象武器战》《1953年，中情局颠覆伊朗政府》《希特勒曾想炸平整个德国》《西方大都市曾为马粪操碎了心》《"沙皇黄金"疑云延续百年》等，都是既有"分量"又充满悬念的新闻标题。这些标题并不强求新闻要素的齐备，而是用最简洁、最通俗的语言对新闻事件做出分析和评价，帮助受众把握复杂事件的本质，使广大读者既能掂出新闻事实的"分量"，又能一下找到"亮点"。我们也看到，《史海回眸》在标题制作中力求回避华丽的辞藻，追求生活化、口语化，而且标题形象生动，富有动态美，让受众对新闻事件产生具体、鲜明、生动的印象，同时引发联想和思考。如《藏族远征军浴血鸦片战争》将远征军艰苦卓绝的战斗表现得淋漓尽致，《蒋介石曾严惩"台独"分子》表明在"台独"分子猖獗的情况下其原有统治者对"台独"坚决抵制的态度，《希特勒曾想炸平整个德国》展现出希特勒的恐怖野心，其中"浴血""严惩""炸平""祸害""颠覆"等动词使标题活灵活现，耐人寻味。

2. 叙述语言严谨

史态类新闻也要靠叙述、描写、抒情和议论。叙述是其最基本的最常用的表态方法。在这 25 篇文章中我们看到既有顺叙、插叙，也有倒叙、回叙，如例 2-6 一文就采用了顺叙和倒叙手法。

例 2-6：德国与委内瑞拉，500 年恩怨纠缠①

德国驻委内瑞拉大使近日因"干涉委内瑞拉的内政"被马杜罗政府要求限时离境。这是自委内瑞拉危机爆发以来，被马杜罗政府驱逐的第一位欧洲外交官。这让德国着实吃惊。纵观德委关系历史，德国的确一直重视委内瑞拉的战略地位，甚至曾想把它建成自己在南美的后花园。

关系始于 1528 年

"德国与委内瑞拉的关系史始于 1528 年。"德国耶拿大学历史学家罗尔夫·瓦尔特在他的论著《委内瑞拉的德国人——从 16 世纪到现在》中写道，当时西班牙国王把"小威尼斯"（委内瑞拉）西部的一部分开发权，转让给德国的债权人韦尔泽家族。韦尔泽家族是奥格斯堡和纽伦堡的贵族。根据历史记载，西班牙国王估计欠了德国家族 14.3 万至 15.8 万基尔德（Gulden）。韦尔泽家族对此非常自豪，因为这一特权，也代表着德国 16 世纪时在南美"殖民"的象征，尽管这并不是真正意义上的殖民。

按照协议，韦尔泽家族除了获得行政特权，还获得了免除一些税收、使用港口的费用等。他们还被允许引进非洲奴隶。家族还得把收入的一部分交给西班牙，包括发现金银等贵金属也要部分上交。

韦尔泽家族在委内瑞拉建立了可可、咖啡、烟草、棉花种植园和畜牧场以及金银等采矿场，役使黑奴。军队式的管理方式尽管获得较多的收益，但也遭到很多不满。西班牙传教士卡萨斯曾写道："德国人比野性的狮子更糟。出于贪婪，这些魔鬼一样的人类比它的前辈更残酷。"在压力下，1546 年西班牙宣布中断与韦尔泽家族的委内瑞拉合约。

之后上百年，德国人在委内瑞拉的形象一直不好，直到 1799 年。当时，德国著名的自然科学家及社会活动家亚历山大·冯·洪堡去南美洲科学考察。他的《宇宙》等著作给 19 世纪的科学探索以强大的推动力。

……

德国自 1871 年以来就一直在委内瑞拉设立大使馆。之后许多德国科

---

① 《环球时报》，2019 年 3 月 12 日，第 13 版《史海回眸》。

学家访问委内瑞拉进行科学考察。德国传教士还在当地建立了德国学校。德国外交部网站也对洪堡与玻利瓦尔的友谊给予很高评价，认为是"德国和委内瑞拉200年友好关系的基石"。

希特勒争夺"石油生命线"

然而，亚历山大·冯·洪堡在委内瑞拉建立的宽容德国人的形象，随着纳粹党的上台逐渐改变。1932年，德国纳粹党曾在委内瑞拉建立一个联盟，希望宣传该党的温和形象，但收效甚微。

尽管如此，希特勒对委内瑞拉的重视却不断加强。一个重要原因是石油。众所周知，德国的战略资源最富裕的要数铁矿和煤矿。鲁尔工业区就以煤矿闻名整个欧洲，而克虏伯等也是钢铁巨头。不过，德国缺石油，而委内瑞拉又是石油大国。德国曾从委内瑞拉、墨西哥和美国每年进口数百万吨石油，可是每年仍有几百万吨石油的缺口。尤其是二战爆发后，石油缺口的问题凸显。

委内瑞拉作为南美第一产油大国，1939年石油产量达到近3000万吨。委内瑞拉石油几乎全部用于出口，以便换得外汇。

……

同样，描写也是史态类新闻增强文字吸引力的一个重要方式，如例2-7。

例 2-7：冷战时美苏打过气象武器战[①]

据解密档案显示，20世纪70年代，美国除在古巴制造干旱外，还在1974年用人工方法将飓风引向洪都拉斯，企图趁该国陷入混乱之际，扶持亲美政权上台。1974年9月，"法夫飓风"的气旋突然转向洪都拉斯。暴雨和时速超过177公里的飓风横扫大地，造成1.1万洪都拉斯人丧生，60万人无家可归。在一个名叫乔洛马的城镇里，由于堤坝决口，全镇6000人被淹死了一半。洪都拉斯的支柱产业——香蕉种植园几乎完全被摧毁。成千上万的灾民被困在树上、房顶上和堤坝上。公路、铁路和港口遭到了彻底的毁坏。这次飓风造成中美洲各国经济损失数千万美元，数万人伤亡，美国人则顺利达到了目的。后来，美国在大西洋上又成功地进行过3次人工引导飓风实验，其人造飓风技术日臻完善。

20世纪90年代，"高频有源极光研究计划"（HAARP）正式成为美国"国家导弹防御体系"（NMD）的一个重要组成部分。1992年，美国

[①]《环球时报》，2006年3月17日，第13版《人物春秋·史海回眸》。

在阿拉斯加建立了一个超大规模的无线电试验基地,即 HAARP 基地。在这个占地达 13 公顷的基地里,林立着 180 根天线,每根都有几十米高,构成一个巨大的金属方阵。这些天线其实是一个高频电磁波发射装置,发射功率达 3.6 兆瓦,可向大气电离层发射短波电磁波束,把大气粒子作为透镜或聚焦装备使用,从而改变地球上层大气的风向,改变大气的温度和密度,最终达到改变气候、控制气象的效果。

再如《1953 年,中情局颠覆伊朗政府》[①]中:

> 他迟迟不敢签发将摩萨台撤职的命令,但国王是否支持政变至关重要。于是在 8 月初,中情局决定向巴列维施压。心急如焚的克米特藏在汽车里的毛毯下面,趁着夜色潜入王宫,他把政变计划向巴列维和盘托出,并恐吓说:"现在,你已经别无选择了。如果还不采取行动的话,那么伊朗只会变成共产党的伊朗,会成为朝鲜第二!"当天,美国总统艾森豪威尔再次给了巴列维明确的暗示。在西雅图召开的州长会议上,艾森豪威尔扬言,美国"不会坐视伊朗落入共产党之手!"巴列维立刻同意了政变行动。

(二)文章样式灵活多变

在《史海回眸》中的文章大多为消息、通讯,而南方周末的《往事》版则较多采用通讯、访谈录、特写,中国青年报的《冰点》栏目多表现为通讯。而纪念新闻中的连续性报道也多为消息与通讯的结合。我们可以发现,各式各样的新闻体裁都为报纸史态类新闻的展现提供了温床。不仅仅局限于通讯、特写,还包括消息、访谈录等,都可作为其表现形式。而且在现有的几大新闻媒体中,报纸史态类新闻样式最多,变化也最快,一切有利于表达的样式,包括小说手法、散文手法、电视文学手法等,均被借鉴过来加以合理的改造和利用,只是缺少过多的情节、细节、声音、乐律、动态图像等。但通过必要的描写、括号的注明和图片的搭配,照样给人以如临其境、如见其事的真实感。同样利用白纸黑字和各种字体,史态类新闻还打破了传播作品模式,创造了形式各异、结构优美的文章样式,给人以审美的艺术享受,同时增加了阅读的兴趣。实践表明,文章句式简短,注重提行分段,来回变换人称,宋、楷、黑体穿插,括号时常出现,都增添了史态类新闻作品的魅力。

[①]《环球时报》,2006 年 3 月 21 日,第 13 版《人物春秋·史海回眸》。

二、广播史态类新闻：声音为主　语言口语化

广播作为一种大众媒介，不同于报纸和电视之处在于它以电波为载体，仅仅依靠声音进行传播，既不像报纸那样主要依靠文字还辅以图片，又不像电视既有声音又有图像，而且主要是依靠图像。广播只依靠声音诉诸听觉，供受众收听。而声音有它的弱势，即稍纵即逝，不留痕迹，不便查找，尤其是比较深奥的问题，听完想要回味理解十分困难；而且听觉比视觉的信息存留率低，不容易给人留下深刻的印象。由此可见广播媒介的特性不太适合做史态类新闻的载体，但广播人仍在史态类新闻方面作了很多尝试，如纪念报道、解密新闻就常出现于广播中。下面以中央广播电视总台中国之声在庆祝改革开放40周年的宣传报道中，中央广播电视总台"中国之声"推出的10集广播政论片《奇迹》为例来看其特点。

（一）多重声音打造纵深感

广播的生命就是声音，虽然电视也有声音，但是由于电视图像的冲击，声音的作用降低，没有声音，人们看图像，看字幕一样能明白电视讲的是什么。但是广播没有声音就无法存在，因此广播人把声音的优势发挥得淋漓尽致。而史态类新闻着重报道过去的事实，因其时效性的缺乏就更重视音响的表现，通过音响给听觉的"传真性"，引发受众的联想和想象力。而新闻事件丰富多彩的原生态声音，为广播史态类新闻采集音响提供了取之不尽的声音源。从理论上说，只要发生在新闻现场，一切声音都可以成为广播报道的素材。从实践来看，史态类新闻因为是早已发生的事实的报道，"现场"资料较为缺乏，则更讲究多形式音响的结合，一篇报道中尽可能调动所有的音响元素，既有记者采访口述者时的现场音响，也有历史音响，如1949年10月1日毛主席在神圣的礼炮声中，庄严地向全世界宣告："中华人民共和国、中央人民政府成立了！"其雄厚的声音及现场人们雷动的欢呼声在每一个国庆纪念日的相关报道中总会在广播中响起，给受众特殊的听觉冲击；还有记者的口播及主持人的播音，几者组合成一曲优美动听的交响曲。而且因为广播的弱点就是专注性不够，没有谁会像听课一样听广播，所以史态类新闻的音响展示更为动人，给人以联想的空间。这种联想主要有两个方面，一个方面是情感上联想，因为声音比文字更有感染力，受众会根据音响效果来引发感知，产生现场感，从而有身临其境的感觉；另一个方面是认知上的联想，受众根

据自己的知识水平去丰富报道的内容，音响的作用就是引发受众的这种联想。而且广播的这种联想是交互性的，音响能弥补报道中产生的空白。在《奇迹》中我们发现：一是历史音响的大量运用。《奇迹》历史音响的运用既有大事件的音响，包括十一届三中全会开幕的现场音响、1978年全国科学大会召开的现场音响，又有领袖的原声如邓小平同志的多次讲话等，这些历史声音虽然年代久远，但却能自然地把受众带回当年。二是重大历史事件当事人的回忆声，比如胡福明回忆《实践是检验真理的唯一标准》诞生的过程、龙永图忆起加入世贸组织前15个春秋的崎岖坎坷，谷牧记忆中首次带队出访欧洲的感受……作为改革开放40年的见证者和亲历者，数十位重大历史事件的当事人在《奇迹》中出场，声情并茂地讲述和再现了彼时的矛盾与抉择，不仅对听众有说服力和感召力，更让政论片沉淀了历史的记忆，勾连了过去和现在。三是典型音响的铺垫。典型音响的使用比单纯的解说词或者同期声更有感染力。例如，科学技术篇《兴国之要》中使用了习近平总书记同神舟十一号航天员通话、复兴号列车开通、大飞机首飞等典型音响，这些标志性音响不仅可以为重大新闻事件"代言"，它们的叠加使用，更易产生大气磅礴之感。

（二）语言运用口语化

有人做过调查，认为视觉信息进入人眼，短时可记住70%左右，而听觉信息进入人耳，短时只能记住30%。读报可以边读边思索，不能理解之处还可反复琢磨，但广播却如流水潺潺向前不容回头。因而那种半文半白、附加语和形容词过多的长句、倒装句等都不适合听的要求。长句结构复杂、节奏缓慢，一句话可以表达丰富复杂的内容；短句结构简单，节奏短促，短小精悍，生动活泼。书面语一般严谨、完整，多用长句，把相互关联的意思组成较为复杂的语句，附加成分和并列成分多，信息量大。口语句子较为松散，多用短句，基本成分之间联系紧密，附加成分和并列成分少，简短灵活。对于广播来说，长句花很多时间才说完一个意思，不适合听；短句在短时间内就能说完一个意思，一听就能抓住句意，很适合听。而且广播史态类新闻多为谈话体，也必须符合口语习惯，所以史态类新闻大量使用短句，即使是较为复杂的意思，也往往采用短句加短句的形式。广播史态类新闻用词也多为口语词。口语词是人们在生活中常常使用、听到的词语，使用频率高，一听就懂，最符合听的习惯。比如《奇迹》的整个解说词不论是阐释政治观点，还是叙述历史经过，都尽可能用简洁凝练的短句，用形象化的语言，用比喻、排比等多种手法，让厚重的历史更贴近当下，让高瞻远瞩的策略更亲民。如经济建设篇《动力之源》的开篇写道：

　　1979年春天，郭培基在北京的一家内燃机厂烧饭，日子过得愁云惨淡，工资低不说，孩子的工作也没着落，此时的中国经济已经陷入空间的泥潭，全社会物资紧缺，农民温饱尚不能解决，企业活力荡然无存，知青返城后，全国待业人员有两千多万，计划经济体制弊端日益显露。

　　在激烈的新闻节目竞争中，要吸引受众，就是要使用人们生活中的语言。老舍先生认为"世界上最好的文字，就是最亲切的文字。所谓亲切，就是普通的话，大家这么说，我也这么说，不是用了一大车大家不了解的词汇"。[①]新闻语言越接近人们的生活，人们就越能接受，这已经是新闻学界的共识。广播史态类新闻用轻松、亲切的口语化方式表达出来，能让受众感到如同参加旅游团听导游讲述当地风土人情一般亲切自然，从而提高广播的收听率。

（三）线索单一，顺乎思路

　　这里所提的线索，就是事物发展的总体脉络和报道探求的基本问题。线索一多，听之必乱。这与报纸史态类新闻完全不同，为吸引受众的注意力，报纸常双线并进，多镜头闪回。而广播史态类新闻则不行，必须去掉枝蔓，只留主干，始终沿着一条线索顺下去，才不会搅乱受众的思路。同样报刊、电视上所使用的蒙太奇手法一般也不适于广播史态类新闻。而且除导语、开头可采用倒叙外，一般情况下，史态类新闻在广播中都是按事物发展的顺序合乎习惯思维方式进行报道。以民生幸福篇《以民为本》为例，全文在时间纵轴的基础上，以1978年、1988年、1998年、2008年的政府工作报告为节奏点，分别讲述收入分配、教育、就业、社会保障、扶贫等几个有关民生的话题。每个时期都有重点解决的突出社会问题，按照单一线索进行。

三、电视史态类新闻：文声画结合　深度凸现

　　电视新闻以其声图并茂之优势，在视听交融中传递着完整的信息、在新闻宣传中越来越显示出强大的生命力。与广播新闻相比，广播只能靠听，电视新闻具有画面和图像，既可听，也可看，形象的活动画面是电视新闻传播的基础。人们之所以喜欢电视新闻，就是因为它能满足观众百闻不如一见的

[①] 老舍：《关于文学的语言问题》，www.wxsc.com/mj/L/Laoshe/ckzcz/olo.htm。

接受心理需求，从而通过视觉直接地证实电视新闻的真实程度。因而电视新闻巧妙利用形象的手段传递信息，让图像叙述事实。电视画面包含现场环境、背景资料、人物活动以及图表、静止图像等。每天电视里播放的新闻节目，每一种声音都影响着受众对所看画面的反应，而任何一个图像也都决定着受众对所听到声音的反应，所有割裂这种相互反应的做法，都将使电视新闻的信息受到损害。

相对而言，电视现态类新闻以现实题材为主，重视事件的现场，是摄影机在"现场"见证/亲历的结果；而以历史题材为主的史态类新闻，因为它所表述和纪录的事件是已经发生了的，"现场"已经不复存在，所以它的叙事就必须寻找遗存的材料，还原"历史的现场"。因历史资料的相对缺乏，史态类新闻在表现形式上相对于现态类新闻要简单些，但并不意味着它不能合理使用电视表现元素。

（一）文字、声音和图像有效结合

以中央电视台 2015 年"纪念抗战胜利 70 周年"大型主题报道中的《重读抗战家书》（见图 2-2）为例来看：清明时节，央视在《新闻联播》推出了《重读抗战家书》系列报道，记者寻访左权、赵一曼、戴安澜、张自忠等抗日英烈的后人，以家书重读、故地重游和后人重访三种形式，重读父子情、母子情、夫妻情、恋人情等不同类型的家书，重温抗战岁月，把鲜活的历史和丰富的情感结合到一起，走进英烈的内心世界，为纪念抗战提供了新视角，也更贴近广大受众。在《重读抗战家书》中电视的表现元素主要有叙述者的图像、叙述者的声音和历史事件的遗存。

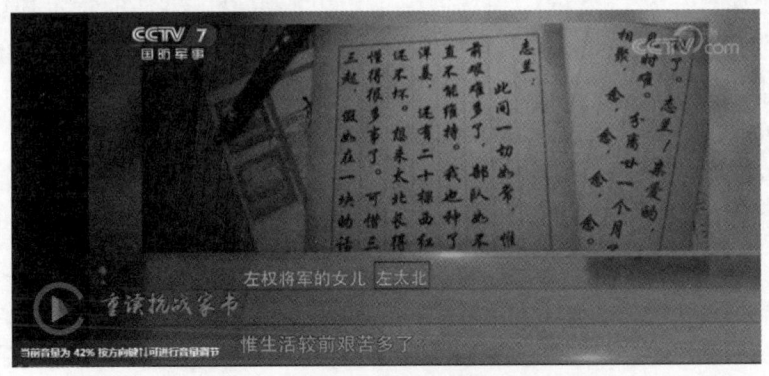

图 2-2 中央电视台《重读抗战家书》

首先是叙述者的图像。第一是报道主角亲人的图像，在《重读抗战家书》

中，进入镜头的面孔很多，有左权将军的女儿左太北、戴安澜将军的小儿子戴澄东、赵一曼烈士的孙女陈红、赫梦龄将军的女儿赫慧英、吉鸿昌的女儿吉瑞芝、彭雪枫将军的儿子彭小枫、张自忠的长孙张庆宜、谢晋元的儿子谢继民。在节目中，不但有他们大量的讲述、朗读烈士家书的情景，他们的手势、讲话的动作，还有他们的悲伤、喜悦等表情，都在营造一个良好的口述现场，使新闻在可听性的基础上兼具可视性，来刺激观众的思想、情感与心灵，从而给观众以全方位的感受。第二是报道主角的图像，有照片也有雕像等，为避免单一，画面常在穿插中进行。

其次是叙述者的声音，主要体现为叙述者表达的话语。在《重读抗战家书》中，贯穿始终的就是声音（包括口述者和解说），声音叙事表现了口述者声音的质地和讲话方式，这是报纸史态类新闻所不能获得的效果。而其叙述的时态是以现在的时态叙述"过去进行时"，这些声音是"过去的声音"，是活着的历史。

最后是与历史人物相关的遗址、遗存。电视新闻表现"历史性"的方法主要有史料（影像）引用、模拟（场景）再现、旧物新证、背景（文字）说明、数理推断等。①在《重读抗战家书》中，历史人物相关事件发生的"第一现场"已经不复存在，所以节目纪录的现场主要体现为影片重现"历史现场"及家人故地重游情景以及在现实的今天遗存下来的"遗址"或"遗件"现场。如《彭雪枫将军》一集中，大量呈现彭将军自己的和与朋友家人一起的历史照片、家书的再现以及儿子讲述画面和影片重现，还原成今天的可感可触的开放的"第二现场"，增强观众的"现场体验"感，让今天的叙述把观众"卷入"活生生的历史之中。事实上，语言表述的抽象性和开放性，确实给已消逝的历史带来了极强烈的"现场"感；历史的距离、事件的特定环境，以及人物的背景等所带来的陌生感，被最常见的对话形式和透明的语言给化解，观众直接进入语言所"澄明"的场域中，与那段遥远的历史融为一体，一个历史事件转化为一个现时在场的效果。

由此可见，在电视史态类新闻中，声音和图像有机结合，新闻的解说词与画面相得益彰，声图并茂。同时，文字稿更是电视史态类新闻不可缺少的一部分，因为其报道的内容大多为过去的事件，其声像资料较为缺乏，而文字能有效地弥补声像的不足。当然，如果只注重画面，则不善于传达观念和理论；而如果只注重报道词，虽可弥补画面语言不能更深层次地揭露事实真

---

① 周振华：《口述历史纪录片的制作》，载《新闻界》，2007年第4期。

相以及所产生的效应等缺点与不足，但在表现形式上又显得枯燥、单调。唯有文字、声音和画面的最有效结合，才能"汇天下之精华"，扬电视之所长。

我们再看其他栏目如中央电视台《新闻联播》2007年1月28日播出的《红色记忆》也是如此。

例 2-8：陕北公学

（解说词）为了实现全面的民族抗战，培养大批的优秀抗战干部，1937年7月底，党中央决定创办陕北公学（陕北公学图片），它是我党在抗日战争时期创办的一所具有统一战线性质的干部学校（陕北公学图片及校址）。11月1日陕北公学正式成立，成仿吾任陕北公学党委书记兼校长（学校图片及校长照片）。陕北公学的教育方针是："坚持抗战，坚持持久战，坚持统一战线，实行国防教育，培养抗战干部"（校址所在地图片）。教育内容（陕北公学上课的图片）是中国共产党关于抗战的路线、方针、政策和基本理论，领导武装斗争的基本知识以及对目前时局的认识（文字资料）。陕北公学的教学注重少而精，理论联系实际，提倡和发扬"忠诚、团结、紧张、活泼"的校风（行进中的陕北公学图片）。1939年夏，党中央决定将陕北公学、鲁迅艺术学院、安吴堡战时青年训练班、延安工人学校联合成立华北联合大学，校址迁至晋察冀根据地。1941年8月底，党中央决定将留在陕北公学与中国女子大学、泽东青年干部学校合并，成立延安大学。（合并的文件图片）陕北公学完成了它的历史任务。陕北公学先后培养出一万多名各方面的革命干部，为团结各个阶层共同抗日，夺取抗战的最后胜利，做出了巨大的历史贡献。（字幕补充）

同样的内容在报纸媒体《人民日报》的报道上则为：

例 2-9："中国不会亡，因为有陕公"——陕北公学[①]

陕北公学是抗日战争时期中国共产党创办的一所具有统一战线性质的干部学校。

1937年7月，全国性抗日战争爆发后，大批爱国青年从全国各地来到革命圣地延安。一所抗大已不能满足需要，为了把大批爱国青年培养成为优秀的抗战干部，1937年7月底，中共中央决定创办一所新的学校——陕北公学，由林伯渠、吴玉章、董必武、徐特立、张云逸、成仿吾等人筹办，成仿吾任陕北公学党委书记兼校长。1938年，中共中央又派李维汉

[①]《人民日报》，2007年1月29日，第2版。

任副书记兼副校长。

1937年8月,陕北公学开始招收全国各地及海外华侨青年入学。9月1日编班上课,11月1日正式举行开学典礼。陕北公学最初的学员有5个班约300人,他们来自四面八方:有共产党员,也有国民党员;有工人,也有农民;有汉族,也有少数民族;有红军,也有国民党统治区的干部;有十几岁的青年,也有年过半百的老人。

陕北公学的教育方针是:"坚持抗战,坚持持久战,坚持统一战线,实行国防教育,培养抗战干部"。教育内容是中国共产党关于抗战的路线、方针、政策和基本理论,领导武装斗争的基本知识以及对目前时局的认识。陕北公学的学制分普通班和高级班,采取半军事性的编制,注重军事训练,提倡和发扬"忠诚、团结、紧张、活泼"的校风。课程设置为三分军事七分政治,注重理论联系实际,主要内容有:社会科学概论、抗日民族统一战线与民众工作、游击战争与军事常识、时事演讲。每天学习8小时,上课与自习各一半。陕北公学全体师生自力更生,自己动手,开荒挖窑洞。

为加强陕北公学的师资力量,中共中央陆续从国统区抽调一批知名学者和文化名人来校任教。陕北公学初期的主要教员有邵式平、周纯全、何干之、李凡夫、艾思奇、吕骥、徐冰、陈唯实、宋侃夫等人。毛泽东、张闻天、陈云、李富春、王若飞等中央领导同志及中央机关干部等经常来校讲课或作报告。有一段时间里,毛泽东几乎每隔几天就到陕北公学作一次报告,讲授中国抗日战争的战略与策略问题。

1938年7月7日,中共中央决定在关中栒邑县看花宫开办陕北公学分校,李维汉任分校校长。1939年1月,陕北公学总校迁至栒邑与分校合并。同年夏,中央决定将陕北公学、鲁迅艺术学院、安吴堡战时青年训练班、延安工人学校联合成立华北联合大学,校址迁至晋察冀根据地,成仿吾任校长。11月,中央决定留在延安的原陕北公学恢复重建。1941年8月底,中央决定将陕北公学与中国女子大学、泽东青年干部学校合并,成立延安大学。

陕北公学在办学的近4年间,始终受到党中央和毛泽东高度重视和亲切关怀。毛泽东在繁重的工作中,时常对学校的任务、办学方针等关键问题给予及时的指导。1937年10月19日,毛泽东在陕北公学纪念鲁迅逝世一周年大会上讲话,指出陕北公学的主要任务就是培养抗日先锋队。10月23日,他为陕北公学题词:"要造就一大批人,这些人是革命的先锋队。这些人具有政治远见。这些人充满着斗争精神和牺牲精神。这些人是胸怀坦白的，忠诚的，积极的，与正直的。这些人不谋私利，唯一的为着民族和社会的解放。这些人不怕困难，在困难面前总是坚定的，勇敢向前的。这些人不是狂妄分子，也不是风头主义者，而是脚踏实地富于实际精神的人们。中国要有一大群这样的先锋分子，中国革命的任务就能够顺利的解决。"1938年3月10日，他再次题词："陕北公学是属于中华民族的，因为他为抗日救亡而设，因为他收纳了全国乃至海外华侨的优秀儿子。"

在烽火连天、极端艰苦的抗日战争环境中，陕北公学先后培养出一万多名各方面的革命干部，为团结各个阶层共同抗日，夺取抗战的最后胜利，做出了巨大的历史贡献。毛泽东对陕北公学有很高的评价，他说："中国不会亡，因为有陕公"。陕公是全中国的缩影，"陕公代表着全中国的统一战线，是中国进步的一幅缩图。"

从上面我们看到史态类新闻在报纸媒介和电视媒介的区别。首先是标题。电视史态类新闻的标题简洁明了，而在报纸媒介中，吸引受众注意力的90%的是标题，所以这条新闻首先在标题上引起读者的悬念"中国不会亡，因为有陕公"，读者自然会产生联想，"陕公"究竟是什么，它凭什么能起如此大的作用？标题通过对仗和引用的手法引起受众的进一步关注。其次在正文中，电视媒介图文声并茂，用一些图像代替描写、对话代替叙述，故其文字解说词相对简洁，而报纸媒体则更突出细节，如"每天学习8小时，上课与自习各一半。陕北公学全体师生自力更生，自己动手，开荒挖窑洞"等，更多运用描写、引用等手法，通过更详细的填充来唤起读者的注意力。

（二）深度是以事实的讲述和细节呈现为核心

电视史态类新闻由于其介质的特殊性，深度展现较报纸史态类新闻难一些，那么，它如何克服困难展现深度呢？

一是系列报道与大制作相结合，提升整体报道的深度和历史厚重感。2015年中央电视台的"纪念抗战胜利70周年"大型主题报道系列既有反映中共中流砥柱作用的宏大主题，[①]像《根据地》《宣言》《中流砥柱看延安》《重访抗

---

① 杨华：《重大历史题材报道要"见史、见人、见精神"》，载《新闻与写作》，2015年第10期。

日战场》等，也有传递鲜活人物形象的系列，人物报道系列中又做了精细的区分设计：《新儿女英雄传》讴歌抗日英烈宁死不屈、血战到底；《匹夫有责》刻画普通百姓，母亲叫儿打东洋、妻子送郎上战场。这两个子系列互为补充、相互丰富：一个旗帜鲜明聚焦英雄，一个则指向产生英雄的土壤——人民群众。"抗战报道"系列中既有从"历史影像"入手，发挥视频优势的《抗战影像志》，也有以"家书""歌声""勋章"为载体的《重读抗战家书》《嘹亮的抗战歌声》《勋章背后的故事》；既有全面揭露日本"731"部队反人类罪行的系列报道《不容逃脱的罪责》以及《强征慰安妇——日本不容否定的战争罪行》等，还有《寻访日本遗孤》系列报道，将这两个系列编排在一起播出，使得中国人民的宽厚人道与日军的残暴成了鲜明的对比。

　　二是细节见真情。以《重读抗战家书》为例，在一封封家书的字里行间，我们能读到对子女的眷恋与不舍，更能看到他们舍生取义的生死抉择。如，戴安澜将军给家人的绝笔书信，寥寥数语，"余此次奉命固守同古，因上面大计未定，与后方联络过远，敌人行动又快，现孤军奋斗，决以全部牺牲，以报国家养育，为国牺牲，事极光荣"，"望勿以我为念"，表达了以死报国之决绝。然而，在写完了他给家人的遗书之后，戴安澜将军又给亲友写了一封"托孤信"，"余如战死之后，妻子精神生活，已极痛苦，物质生活，更断来源，望兄等为我善筹善后"。通过"托孤信"，观众看到的是一个丈夫、一个父亲对家人的恋恋不舍。无情未必真豪杰，怜子如何不丈夫。"不舍"与"决绝"的强烈对比，突现出一个有血有肉的将军，令许多观众热泪盈眶。

　　三是叙述逻辑显深度。我们知道，电视新闻的时空构成其实就是将拍摄、采访过程中所获取的各种信息进行选择，从而以一种具有逻辑的电视视听语言表达出来的表述方式。而其中细节与逻辑是让历史真实浮出水面的一种方法。以《毛泽东水晶棺材制作揭秘》（2006年3月）来看：

　　在《口述历史》的片头播放后出现主持人曹景行的镜头，抛出引语："毛泽东，中国共产党的领导者，新中国的缔造者，整个中国共产党的历史，中华人民共和国的历史，都和他的名字紧紧相连。1976年9月9日，毛泽东在北京逝世，他的遗体如何保存、如何安放，成为公众所关心的问题。1977年7、8月，位于北京天安门广场的毛主席纪念堂对外开放，毛泽东的遗体在一幅水晶棺材中永久保存。这幅水晶棺材，它的制作工艺以及它的研制过程，多年来一直作为'机密'。我们的讲述者张晓锋先生三十年前是北京玻璃总厂603厂的技术人员。从1976年9月到1977年11月，他参与了水晶棺材的制作过程。今天，他为我们讲述当年那一段难忘的经历。"

此时出现字幕配音乐：

毛泽东水晶棺材制作揭秘

讲述人：张晓锋

时间：2006年3月

地点：北京

画面的转换：出现讲述者张晓锋年轻时的照片→张晓锋在北京工业大学就读时与同学的照片→带有毛主席像的张的照片（伴解说：20世纪70年代初，张晓锋以北京工农兵学员身份在北京工业大学非金属材料专业就读，他一直从事特种玻璃的研制工作，1976年，张晓锋27岁。这一年9月，他调入了一家以生产光学玻璃为主的单位北京玻璃总厂603厂），光影声中出现北京城及人物背影移动的镜头→张晓锋讲述的声音及镜头→张晓锋与主持人曹景行对话的镜头→603厂的历史照片→天安门广场→毛主席去世时人民悲痛欲绝的历史镜头→张晓锋讲述（肖秧，玻璃厂的厂长兼党委书记，他带队，另外还有车间主任），此时插入中南海并伴解说→插入主持人曹景行镜头并进行叙述……

在其中，我们能看到一种强有力的逻辑推理（追问）的结构，包括口述材料本身的逻辑，画面剪辑的逻辑，以及采访（口述）与实证糅合而生的潜在逻辑等。而主持人对问题的步步推进也使深度得以展现，诸如"在研制过程中一共有多少人参与？""这个过程中你的责任是什么""你以前有做过这一类的经验吗？"步步追问、质疑使问题逐一清晰化。同时，我们也看到在这条新闻中，声音与画面的剪辑使视觉与听觉产生蒙太奇的时空错位效果。叙述的声音是现在的，看到的画面是过去的。讲述者在故地重游的时候，观众看到的画面是现在的，可声音叙述的却是过去。现在与过去，声音与画面交替出现，它们两两相对，紧密相连，使电视史态类新闻从历史的表象进入深层的历史心理和记忆中。

四、网络史态类新闻：全媒体展示　交互性强

以通信技术为手段，利用计算机共享信息、技术资源，能传递文字、图像、声音、动画、软件等的国际互联网，具有数字化、多媒体、实用性和交互性的独特优势，是最具有感官多元化掌控能力的新媒体。而以互联网为媒介基础的网络新闻传播的出现，则给传播领域带来了全方位的深刻变革。它

的传播主体多元化改变了信息发布的单一性，任何公司、组织、政府机构乃至个人都可以设立网站发布自己想要发布的新闻，任何用户都可以直接接触到信息源，报刊、广播、电视在大众传播领域作为信息发布者的权威地位开始动摇。它的个性化服务使"广播"变成"窄播"。受众与传媒之间的双向交流使得受众角色发生了巨大变化。传播内容的广泛和传播范围的全球化实现了人类沟通无极限的追求。那么，史态类新闻在网络这个平台是如何展现的呢？

（一）信息表现形式的多媒体性[①]

互联网是一种可以集文字、声音和图像为一体的多媒体平台，从而弥合了视听媒介（广播电视）、纸质媒介（报刊书籍）等传统媒体之间的鸿沟，实现了视听读的有机结合，从而实现多媒体化。多媒体（multimedia）指数据、文本、声音及各种图像在单一、数字化环境中一体化。因此，与传统多媒体采用一种或几种传播形式进行媒体素材的融合，互联网下的史态类新闻就是典型的数字多媒体，它拥有传统多媒体没有的数字特性（实时、互动、参与、超文本、超链接）。笔者统计了2015年人民网抗战胜利70周年专题报道的媒介表现形式，结果如表2-7所示。

表2-7 人民网抗战胜利70周年专题报道比例

报道形式	纯文字	文字+图片	文字+视频	图片	视频
数量	707	136	12	464	124
比例	49%	10%	1%	32%	8%

从人民网对抗战胜利70周年的相关报道可见在网络媒体上的史态类新闻形式多样，它的图像、图表、声音和视频可以使报道生动形象，具有广播与电视一样的现场感；它比报刊更能就某一事件进行全面、深入、细致、充分的报道；而且它不受版面、时段与频率的限制，可以发布无限量的信息；既易于保存又可随时更新。美国传播学家做过实验，研究人在了解外部世界时对各种信息的接受程度，最后得出结论：人类获得信息中有30%左右来自声音，40%以上来自图形和图像。因此在传播的过程中调动受众的感官越多，传播的效果就越好。借用麦克卢汉的学说，网络新闻传播的多媒体化使过去由

[①] 此节杂糅作者参写的《网络传播特性》的观点，见董天策：《网络新闻传播学》，福建人民出版社，2003年，第44-47页。

媒介带来的人的感官失衡的状态得到改变，使人恢复到自然的感官平衡。因而说利用多媒体手段进行报道，是网络史态类新闻的一大优势，如图 2-3 中 VR 技术的使用。

图 2-3 新华网纪念红军长征胜利 80 周年 VR 视角截图

图 2-3 是 2016 年新华网在纪念长征胜利 80 周年专栏中"VR 视角：全景展馆看长征"中的马尔康红军长征纪念馆中的一幕，以 VR 技术通过拖、挪、移等技术将展馆内 360 度的景象连续地展示在眼前，如同你在现场环视一周所看到的景象一样。显然，传统媒体要表现上述图片有很大的困难：印刷媒体无法动态地表现这样的信息，本书插图只能截取其中一个图像，就是很好的例证；电视媒体虽能做到动态效果，却无法随时在屏幕上表现，只能安排在特定的时间播出。

（二）新闻报道文本结构的超文本性

多媒体信息形式要有效地组织起来，与超文本技术的应用是密不可分的。超文本（hypertext）是万维网上独具特色的信息存在方式，它是用链接的方式将各种文本组织起来，联成一体，从而突破了传统文本的线性组织方式，使网上的文本变成一种非线性的网状结构。它的链接方式是把"菜单"直接嵌入文本中，将文本的不同部分通过关键字、主题建立链接，使信息通过交互方式来访问，从而形成二级、三级或更多链接页面。东方网历史频道主页全部由新闻标题及图片组成，且标题简洁直接。（见图 2-4）

图 2-4　东方网历史频道

在图 2-4 中，每一条史态类新闻都是一个超链接文本，受众通过点击标题进入二级页面就可浏览更多更完整的信息。超文本的链接让用户可以自行决定点阅文本的顺序、速度、范围、形式。用户不仅能从一个文档跳转到另一个文本，而且可以激活一段声音，显示一个图形，或播放一段视频；还可以借由超文本，让媒体素材自我演化，让一张张照片用超级链接串成可以自动播放的幻灯片（slideshow），让地图上一个个信息框借由超文本链接成可以自动播放的动态地图（如 Google 地球）。在超文本结构中，一个关键人名、地名、时间，甚至每一个词语、每一个句子都可以联结另一个声音文本、图画文本、动画文本或影视文本。这样像剥竹笋一样的，受众一层层地浏览下去，就可全方位地得到所需的相关资料。

因此，网络史态类新闻突破线性表达的桎梏，将分布于全世界的图文并茂的多媒体信息以超链接的方式组织到一起，以超文本、超媒体、立体化的方式来组织史态类新闻内容及有关背景,使网民在阅读史态类新闻时,能按照自己的意愿和思路,实现新闻内容的"跳转"及表达方式的转换,更好地体现读者的主体地位及联想的思维规律。

(三)传播模式上的动态交互式体验

交互性一词由拉法利(Rafaeli)于1988年首先提出,他认为交互性是一种可以递归的交换传播。而递归在戴卫·赫尔曼看来是指故事套故事或故事里嵌着故事。1992年斯特文(Steuer)指出,交互性是在实时的媒介环境中,使用者对媒介形式和内容修改控制的程度。1996年戴顿(Deighton)指出,交互性包含传播的两个特征,即与个人沟通的能力和收集且记住个人的反馈能力。从这些研究来看,网络传播的交互性特点就是新闻事实的传播者以及受众之间可以即时互动或互换地位。这种特点打破了传播主体之间互动传播的时空限制,成为人们新闻交流与汇聚的重要平台,而媒体的融合和移动化、社交化又成为媒体实现互动传播功能的重要推动力,为用户创造了形态多样的新闻单元和新闻交换关系。无疑,网络平台上的史态类新闻也具有这一特性,这具体表现在:一是借用社交媒体进行新闻获取、评论、转发等。比如人民网在2015年纪念抗战胜利70周年推出《抗战记忆,70年70人》专栏,人民网在各个省市都有地方频道,依托于强大的地方资源,由地方频道的记者进行采访,制作出"抗战记忆,70年70人"的专题页面,辅以人民日报微博、微信发起讨论。同时,在专题电脑端设计手机扫码,人们可以通过扫码直接在手机端上进行观看和点评。二是H5技术下的沉浸式体验。H5是指第五代HTML(超文本标记语言),它支持丰富的媒体形式,包括文字、图片、音视频、网页、全景、直播、图表等。H5的新媒介表现形式突破了静态文字、图片的传播限制,以视听结合的方式和特有的交互性引起了受众的极大关注,快速吸引移动互联网时代下的受众,并产生联结,受众接收H5新闻报道的同时,可以通过网页技术实现与新闻传输者的互动,并对新闻传输者提出疑问、表达自己对新闻的看法,不断进行信息的二次传播。这就是一种典型的沉浸式新闻体验,简单而言就是通过全景式的视、触、听、嗅觉交互体验,让受众借助VR设备体验身临新闻现场的感受,即通过虚拟现实技术让受众成为新闻的一部分,直接感受新闻现场,参与新闻事件。从受众的角度来看,这种沉浸式体验是指受众可以自主选择观看新闻的方式、角度,可以深入新闻现场直接感受新闻事件,在新闻事件的了解和认知上享有充分的主动权。如上文介绍的新华网纪念红军长征胜利70周年的VR视频图。VR技术的应用，使人类进入"时空的穿梭"和"虚拟世界"，许多媒体都在努力为受众打造沉浸式体验，纷纷采用H5技术。比如腾讯2015年9月3日的《阅兵手册》包括阅兵日程、亮点解析、徒步方队、装备方队、空中梯队、独家策划六大板块，并且首创横屏模式，在H5中集成时间轴、3D视频、3D信息图，全方位解析阅兵式，被网友称为最酷炫的"百科全书式"阅兵H5。而网易新闻《历年阅兵讲话词频分析：透露了什么信号》利用图片、动画、图表、音频提取了1949年以来中国大阅兵领导人讲话用词，配合翻页、背景音乐等方式，分析历次发言中措辞的变迁，以此来反映中国政治的发展。《那些年，开过天安门的阅兵车》是网易的另一个史态类新闻，选择一个小视角，针对每次阅兵，以车为载体，侧重介绍时代背景、受阅人数和游行人数等数据，力图还原历史变迁的轨迹。

在这种互动式沉浸新闻模式下，媒介将"新闻现场"以最直观的方式提供给受众，受众自己决定看什么、如何看、看多少。这种全新的直接参与新闻生产的交互特性，是其他新闻媒介形态所不具备的。

第三章　史态类新闻的文本叙事

　　什么是叙事？按照一般的解释，叙事就是对一个或一个以上真实或虚构事件的叙述。所谓"事（事件）"即有目的的人的心理活动与行为及其结果。洛朗·理查森指出："叙事既是一种推理模式，也是一种表达模式。人们可以通过叙事'理解'世界，也可以通过叙事'讲述'世界。"①在美国作家阿萨·伯格看来，我们生活中处处都有叙事，并始终被叙事包围着——不论人们是否意识到这一点。"我们听到、读到或看到（或兼而有之）各种传闻和故事，我们就在这些传闻和故事的海洋中漂游，从生到死，日日如此，而死亡也被记录在叙事之中。"②那么，新闻文本是否具有叙事性？著名新闻人穆青就认为"新闻是一种叙事文"③。事实是新闻的本源和主体，但事实本身不会也不可能传播，它需要借助叙事手段，而被人传播的则不是事实，而是人对事实的叙述。"叙事"是报道新闻传播信息的主要方法。新闻传播就是以语言符号为中介，借助于叙事视角内在转换的"策略性"功能，实现对事实的甄别与选择，最后完成特定主题的建构和塑造过程。因此新闻文本属于叙事文本，但新闻叙事又不同于文学叙事，新闻只能叙述真实的事件和人物，文学却以虚

---

① [美]伯格：《通俗文化、媒介和日常生活中的叙事》，南京大学出版社，2002年，第10页。
② [美]伯格：《通俗文化、媒介和日常生活中的叙事》，南京大学出版社，2002年，第1页。
③ 穆青：《新闻散论》，新华出版社，1996年，第76页。

构为主；文学中的叙述者可以与作者差别很大，形成不可靠叙述，新闻中的叙述者则追求叙述的可靠性；在新闻叙述中，时间的处理方式比文学少，这跟新闻的时效性有关；在叙述聚焦上，新闻虽然也采用多种方式，但是以零聚焦为多。因此新闻叙事不同于文学叙事，它是人类运用一定的语言系统，叙述、重构受众不知、欲知、应知的新闻事实的活动。它的编码方式满足的是人类对新闻信息取舍和信息效益最大化的需要，从而形成了一种独特的叙事话语类型——新闻话语。而新闻叙事学研究的逻辑起点就是新闻话语，并通过对新闻话语结构特征的认识，来确认新闻叙事对于文学叙事的独立性。它包含三个基本理论界面：新闻文本及话语结构特征研究、新闻叙事行为研究、新闻叙事策略研究。[①]由于新闻叙事策略是为了完成新闻叙事行为，达到叙事效果而使用的话语建构策略，因而本章根据史态类新闻的文本特点着重从文本结构和叙事策略两方面进行探讨。

[①] 齐爱军：《关于新闻叙事学理论框架的思考》，载《现代传播》，2006年第4期。

第一节 史态类新闻的叙事结构

不是所有的话语类型都一定有固定的、约定俗成的图式结构。古典诗歌受韵律限制并严格按照韵律分类,而现代诗歌则不一定必须具有这样的特点。对于新闻,美国耶鲁大学人工智能研究中心的"快速理解和记忆"研究小组的研究表明,大约50%的"新闻报道"是程序化的,而纯新闻语体即消息的程序化程度,几乎达到了100%。"定式和套路在新闻叙事中几乎成了固定的法则,甚至成了新闻叙事的象征和从事新闻业的专业人员的必修课程。"[1]史态类新闻的种类较多,有解密新闻、纪念性新闻等,这些种类所表现出的常见体裁包括消息、深度报道、通讯和新闻特写,那么,它们是否具有固定的图式呢?我们来看下面这一案例。

例3-1:(引题)**突破重重残酷围困　输送种种战略资源**
（主题）**"生命之路"救了列宁格勒**[2]

1月27日是苏联卫国战争期间列宁格勒(如今的圣彼得堡)完全解除封锁75周年纪念日,俄罗斯举行了一系列盛大的纪念活动。俄国防部解密了列宁格勒大封锁时期,"拉多加湖大动脉"的部分档案材料,详细讲述了在长达872天的残酷围困经历中,苏联军民通过拉多加湖的"生命之路"向列宁格勒提供物资的建设内幕。

---

[1]《作为新闻的叙事化生存》,转引自曾庆香:《新闻叙事学》,中国广播电视出版社,2005年,第28页。
[2] 柳玉鹏:《"生命之路"救了列宁格勒》,载《环球时报》,2019年1月31日,第13版《史海回眸》。

冰上公路

纳粹德国军队对列宁格勒的封锁被视为人类战争史上最为惨烈、最为艰苦的围城战之一。从1941年9月8日到1944年1月27日共计872天时间内，共有60多万苏联军民死于饥饿和轰炸，3000多座建筑物被彻底摧毁。但遭受饥荒和军事打击的列宁格勒军民顽强抵抗侵略者，赢得了最后胜利。

当时德军将300多万苏联军民困在列宁格勒城内，陆上交通完全中断。尽管苏军拼死将德军挡在城外，但随着冬季临近，食物和燃料供应遭切断，微薄的食物储备日趋减少，城内居民面临着由饥饿和疾病构成的"冰封地狱"。情况最严重时，一线工人和工程技术人员每天仅能得到350克夹杂着燕麦和麸皮的黑面包，家属和孩子的口粮更降到200克。俄国防部解密的档案材料显示，当时苏联军民不得不尽一切努力，在德军的炮火之下开辟出对外的"生命之路"。

1941年11月24日，列宁格勒方面军军事委员会决定，建设一条从北部铁路扎博里耶站经拉多加湖到南岸的科博纳港的冬季公路，并要求在一周时间内完成。要想在封冻的拉多加湖面上修筑一条运输公路十分困难。列宁格勒的科学家们翻阅之前的文献记录并进行实地考察后确认，拉多加湖冬季结冰情况不定，但沿湖地带每年都会结冰，冰面厚度基本上能支撑人和汽车通行。

经过精心规划路线，这条连接拉多加湖东西两岸的交通运输线奇迹般地如期建成。12月10日，第一批带着孩子和女人的汽车顺利从被封锁的城市中撤走。这条唯一能将列宁格勒与外界连接起来的军事战略通道，被列宁格勒军民誉为"生命之路"。现年86岁的圣彼得堡居民伊琳娜·伊万诺娃回忆说，德军封锁带来的饥荒让她和上万名儿童成为孤儿，"当时我们孤儿院的孤儿正是通过'生命之路'被疏散到雅罗斯拉夫尔州，于是我幸运地活了下来。"

德军也注意到冰面上往来的苏联军民，并调来空军和炮兵发动轮番攻击。苏联卡车司机们冒着生命危险，在炮火密集、大雪弥漫、冰层经常断裂的冰上行驶，很多卡车掉进了冰窟窿里或被炮火摧毁。幸存者回忆说，最危险时，司机们不得不站在卡车的车门外，扒着车门驾驶车辆，以便在汽车即将掉进冰窟窿时能快速逃生。

尽管付出惨重代价，但这条"生命之路"源源不断地从被德军围困的城市里疏散伤员、平民、工厂和工厂设备,并向城市提供食物、燃料和武器等物资。在列宁格勒被围困期间,共有大约130万列宁格勒居民通过这条"生命之路"疏散出城,还有超过160多万吨食品和各种物资运抵列宁格勒。

水下命脉

俄国防部公布的档案资料披露,除了冬季的冰上公路,苏联军民们还建设了另一条"水下能源命脉"。在德军封锁下,1941年秋季列宁格勒出现严重燃料短缺,所有卡车和交通工具几乎都无油可用。当时,大部分燃料是利用驳船通过拉多加湖走水路运送到市内,但冬季来临之前,所有驳船都被击沉了。尽管冬季的"生命之路"能运送一部分燃料,但所有人都很清楚,等到春天冰面融化后,燃料供应将彻底中断。

面对严酷的现实,苏军军事工程师尼娜·索科洛娃首先提议修建一条水下输油管道。1942年4月25日,列宁格勒方面军军事委员会签署秘密命令,要求立即通过拉多加湖底部铺设了一条直径四英寸的输油管道,"必须在50天内完成"。苏军波罗的海舰队迅速派出潜水员调查湖底,规划铺设路线。项目总工程师达维特·申伯格在日记中写道,"为加快工程建设速度,我们同时在两个地点展开工作。一组在西岸,负责管道、转运站和加油站的建设;另一组在东岸,负责管道的接收装置和泵站的建设。"

经过列宁格勒军民们共同努力,6月14日水下管线全部铺设完毕。6月19日晚,新铺设的管线将首批燃料输入列宁格勒。这又是一个工程奇迹。只用了43天时间,苏联军民在德国炸弹和炮弹猛烈轰击下焊接了5800个接头,沿着拉多加湖底铺设了27公里长的管道,还在岸上铺设了8公里管道,建设了多个泵站和加油站,并铺设了一条新的铁路线。输油管道建成后,每天可向城里输送约150吨油料。在1942年6月—1943年3月间,这条管道向列宁格勒输送了4万吨燃料,基本保障了城市燃料的供应。水下输油管线建成后,还为运输其他物资腾出了运输工具,同时让列宁格勒油料供应不受天气的影响,德军也无法从空中发现并轰炸它。

秘密武器

夏季行船,冬季通车,拉多加湖在列宁格勒被封锁期间发挥了至关重要的作用。德军也明白这条通道的重要意义,想尽办法进行绞杀。它始终没有被德军摧毁的原因之一,就在于苏军的"秘密武器"。俄国防部解密的档案材料显示,1943年5月,苏联海军将两艘微型潜艇秘密运到拉多加湖，整个运输过程进行了严格的伪装，德国人做梦也没想到苏联潜艇会在拉多加湖上出现。苏军潜艇在行动时也非常谨慎，从不主动攻击，而是负责监视德军基地动向，及时向指挥部报告敌舰的航线。依靠潜艇提供的情报，向列宁格勒运送物资的苏联船只大都避开了德国军舰的袭击，保障了"生命之路"的安全。

依靠苏联军民创造的"工程奇迹"，遭到重重围困的列宁格勒不但成功地抵挡住德军攻势，还坚持到了解围的那一天，希特勒狂妄发出的"列宁格勒将会出现人吃人"的预言破灭了。俄总统普京曾表示，列宁格勒被围困872天的经历永远留在人们的记忆中。

这则新闻是有关俄罗斯纪念苏联卫国战争期间列宁格勒（如今的圣彼得堡）完全解除封锁75周年，俄国防部解密相关档案的报道，是一篇典型的解密新闻。它呈现出一定的图式。

一、标题和导语[①]

例3-1开篇即为标题：《"生命之路"救了列宁格勒》，从这一案例及以往经验推论，史态类新闻同所有新闻一样都有标题，很多也有导语。"'1月27日是苏联卫国战争期间列宁格勒（如今的圣彼得堡）完全解除封锁75周年纪念日，俄罗斯举行了一系列盛大的纪念活动。俄国防部解密了列宁格勒大封锁时期，"拉多加湖大动脉"的部分档案材料，详细讲述了在长达872天的残酷围困经历中，苏联军民通过拉多加湖的"生命之路"向列宁格勒提供物资的建设内幕。"无论这导语是否用特殊的印刷字体区分开来，它仍然具有概述式导语[②]的特征。而且标题位于导语的前面，而它们又都在整个报道的前面。这种结构上的安排意图非常明显：它们一起表达了这个新闻文本的中心主题。也就是说，他们在文本开头对整个新闻事件进行了概括和总结，只不过导语是对标题所进行的更具体化的扩充。因此，像故事图式一样，我们也可引入概述这一概念，它包括标题和导语这两部分。其语义含义很明显：标题和导

[①] 标题是新闻最精华部分的展示，用以提示、评价新闻内容。导语是新闻主要内容和主题的概括。

[②] 概述式导语：以概括的、直接陈述的方式写作的导语是概述型导语。其优点在于事实传递最为简捷明了，极易为读者所理解。

语一起概括了新闻文本的内容，表达了它的语义宏观结构①。当然这里所讨论的新闻范畴是形式上的图式范畴，因此，史态类新闻图式中的标题就不应该简单地等同于用大号粗体印刷的物理性标题。标题只规定了新闻文本中某种特殊的顺序，各种不同的宏观内容（主题）按照这一顺序组合在一起。这种特殊字体（粗体、大号）形式组合成新闻报道中标题的真实形式。而这种标题可由几种类型组成，如主标题、肩题、副标题等，如上例就由主标题和副标题组成。根据各类史态类新闻的文本呈现，史态类新闻的标题主要有两种形式，一种是主题的概括，如《1757年中国彻底闭关锁国始末》②《清宫八千麻袋档案的来龙去脉》③《他们为深喉守密33年》④《日本人执迷专业捕鲸400年》⑤《日本德川幕府用相扑威慑美军》⑥等；一种是悬念的设置，如《临时约法为什么会成为废纸》⑦《苏联如何破解"毒刺"导弹威胁》⑧《张伯苓是怎样办南开的》⑨《共和国诞生之年如何接管"经济心脏"》⑩等。有的文本存在导语或独立出现，或用特殊字体印刷，或和文本的第一个概述主题的句子合二为一等形式。这与所有新闻都基本雷同，也就是所有新闻所具有的图式。

二、新闻故事

例3-1在导语中概述了俄国防部解密相关档案后就详细讲述了在长达872天的残酷围困经历中，苏联军民通过拉多加湖的"生命之路"向列宁格勒提供物资的建设内幕包括：冰上公路、水下命脉、秘密武器三部分。这实际上是在标题和导语之后详述新闻事实的来龙去脉。在英文国度里，这一详述部

---

① 宏观结构是语篇或话语的高层次语义结构，也就是语篇或话语的概括性语义。与宏观结构相对应的是微观结构，微观结构是表达最基本事件或状态的基本命题（即仅含一套主谓结构）。若干基本命题浓缩成比较大的命题，就是微观结构向宏观结构转化过程。如微观结构"去电影院、购买电影票、入场、找座位、看电影、退场"就可浓缩成宏观结构"看电影"。
② 《环球时报》2006年5月23日，《史海回眸》版。
③ 《南方周末》，2004年2月5日，《往事》版。
④ 《南方周末》，2005年6月9日，《往事》版。
⑤ 《环球时报》2019年7月9日，《史海回眸》版。
⑥ 《环球时报》2019年6月4日，《史海回眸》版。
⑦ 《南方周末》，2007年8月2日，《往事》版。
⑧ 《环球时报》2019年7月18日，《史海回眸》版。
⑨ 《南方周末》2006年4月6日，《往事》版。
⑩ 《环球时报》2019年7月11日，《史海回眸》版。

分被称为"故事（story）"。英语的"故事（story）"这一单词本身就含有"新闻报道"的义项。而且，现代叙事家们认为，故事是人、动物、宇宙空间的异类生命、昆虫等身上曾经发生或正在发生的事实。也就是说，故事既可以是真实的事件，也可以是虚构的事件，因此，报道真实的过去事实的史态类新闻也是故事。就像句子的扩充或缩写一样，导语是标题的扩充，新闻故事是导语的扩充。换个角度看，导语是新闻故事通过"宏观规则①"缩略后的话语，而标题又是导语通过宏观规则缩略后的句子。由此可知，史态类新闻话语的第一个层次是由概述和详述（即新闻故事）两个范畴组成，其中概述又可分为标题和导语两个范畴。

（第一层）新　　　闻　　　话　　　语
（第二层）概　　　述　　　新闻故事
（第三层）标题　　导语

在上则纪念性报道中，第①段导语为概述式导语，描述新闻核心事实、展览现场（场景）及事件的概括，第②③④段交代新闻核心事实的构成，第⑤段为对新闻事实进行的评论。由此可见，新闻故事是对客观真实的新闻素材编排的结果。它包括新闻核心事实、背景、所引发的反应与后果、评论等范畴。

（一）新闻核心事实：史态类新闻的主干

在史态类新闻话语中，交代其主要信息点的是新闻核心事实。它是史态类新闻话语的主干部分，并且对它的交代常穿插于新闻背景、新闻核心事实所引发的行为、后果与评论之中，同样，它也可通过删略、概括和组构原则获得。新闻核心事实包括场景（新闻由头）和核心事实：

（1）场景（新闻由头）：本指交代新闻核心事实所发生的时间、处所、状态、程度等场景，也可称之为新闻话语的状语。在史态类新闻中存在两个场景，一个是引发整条新闻的叙述的当下事件，也即近场景，又称新闻由头，它发生的时间距当下时间较近或相当。近场景在大多数情况下是明确展示出现的，如前面新闻中，近场景指纪念列宁格勒（如今的圣彼得堡）完全解除

---

① 宏观规则包括三种：删略规则、概括规则和组构规则。删略规则指去掉信息单位中不重要的部分。概括规则指将一系列的命题用笼统的语言进行概括。不说养了一只猫、一只狗而说养了宠物。组构规则通过其细节来组织建构整个事件，如"我搭飞机去"包含去机场、安全检查、走向登机口等一系列动作。概括规则的浓缩是依据上下义的关系，而组构规则的浓缩是依据心理框架关系。

封锁 75 周年，俄国防部解密相关档案的场景（时间、处所及状态：2019 年 1 月 27 日，俄国防部解密档案）。近场景有时也不会出现在正文中，而是以编者按或提要题的方式出现，如《疟疾，人类 50 万年的敌人》①就以题要的形式写道："近日屠呦呦团队在应对青蒿素抗药性领域取得新突破的消息再次刷屏。在漫长的人类文明史中，噩梦般的疟疾肆虐已经几度改变人类历史进程。尽管先后凭借奎宁、青蒿素等药物，如今人类勉强在这场残酷的战争中暂时领先，但'青蒿素失效'的危机依然没有彻底消除。屠呦呦表示，对于青蒿素抗药性的问题，仍需保持谨慎乐观的态度。"另一个则是核心事件本身发生时的场景，又称远场景，其发生的时间距当下时间较远。这儿应注意的是，有的史态类新闻类型如档案新闻在文本上只存在远场景而无近场景，但事实上每个文本都存在一个托出核心事件的大背景。《南方周末》2016 年 3 月 31 日《往事》版发表的《蒙古官方调查报告中的九一三事件》，其场景直接为远场景："1971 年 9 月 13 日凌晨，林彪、叶群、林立果等乘坐 256 号专机北逃，据中央文献研究室编《毛泽东传》记载，在飞机快接近中蒙边境时，有人请示是否派飞机拦截，由于当时还没有掌握林彪一伙的意图，毛泽东没有同意。凌晨 1:50 分，256 号飞机进入蒙古人民共和国境内。2:30 分，专机在温都尔汗附近坠毁，机上人员全部死亡。事后，中方根据使馆人员的现场勘察报告和有关专家的论证分析，揭开了飞机坠落之谜：飞机爆炸是因为油料不足就地迫降时机身擦地起火所致。"但该稿的后面又通过编者的话点出其近场景："近年来，关于林彪坠机事件，有不少民间议论。如有的认为在飞机上发生过搏斗，有的认为飞机系被击落，有的认为苏联方面取走了飞机上的黑匣子甚至林彪的头颅等等。这些说法，有的出自一些专业人士之口，流播甚广。本文独家披露了蒙古官方的调查报告，对以上问题做了考证。孰是孰非，读后自然不难判断。"

（2）新闻核心事实：这里所说的核心事实指史态类新闻的重要组成部分，这也是史态类新闻与其他新闻的区别所在，其他新闻的核心事实所发生的时间点距当下时间较近，然后围绕此时间展开。在例 3-1 文中当下的事实是 2019 年 1 月 27 日俄国防部解密档案的事实，而档案中披露的具体事实即 75 年前苏联军民如何在长达 872 天的残酷围困经历中，通过拉多加湖的"生命之路"向列宁格勒提供物资的建设内幕。由此可知史态类新闻的核心事实着重的是

---

① 宋海博：《疟疾，人类 50 万年的敌人》，载《环球时报》，2019 年 6 月 27 日，《史海回眸》版。

过去的事实，距当下时间较远，当下事实只是为过去事实（核心事实）作衬托，但它的核心事实必然靠近场景即新闻由头托出，在其引发下，整个史态类新闻的核心事实有了现实生存的基础，借新闻由头复活过来成了"新"闻。

而且例 3-1 文中俄国防部披露档案的场景即新闻由头是必须交代的，然后才会引起大量史料式报道（核心事实），即冰上公路、水下命脉、秘密武器等。而这些核心事实又离不开其当时的场景即二战中列宁格勒被围困的情景。这说明，任何新闻事实都是在一定的场景之中发生的。交代新闻核心事实就意味着必然要交代其场景，新闻核心事实往往与场景互相交织在一起而难以割裂，也就是说，新闻核心事实和场景往往是不可分的。

（二）所引发的反应与后果

新闻核心事实所引发的反应与后果是对新闻进行的补充说明，其功能如同句子的补语。它在史态类新闻中存在两种反应，一种是近场景事件引发的结果，在例 3-1 中"俄总统普京曾表示，列宁格勒被围困 872 天的经历永远留在人们的记忆中"就属于近场景事件引发的结果；另一种是远场景引发的后果："依靠苏联军民创造的'工程奇迹'，遭到重重围困的列宁格勒不但成功地抵挡住德军攻势，还坚持到了解围的那一天，希特勒狂妄发出的'列宁格勒将会出现人吃人'的预言破灭了。"当然，第一种后果即近场景中的后果是远场景的延伸后果，而这也就成为二者联系的纽带。

（三）背景

在现态类新闻中，新闻事件的背景包括现实事件的历史缘由及其语境，而语境通常是以前新闻报道的主要事件。但在史态类新闻中，背景与现态的新闻语境发生了置换，当前事件成为史态类新闻的近背景，而以前发生的新闻事实则变成了核心事件而存在。在例 3-1 中，当前事件档案被披露成为全新闻的近背景，而披露内容则成了整个报道的核心，而披露内容又有其自己的历史背景。因此史态类新闻的背景可分为近背景和远背景。

例 3-2：（引题）**逼迫盟友围堵劲敌　损人利己众叛亲离**
（主题）**拿破仑强推"法国优先"酿苦果**[①]

美国强行逼迫盟友排挤华为等中国公司的行为四处碰壁。（近背景）

[①]《环球时报》，2019 年 3 月 21 日，《史海回眸》版。

"世界报业辛迪加"网站近日表示,美国特朗普政府应当以史为鉴,当年法国拿破仑政府为反对英国而逼迫盟友搞大陆封锁政策,结果事与愿违,不仅没有遏制住英国,反而耗尽自身国力,最终拿破仑众叛亲离黯然倒台。

对英国全面封锁

英国与法国是欧洲历史上的一对老冤家。在大航海时代,英国根据自身岛国的特点,将触角伸向广阔的海洋。而法国的海洋力量远不如英国,在英法争霸中,法国的征服更注重于大陆。(远背景)

拿破仑在1804年登基之后,通过连年征战,整个欧洲大陆都陆续臣服在他的脚下,唯有孤悬海外的英伦三岛没有屈服。由于1805年10月法国海军在特拉法加海战中的惨败,法国失去了短期内直接进攻英国本土的可能。意识到"海上短板"的拿破仑在写给弟弟路易·波拿巴(时任荷兰国王)的一封信中这样说道:"我们要通过陆地战役赢得海上主权。一个办法就是在经济和贸易上把英国从其联盟国孤立起来。"他清楚地认识到,英国本身是一个资源有限的岛国,无论是进口生产资料还是出口工业产品,都离不开国际贸易。他坚信,只要掐断英国的贸易路线,无法维持生计的英国就只能投降。

为此,拿破仑在1806年宣布在法国所有港口以及德国的埃姆斯河口、威悉河口以及易北河口拒绝英国货轮进入。英国随即针锋相对地表示,将利用海军优势对法国布雷斯特港及德国汉堡港之间的区域实施封锁。英国的声明激怒了拿破仑,他于1806年11月21日在柏林发布敕令,这就是著名的"大陆封锁"政策:向不列颠诸岛关闭所有大门,禁止英国及其殖民地的船只驶入法兰西帝国控制的任何港口。不过拿破仑此时尚未征服欧洲全境,波罗的海沿岸和伊比利亚半岛均不在其掌控之中。在1807年拿破仑粉碎第四次反法同盟后,俄国和普鲁士也加入大陆封锁体系,同时拿破仑还将北欧斯堪的纳维亚半岛和伊比利亚半岛也纳入封锁链。在1807年10月13日的"枫丹白露敕令"里,拿破仑宣布任何商品必须有原产地证明,确属非英国及其殖民地产品,方可进入大陆;一切中立国的船只但凡曾在英国靠过岸的,货船一并没收;曾屈服于英国的中立国船只即视为"已剥夺国籍",可予捕获。到1811年,拿破仑认为,大陆封锁政策已经"如水桶般将英国经济禁锢起来"。

唯法国马首是瞻

与特朗普"让美国再次伟大"的想法类似,拿破仑当时也期待彻底阻断畅销欧洲的英国商品供应后,能扶持法国工业产品实现跨越式追赶。

某些数据似乎也印证了他的这个设想——巴黎奥贝肯夫纺织厂在1806年后更换了原先的英国供货商，到1811年时，其纺织技术、质量及产量确实得到显著提高。包括纺织品在内的法国工业品国内需求及对北欧的出口，在7年间实现37%的增长。

然而这几乎是大陆封锁期间，法国工业获得的唯一成功。当时欧洲大陆对于英国纺织业的极度依赖，使得大陆封锁政策实施后，相关产业陷入生产困境，之前从英国引进的机器出现故障时没有零件可更换，部分依赖进口的原材料工业迅速萎缩。到1811年，法国1700个纺织企业中只有300多个继续开工。由于海外供应受阻，连平民日常生活也大受影响。1810年法国内政部长给拿破仑的一份报告显示："近5年来，咖啡的价格上涨了4倍，糖上涨5倍，靛蓝和胡椒上涨3倍，可可上涨9倍……"

大陆封锁政策的确让英国吃了不少苦头，但英国利用强大的海军加紧对海外殖民地的掠夺，并占领诸多法属殖民地以弥补贸易损失，法国却对此鞭长莫及。在这种状况下，英国的出口贸易竟然逆势增长，出口总值从1805年的4820万英镑上升到1810年的6100万英镑。英国政论家伊韦尔努瓦在《大陆封锁的效果》一书中写道："封锁顶不了什么事！拿破仑的妙计很了不起，你一心要把人家饿死，人家却吃得胀破了肚皮。"更糟糕的是，拿破仑奉行"法国至上"政策，为将法国因大陆封锁造成的损失转嫁给其他国家，他强迫各国对法国实施优惠关税，以确保法国产品的销售。1812年之后，荷兰、德国及意大利的重要港口都经历了前所未有的大萧条。残酷的现实逼迫很多国家只是表面上抵制英国产品，走私现象十分严重。就连荷兰国王路易·波拿巴也对大陆封锁表示严重不满。他于1810年3月23日在写给哥哥的信中这样说道："你希望依靠封锁体制的手段击垮英国的目标是无法达到的。你将毁灭你亲手建立的帝国、削弱盟国。"但拿破仑收到一些夸大的报告称，伦敦交易所一片惊慌，仓库里堆满无处销售的商品，英国的纺织品跌价40%，工厂一批接一批地倒闭，国家的储备基金下降……他由此坚信，"再有两年不断的努力，英国就将被迫签订一项符合于各国商业利益的和约"。

众盟友纷纷倒戈

经济上的困境以及接连的自然灾害，的确让英国举步维艰。但率先活不下去的是拿破仑的欧洲盟友。大陆封锁政策带来的财源枯竭、财政几近破产，让它们对拿破仑的独断专行怨声载道。当初在特拉法加海战中，西班牙曾与法国携手对抗英国海军。但英国是西班牙羊毛的主要出口国，法国强制推行的大陆封锁政策让西班牙经济遭到毁灭性打击。1806年至1809年间，西班牙人接连发动多次起义，使拿破仑总处于两线、甚至三线作战的境地。对大陆封锁政策更要命的"背叛"来自俄国。贸易收入是俄国财政的根本来源，虽然俄国答应参与对英封锁，但仅过了两三年，俄国就发生严重的货币贬值。不同于被拿破仑征服的其他欧洲国家，俄国是与法国并列的强国，并不惧怕拿破仑的武力威胁。1810年12月，俄国首先对中立国开放本国港口，大陆封锁体系被撕开缺口，英国商品源源不断地从俄口输往欧洲各地。拿破仑感到俄国的"背叛"让大陆封锁政策功败垂成，于是他决心"统率欧洲的其余部分向俄国进军"。但俄法战争的结局人尽皆知，拿破仑大军在俄国寒冬中灰飞烟灭。失去武力支撑的法国迎来"墙倒众人推"的结局。普鲁士、奥地利相继倒向反法阵营，1814年拿破仑被迫退位，他构筑的大陆封锁体系也分崩离析。

近背景指新闻由头中的社会环境，它包括"有关新闻事实发生情景的一切信息，一般来说，它指的是社会、政治现状，或者说与该具体事件同时发生的其他现时事件"①，即例3-2中的第一段；远背景则指的是核心新闻事实发生之前的并与之有因果、条件关系的事件和社会政治环境，如正文中的第二段。

背景与场景的不同之处在于，场景可以由目击证人证实、描述，是在新闻核心事实发生的同一时空之中，背景交代的是新闻事实发生的环境、条件或原因，是场景在时空上的延伸，或者说是延伸了的场景，它不是新闻核心事实的组成成分。②由此可知，背景对于史态类新闻话语，其功能相当于全句修饰语对于句子。

（四）评论：史态类新闻话语的独立部分

句子的独立成分也像全句修饰语一样，不同别的成分发生结构关系，位置一般比较灵活，它的功能有：表示总括；表示特定的口气；引起对方注意；表示招呼、应答或感叹；表示对某一问题的意见和看法；表示对情况的推测和估计。如下面的画线部分："改革开放40年来，中国每一座城市、每一处乡村、每一个家庭都发生了天翻地覆的变化，越来越多的'马小梅'见证了

---

① 梵·迪克著，施旭、冯冰编译：《社会 心理 话语》，中华书局，1993年，第78页。
② 曾庆香：《新闻叙事学》，中国广播电视出版社，2005年，第37页。

改革开放的成果，群众的获得感、幸福感、安全感大幅提升，人民向往的美好生活正在逐步实现。"①

尽管许多新闻人都赞成新闻事实不得与观点混淆的职业道德，但史态类新闻本就是以新闻之笔诠释历史，将历史以一种全新的方式、内涵以及意义重新返回、进入我们当代的现实生活里面，而这新诠释产生的新意义恰是史态类新闻的价值所在。而诠释却乃主观所为。因此，相较于现态类新闻，评论范畴更常出现在史态类新闻中，尽管有时是以间接的形式。评论范畴由两个主要的次范畴组成：评价和预测。评价是对所报道的新闻事件的价值或意义作出评论，这又分为直接评价和间接评价。前者指新闻工作者本人对新闻事件所发表的看法和意见，如在《穿越历史的长廊》②一文中的"这些珍贵的长征文物，不仅见证了长征的历史，而且能使我们从中感悟到共产党人崇高的理想信念、忘我的精神内涵和不屈的顽强精神。走近珍贵文物，穿越历史的长廊，去回顾和见证中国共产党人的光辉篇章"，《拿破仑强推"法国优先"酿苦果》一文中"与特朗普'让美国再次伟大'的想法类似，拿破仑当时也期待彻底阻断畅销欧洲的英国商品供应后，能扶持法国工业产品实现跨越式追赶"，都是如此。后者指新闻人物或有关人物针对新闻事件所发表的谈话、看法、意见，如《穿越历史长廊》一文中借打工者的话语来作间接评论："我是一个来自农村的打工者，有幸能参观这次展出。最让我感动的是红军过草地、爬雪山的那破旧的鞋和帽等一些东西，当我看到的时候，流下了激动的泪水。我发誓我无论干什么工作都应该对得起那些牺牲的烈士，更要对得起党和人民"，《拿破仑强推"法国优先"酿苦果》一文中借世界报道辛迪加网站的发言来暗示："世界报业辛迪加"网站近日表示，美国特朗普政府应当以史为鉴，当年法国拿破仑政府为反对英国而逼迫盟友搞大陆封锁政策，结果事与愿违，不仅没有遏制住英国，反而耗尽自身国力，最终拿破仑众叛亲离黯然倒台"。

预测指阐述该事件和事态可能产生的政治后果或其他方面的后果，甚至预测将来可能发生的事情。

通过前面的阐述，我们发现史态类新闻话语的概述、核心事实、反应/后果、背景、评论等的结构层次与新闻的结构层次一样。具体表示为：

---

① 张曼玉：《被邓爷爷亲吻过的女孩马小梅来到国博展》，《中国青年报》2018年11月22日，第3版。
② 《穿越历史的长廊》，载《人民日报》，2006年10月22日，第1版。

/ 第三章 史态类新闻的文本叙事 /

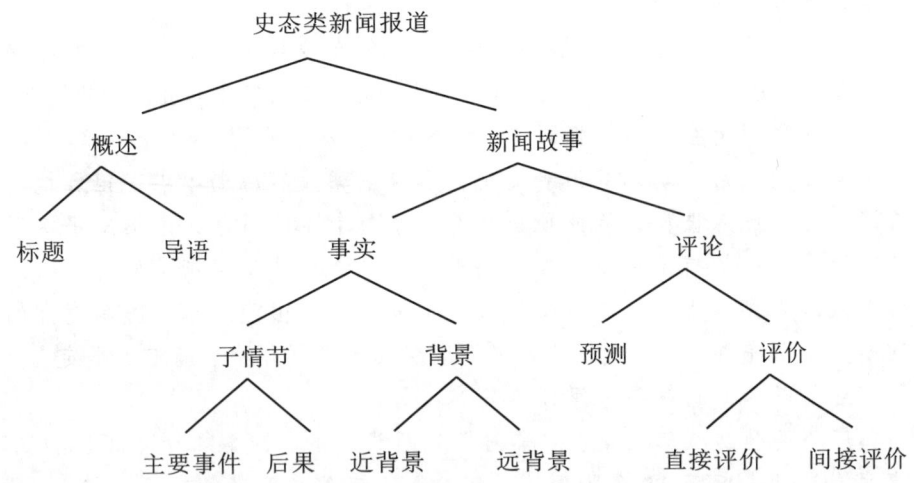

当然,史态类新闻话语常规程序的各范畴的位置并不是固定不变的,记者常常会根据事件本身的情况、时空条件、所掌握信息的丰满程度,以及新闻价值等各方面的情况,有意识地调整各范畴的位置,或删略某些范畴。比如有的新闻话语把背景范畴放在评论范畴的后面,或者放在反应/后果范畴之后;有的新闻话语则把评论放在导语之后,甚至导语之中;有的新闻话语缺失背景、评论、反应/后果;有的新闻话语则把背景和评论融合在一起,这种种形式都是史态类新闻话语常规程序的变体。①如《南方周末》2018年1月18日《往事》版的《清朝广州俄罗斯"间谍"逃亡事件》一文就是缺失近场景。

例 3-3：清朝广州俄罗斯"间谍"逃亡事件②

1778年4月的一个凌晨,两个外国人模样的男子行色匆匆地穿过广州驻防八旗营区的街道,他们头戴草帽,携带着大量的物品：火枪、白银、黄金、银币、小刀和一些米、面以及面包。如果放在今天,有几个外国人晚上走在广州街道上,应该不会有什么人会刻意去注意他们,但是在18世纪的广州,就十分可疑了。

1778年正是大清国乾隆帝统治的第43年,此前(1757年)朝廷已经下令,所有的西洋人都只能在广州一地进行贸易,并且他们不可以随意在广州城内活动。因此当巡城的兵丁发现他们时,立刻变得警惕起来。士兵询问他们是什么人,但两个外国人并没有停下脚步,而是立刻飞奔

---

① 曾庆香：《新闻叙事学》,中国广播电视出版社,2005年,第43-44页。
②《南方周末》,2018年1月18日,《往事》版。

起来，连身上的行李都不要了。

他们是谁？为何会出现在广州？又为何在凌晨携带那么多的行李匆忙离开？弄清楚外国人出现在广州的来龙去脉，要从广州的驻防八旗谈起。

今天我们走在广州的将军东、西路时，会注意到那里的将军府。1644年清军入关以后，满洲统治者发现，尽管明朝政府孱弱不堪，但各地的抗清势力却此起彼伏，因此他们又花费了数十年的时间，才彻底平定了各地大小不一的抗清斗争。在这一过程中，清朝统治者渐渐发现，将八旗军队派往具有重要战略意义的地区十分必要，由此八旗驻防制度开始确立并逐渐完善。这一制度自顺治、康熙初年开始创立，确定于平定"三藩之乱"以后，到乾隆年间日臻完善。

广州的驻防八旗正是在"藩难"以后设立的。康熙二十年（1681），清朝将尚可喜旧部15个佐领的兵丁分入上三旗（两黄旗、正白旗），又增派一千八百余名兵丁，合计三千人，派往广州驻防，而广州将军则是他们的最高军事长官。此后近三百年，这些驻防官兵就世代守卫在广州这片土地上。

广州驻防八旗远离京师，离当时的俄国更是万里之遥，在一般人看来18世纪的广州与俄国之间似乎不应有什么太多（贸易之外）的联系。但是最近哈佛大学费正清研究中心的两位研究者却通过研究清代档案特别是满文档案，向我们展现出18世纪发生在广州城那段被尘封的俄国逃人故事。

事情的起源还要追溯到三年以前。一天，清朝在新疆的边境守军发现，有两名外国人从俄国的铿格尔图喇方向，越过清朝与俄国的边界，进入中国境内。铿格尔图喇，据清代徐松的《西域水道记》记载：额尔齐斯河"又东北经铿格尔图喇之东。铿格尔图喇，俄罗斯小城也"。俄国人称呼这座小城为乌斯季卡缅诺哥尔斯克，今天属于哈萨克斯坦管辖。由于铿格尔图喇位于清、俄交界之处，因此经常发生越境事件。早在此次事件发生之前，1761年，就有清朝罪犯塞卜腾等逃往俄国，清军"追至俄罗斯之铿格尔图喇，向玛玉尔索取"，经过交涉，"俄罗斯铿格尔图喇玛玉尔等奉伊吉纳尔衙门来文，将玛哈沁塞卜腾等一百余人及军器马匹等物全行送出"。不断发生的边境事件让清朝对清、俄边境的任何风吹草动都十分关注。当这两个外国人越过边境出现在中国境内时，边防守军毫不犹豫地将他们扣押了。

从后来的记载来看，清朝的官员似乎将这两名俄国人当作了间谍。

他们是父子俩,父名德米特里(Dmitri),已经60岁了;子名雅科夫(Yakov),时年28岁。可能是出于对边境安全的担忧,清朝官员没有对他们进行任何的审判,也没有把他们遣返回国,那样做的话就不得不同俄国官方接触,有关清朝边境的情报也可能随之泄露。不过这对父子最初很有可能只是沿着鄂毕河抓鱼,随后因为迷路或者其他原因走岔到了额尔齐斯河,最后穿越铿格尔图喇被清军抓获。

不管怎么样,清朝官员都相信了自己的判断,并按照这一想法处理此事。不知出于何故,他们将德米特里和雅科夫直接送到了清朝遥远的南部省份广东,安置在了广州的驻防八旗之中,让他们变成了旗人的一员。这不是惩罚,清朝甚至没有将他们关押起来,只是让他们在八旗军队中服役。不过父子两人还是被分开了,德米特里被编入汉军八旗,他的儿子雅科夫则被编入满洲八旗之中。清朝政府的这一系列的行为,无论是将他们从遥远的西北边疆派遣到广州,还是把这父子分开安置,研究者迄今都没找到合理的解释。

但是有一点可以明确,父子俩并没有喜欢上广州的生活。他们不停地向官员抱怨这里的气候太过湿热,他们和当地人在语言上完全无法沟通,他们或许还抱怨过没有女人的生活。总之,广州的一切都让二人感觉到不适和烦躁,于是他们开始了一场精心策划的逃亡。

德米特里和他的儿子在广州驻防八旗待了三年,这期间他们省吃俭用,从俸禄中一点点积攒逃亡的路费。终于,在1778年,父子俩觉得钱攒够了,于是打算先逃出驻防营地,之后再跑到广州的港口,那里有西欧国家来中国进行贸易的商船,只要能搭乘这些商船,就可以绕道回到久违的俄国家乡。后来清朝官员得知这一计划后,大为惊讶,他们一直把俄国人当作内陆亚洲人,在当时清人的观念中,内亚与海洋之间是没有直接联系的,德米特里父子的计划给他们上了一课。不过这只是这对父子的A方案,他们还有B方案:一旦A方案失败,他们就一边打猎,一边沿着绵延的山脉想方设法回到俄国。不管是哪种方案,他们都很有冲劲,谁愿意在一个远离故土的地方生活一辈子呢?

不过最后的结果我们都很清楚,当他们被巡逻士兵发现企图逃跑的一刻,就注定了他们的结局。德米特里父子被逮捕了。经过详细地盘问,他们的计划彻底曝光,这让官员们非常愤怒,他们担心一旦这两个俄国人的行为被轻易地宽恕,那么全国各地其他的逃人将会受到鼓励,局面将进一步恶化:那时候无论是新疆、陕西、云南等地,都有很多逃兵。

广州将军永玮认为，为了以儆效尤，应该对这两人处以极刑，他报告给了乾隆帝并得到赞许。最后，广州驻防八旗的副都统召集了当时在广州城的俄国人、卫拉特人（蒙古人的一支）和穆斯林，当着他们的面将德米特里和雅科夫处死。

如今二百多年过去了，发生在广州城的俄国逃人故事虽然已经随着时间的流逝，已经被人们遗忘，但是那些曾经发生的历史痕迹却在某个角落，仍向我们诉说着过去与现在的连结与交错，让人遐想不已。

例3-3从一开始便进入远场景的叙述，而近场景则不明显，通过"如今二百多年过去了，发生在广州城的俄国逃人故事虽然已经随着时间的流逝，已经被人们遗忘，但是那些曾经发生的历史痕迹却在某个角落，仍向我们诉说着过去与现在的连结与交错，让人遐想不已"阐释远场景带来的影响，而这影响却或多或少地与现实发生关联，逗引读者去关注它，从而突现出近场景来。而例3-4则是背景与评论、事件与背景互相渗透。

例3-4：和爷爷朱德在一起的日子①（主题）

12月1日，是朱德元帅诞辰116周年纪念日。（近场景）这位前国家副主席、全国人大常委会委员长，有着怎样的家庭生活，又是怎样度过他人生的第二个艰难岁月的？他的孙子朱和平以40年的亲见亲闻，告诉了我们不少鲜为人知的事。（导语）（此段为编辑语）

我出生于1952年10月。爷爷听说自己添了第二个孙子，非常高兴，说："现在正值朝鲜战争进行和平谈判，就叫和平吧！"

我出生后8个月就被抱到了爷爷和奶奶（康克清）身边，从1953年6月9日我随爷爷和奶奶住进中南海到1992年4月22日奶奶去世，我总共在两位老人身边生活了近40年。（过去背景）

亲族中50多人要求来北京，爷爷知道后非常生气（事件）。

在我的记忆中，我们家里曾经有很多小孩，他们都比我大。等我稍微长大后才知道，建国后不久，爷爷为了报答老家的兄弟们支持他干革命的恩情，就对老家的人说，可带三五个亲族中的小孩来北京上学。没想到这人回去后，就将亲族中的50多人送到了西南局，要求来北京。

爷爷了解情况后非常生气，他感到虽然是建国了，但我们的国家尚不富裕，老家"哗啦"一下来这么多人，那将给国家带来多大的负担！于是就给

---

① 《南方周末》，2002年12月12日，《往事》版。

西南局写信：

  率五十二人之多，已到渝，再欲来京，是犯极大错误的行动。他回家时我只允许他带三五个小孩，六岁到十三岁以下的为止。他竟将亲族都带来，浪费公款，又使他们脱离生养来作寄生生活，是十足的封建思想作祟，我请统战部留下几个小孩，以外全部送回仪陇家乡各家生业。

  ……

1976年7月6日下午3时1分，爷爷那颗为真理、为国家独立、民族解放，也为亲情、友情、爱情跳动了90年的心，永远地停止了跳动……

虽然例3-4的结构是对常规程序的变形，但从其范畴实现顺序来看，它基本上遵守了常规程序的顺序。如果某一则史态类新闻话语包括这所有的范畴，可以称之为"完构"史态类新闻话语。

最后让我们用这种完构图式来分析下面这则史态类新闻。

例 3-5："水门事件"主角浮出水面（引题）
他们，为"深喉"守密 33 年①（主题）

秘密（导语）

  一个本以保守秘密为天职的人，却做了揭密者；被揭露的真相惊天动地，揭密的人又悄然隐去，就变成了新的大秘密；

  秘密面纱再次揭开，这次揭密的，是秘密自己。

  围绕着一个又一个秘密，一个国家的一段历史，一个总统的离职，一个大报的崛起，一个名记者的诞生以及一位老人的复杂人生，荣耀、沉默、名声，等等从此展开。

  就这样。也许，光荣和卑微总是会利用某个机缘，在某个交叉点，在某个家伙的身上悄然相遇。

2005年5月31日上午，《华盛顿邮报》编辑部会议室。（近场景）

  执行编辑莱昂纳德·唐尼手机铃声乍响。他迅速关机，继续会议。

  《华盛顿邮报》主席唐纳德·格雷厄姆的手机继而响起。格雷厄姆走出会场接听了电话，回来告诉所有人，《名利场》今天投下了重磅炸弹。"水门事件"中的"深喉"（《华盛顿邮报》当年对告密者的别称）秘密大白于天下。

  同日，91岁高龄的美国联邦调查局前副局长马克·费尔特在家人陪同下于加州圣塔罗莎的家门前公开亮相："我就是他们说的'深喉'！"（目前背景）

---

①《南方周末》，2005年6月9日，《人物》版。

一切要从1972年说起。

　　1972年6月17日，费尔特在家中接到FBI打来的电话，称五个穿西服的人于凌晨2点30分悄悄进入民主党全国竞选总部水门大厦，身带窃听设备和照相器材。有人衣兜里还揣着许多100美元的钞票。(远场景)第二天，《华盛顿邮报》的记者伍德沃德就把电话打到了费尔特办公室，了解此事。费尔特与伍德沃德交往很久，他曾不止一次地告诫过伍德沃德，尽量不要使用办公室电话谈话，以防被窃听。但出乎伍德沃德意料的是，费尔特对他透露："闯入水门大厦的事件将会升级，具体原因现在不能解释。"然后就匆忙挂断电话。这是费尔特向伍德沃德透露的第一个关于"水门事件"的信息。(过去背景)

　　事情果然迅速"升级"。伍德沃德和其同事伯恩斯坦逐渐追查到一张支付给水门"盗贼"的支票和尼克松竞选费用有关联。对费尔特的情报愈发深信不疑的伍德沃德明白，费尔特就是他解开水门之谜唯一的稻草。这稻草，也正在主动向自己飘来。

忘年交（事件）

　　伍德沃德两年前与费尔特结识。当时，海军上尉伍德沃德在负责领导海军行动的托马斯·摩尔手下，常到白宫送信。一个深夜，伍德沃德坐在白宫西翼的休息区内等待文件签署。这时，费尔特走过来坐在他身边。多年之后，伍德沃德还清晰地记得他对费尔特的第一印象："他个子很高，灰白的头发梳得一丝不乱，穿黑西服，白衬衫，戴浅色领带，手提一个公文包。年龄约比我大25到30岁。他气质不凡，满脸自信，从姿势和那份镇定从容来看，他一定是经常发号施令并要求命令立即得到执行。"

　　即将退役的伍德沃德主动跟这个陌生人搭话，他谈自己的个人情况，自己面临的选择和对未来的困惑。除了礼貌性地回答自己叫"马克·费尔特"之外，那位长者始终一言不发。直到伍德沃德谈到他读的研究生院时，费尔特才接口说，他自己在加入FBI之前也读过乔治·华盛顿大学的法学院。"FBI"，这是他第一次提到他的身份。共同的一些经历——在乔治·华盛顿大学学习和为来自家乡的议员打工——使他们有机会多谈几句。尽管就像在飞机上碰巧坐在一起的两个乘客那样随意聊天，也许伍德沃德当时就隐隐感到，这是不容错过、终将深交的一个人。人的念头里老在某个瞬间会透出命运的神秘色彩。

　　说再见时，伍德沃德向费尔特要了电话号码。

　　……

　　1971年，伍德沃德终于正式进入《华盛顿邮报》。尽管工作繁忙，伍德沃德坚持有事没事都给费尔特打个电话，问问近况。谨慎的费尔特警告伍德沃德不得直接使用或告诉别人从 FBI 和司法部门得来的消息。"说这话的时候，他措辞严厉，语气坚决。"伍德沃德回忆说。获得伍德沃德的承诺后，费尔特又再次强调："你必须谨慎！唯一能确保安全的方法，就是绝不能对任何人透露我们彼此认识，曾经交谈过，或者你认识 FBI 或司法部门的人。记住，是任何人！"

合作者（事件）

以往，伍德沃德没有为了"独家猛料"给费尔特招惹过麻烦。但这一次，他要麻烦麻烦费尔特了。

费尔特重申：不要打电话，不要到家里找他，不要进行任何公开接触。这也意味着，他们一系列的秘密接触将正式拉开帷幕。而改变了美国在 20 世纪 70 年代的一段历史也这样被悄悄开始了。

二战期间，费尔特曾在 FBI 的间谍部工作，从中学会许多德国间谍的技巧。他告诫伍德沃德："我们需要通过改变旁人注意不到的环境来作为通知对方的暗号。"他们想出一个方法。伍德沃德有一面插在花瓶里的红旗，平时红旗就放在伍德沃德公寓的阳台接近栏杆的前方，如果需要紧急见面，就把红旗挪到阳台后方。"只有在必要情况下才能使用这个方法。次数不能多！"一旦伍德沃德给出信号，他们就会在当天夜里 2 点在罗斯林（Rosslyn）基桥的地下停车场底层见面。

费尔特又对伍德沃德临时进行了"反侦察"技巧培训："走出公寓的时候不要乘直接通往大堂的电梯，而要走公寓楼背后的楼梯；楼梯口有个小巷，所以不要走大路，走小巷；别开你自己的车，走到几个街口外的旅馆，门口会有许多午夜还在等客的出租车；半路要下车再换一部出租车；不要直接在车库停车场下车，提前下车，走完最后几个路口；如果有人跟踪你，不要下到停车场，如果你不出现，我能理解。这一切的关键是安排好时间，要耐心、镇定。"

费尔特同时告诉伍德沃德，如果他有消息要给伍德沃德，他会送"信"过来。费尔特说，如果他有重要消息，他会拿到给伍德沃德的《纽约时报》，并圈住第 20 版的版头，然后在偏下的位置用手画一个钟，钟上的时间就是他们应该见面的时间。通常也是凌晨 2 点，老地点见面。

……

守密者（事件）

一个资深特工，为什么愿意背叛尼克松，冒着身败名裂的危险成为幕后"深喉"；为什么选择年轻的伍德沃德作为他泄密的突破口；至今仍是难解之谜。

马克·费尔特曾是个负责保守秘密的人。

费尔特在联邦贸易委员会找到了第一份工作，但他厌恶一切沉闷、官僚的裁决程序。不到一年，他就申请加入FBI。那时，FBI探员总以典型的"爱国者"形象影响着美国国民。这使得当时许多年轻人把投身FBI作为自己的理想。费尔特就是其中之一。

……

秘密的守护者，为何沦为泄密之人？

认识他的人，都说他一向遵纪守法。尼克松当年的助手查尔斯·科尔森评价说，"他最开始为国家鞠躬尽瘁，但是我不能想象费尔特竟然在黑暗小巷子里透露情报，违反了他保守国家秘密的职责。"

不过，费尔特当年的确对尼克松政府颇有微词。

尼克松与胡佛之间的斗争兴起于"水门事件"之前。1970年白宫一个年轻的助手拟定了一份授权FBI、CIA和军事情报机关加强对"国内安全威胁"分子监视的计划。这份最初得到尼克松许可的计划遭到了胡佛的强烈反对，认为这本就在FBI业务范畴之内。虽然尼克松迫于压力废除了这一计划，但费尔特坚信，FBI的独立性和诚实性受到了严重的威胁。尼克松从此也对胡佛和费尔特耿耿于怀。在他看来，"胡佛和我是保护FBI免受白宫干预的一堵墙。"费尔特说。

……

结局（事件）

鲍勃·伍德沃德，唯一接触过"深喉"的记者。他因追踪"水门事件"获得了1973年的普利策新闻奖，他的传奇故事激励了新一代的年轻人对新闻事业的追求。

伍德沃德还与伯恩斯坦合著纪实小说《总统班底》和《最后的日子》，畅销热卖。根据《总统班底》改编的电影轰动美国，于1976年获得奥斯卡4项大奖。声名远播的伍德沃德成了《华盛顿邮报》的招牌，1981年荣升该报助理总编，目前，他担任《华盛顿邮报》执行副主编。伯恩斯坦几年后离开《华盛顿邮报》，成了知名作家，正在为希拉里·克林顿作传。《华盛顿邮报》也由于该组报道上升为与《纽约时报》平起平坐的美国一线大报。2003年，伍德沃德又把多年珍藏的"水门事件"文件以500万美元高价卖给了得克萨斯大学。

然而，揭露了"水门事件"背后的机密，并没有为费尔特带来好处。具有讽刺意味的是，1973年，在尼克松下台前，费尔特就郁郁寡欢地离开了FBI。

与费尔特的黯淡收场相对应的，是伍德沃德在事业上的登峰造极。

……

竞争对手（事件兼反应）

此后，费尔特的家人一直和伍德沃德保持联系。伍德沃德时而会致电家中，向琼斯、她的儿子尼克、她的弟弟小马克询问费尔特的身体情况。这终于引起了琼斯的怀疑和猜测。在女儿的一再追问下，费尔特终于承认，自己就是"深喉"。

琼斯却苦劝父亲抓住最后的机会，费尔特家应该从这个上世纪美国最大的秘密中获得报偿。"伍德沃德已经坐收一切荣誉，但我们至少还能借此挣点钱付账单，比如我为孩子学业欠的债。"

于是，在女儿和外孙的搀扶下，年迈的费尔特颤巍巍地站在了世人面前。费尔特布满皱纹的脸上，挂着呆滞的笑容，眼神空洞迷茫。难以相信，这就是那曾经长相英俊、风度翩翩的费尔特，曾被誉为酷似主演电影《正午》的男影星劳埃德·布里奇斯的FBI美男，曾戴着入时黑色宽边眼镜，从容面对媒体的FBI发言人。

出于对这篇报道的重视，《名利场》指派了15名编辑协助奥康纳撰写报道，所有的编辑还为此签署了保密协议。这次《名利场》是否最终向费尔特提供报酬还不得而知。

……

一场争夺出卖秘密的大战已拉开帷幕。同一个故事，谁先讲出来，就是谁的。

诺顿出版公司执行总编罗伯特·韦尔认为，费尔特作为"深喉"本人，若决意与人合著书稿，对任何一家出版商而言都是最大的金矿。行内人预测说，如果费尔特果真打算开口，"开口费"要到100万美元不成问题。

但问题是，今天的费尔特，已未必具备赚钱的能力，他要能让出版商相信，他能讲出一个充满悬疑的紧张故事来。文学代理商理查德品恩对《华尔街日报》说："他现在需要做的，就是和一名知名的惊险悬疑作家进行合作，他需要找一个相信能写出一个好故事的作家来合作。"

年迈体弱的费尔特是否真能记得那场政治斗争里的每一个云翻风涌，每一场斗智斗勇，每一次泄露情报后的矛盾和挣扎？没人知道。

91岁的费尔特是否真如此迫切地需要用含辛茹苦埋藏了33年的秘密和勉力维持的一世声名换来一笔巨款？没人知道。

30多年过去后，两个当年的忘年交和合作者将进行一场怎样的泄密竞赛？也没人知道。

"深喉"的故事，"深喉"的一生，也许就是这般无奈，这般讽刺？（评论）

"水门事件"时间表（背景）

●1972年

6月17日。5名共和党"暗探"闯入位于华盛顿水门大厦的民主党全国总部办公室，窃听民主党参加大选情报而遭到逮捕。

……

●1973年

1月30日。尼克松前助手戈登·利迪和詹姆斯·迈克可德因"水门事件"被判盗窃罪、共谋罪。

……

在这篇史态类新闻中，全文分成若干小篇，标题和引子直截了当阐述核心事件，第一小篇"秘密"既提供了核心事件的场景也提供了背景，然后"忘年交""守密者"则是典型的事件范畴，它们交代了水门事件中费尔特和伍德沃德二者友谊的建立、"深喉"的情况，而"结局"部分则是事件兼反应、水门事件产生的后果，"竞争对手"则是后果，也是这次事件在几十年后的结果，而一句"'深喉'的故事，'深喉'的一生，也许就是这般无奈，这般讽刺？"则是作者对此事件发出的直接评论，而"水门事件时间表"则又是全篇的背景资料。

第二节　史态类新闻的叙事策略

"新闻叙事策略是为了完成叙事行为，以达到叙事效果而使用的话语建构策略。这种话语建构策略既可以是主动的选择，也可以是无意识的安排。"[1]史态类新闻所选的题材是过去的事实，既不具有时效性，也不具备独家性，时距较远，使受众容易产生距离感。怎样才能缩小距离，让受众喜欢呢？叙事理论认为，每一个叙事都可以分为两个部分：一是故事（story），即"什么人碰到什么事"；一是话语（discourse），即"故事是怎样被讲出来的"。因此，对于以故事为主要表达载体的史态类新闻而言，除其所选故事本身可带来一定的吸引力外，其生命还主要依赖于别出心裁的讲述方式，即采用最为有效的叙事策略来为受众呈现最为鲜活的故事。

一、叙述者的复杂化

任何叙事行为都不可能缺少两个基本要素：故事（事件）和叙述者。在小说中，叙述的主体常常一分为三——真实作者、隐含作者和叙述者。这三者往往不能相互等同，只是在少量自传性强的小说中才有这种可能性，如鲁迅的《一件小事》《社戏》等，其作者、隐含作者和叙述者可以被大致等同起来。在大多数情况下，小说中的这三者是分离的。叙述者是讲述故事（事件）的那个人，这个人并不就是小说的作者。过去，人们常常把小说《祝福》的叙述者"我"等同于作者鲁迅。以此推论，《伤逝》中的叙述者涓生、《孔乙己》的叙述者小伙计"我"就是鲁迅。这与鲁迅的经历并不相符，从叙事理论来讲，也是错误的。真正的作者鲁迅只有一个，而他小说中的叙述者却多姿多彩。叙述者也不是隐含作者。隐含作者是韦恩·布斯在其出版于1961年的《小说修辞学》中最早提出的。针对现代西方小说中"作者的隐退"、作者声音的消失，布斯认为，一个作者可以不在作品中直接露面，可以在一定程度上选择他的伪装，但是他"永远不能选择消失不见"[2]，在这种情况下，"隐含作者"便是"一个他自己的替身，不同于我们在其他人的作品中遇到的那些隐含的作者"[3]。隐含作者是虚拟的，它的形象是读者在阅读过程中根据文本建立起来的，它通过作品的整体构思，通过各种叙事策略，通过文本的意识形态和价值标准来显示自己的存在。隐含作者与真实作者的区别在于，同

---

[1] 齐爱军：《关于新闻叙事学理论框架的思考》，载《现代传播》，2006年第4期。
[2] W.C. 布斯：《小说修辞学》，北京大学出版社，1987年，第3页。
[3] 米克·巴尔：《叙述学——叙事理论导论》，中国社会科学出版社，2003年，第10页。

一个作者可以写两部甚至更多的作品，而每一部作品都包含着一个隐含作者。另外，在现实中，一部作品可以由几个作者共同创作，但一个文本的隐含作者却永远只有一个。最确切的显示隐含作者存在的是对"不可靠叙述者"的辨识，不可靠叙述者是指叙述者的态度与整个文本实际表达的态度产生龃龉，如表面上叙述者对所叙述的人和事进行褒扬，实际上读者读到的却是讽刺和贬抑，这个实际表达的态度就是隐含作者的态度。但是，"隐含作者"这一概念逐渐被叙事学家们抛弃，荷兰叙事学家米克·巴尔在这方面所做的分析比较有代表性。她认为，这一概念有着可以从文本中推断出来的总体意义的意味，即它是从全部叙事中、从叙述者的叙述活动中被推断出来的，也就是说，它不具有分析文本的功能。而且，"隐含作者"的概念并不限于叙述文本，而是适用于任何文本。因此，米克·巴尔认为"隐含作者"不是叙事学的一个特定的概念①。如此一来，叙事活动中的语言主体的承担者就完全落在叙述者上，对叙述者的研究取代了传统方式下的作家研究，即语言主体的研究取代历史主体的研究。"所谓叙述者，或叙述人（narrator）指的是语言的主体，一种功能，而不是在构成文本（text）的语言中表达其自身的个人"，它是"表达出构成本文（text）的语言符号的那个行为者"。②因此，"叙述者决不是作者，作者在写作时假定自己是在抄录叙述者的话语，整个叙述文本、每个字都出自叙述者，决不会直接来自作者"③，也就是说叙述者是故事的讲述者。按照叙事学理论，叙述者本身不是一个人，而是一个担负着讲述功能的、"一个由作者它创造并接受了的角色，一个由作者蜕变而成的虚构的人物"④。叙事作品中，叙述者是一个相当重要的成分，因为正是叙述者的身份及其在叙述本文中所表达的方式与参与的程度，决定了叙述本文的基本特征。

众所周知，史态类新闻所报道的事实已经发生甚至离当下时间较远，因此记者与事实之间完全处于"异时异地"状态，对事实的调查采访也多为"事后采访"，需要借助与新闻事实相关的人和物才能完成叙事。另外，我们最终看到的新闻文本是编辑对记者采写的新闻或多或少改动的结果。因此，在史

---

① 米克·巴尔，《叙述学——叙事理论导论》，中国社会科学出版社，2003年，第19页。
② 转自陈霖：《新闻叙事的叙事者初论》，载《苏州大学学报》（哲学社会科学版），2005年第2期。
③ 赵毅恒：《当说者被说的时候：比较叙述学导论》，中国人民大学出版社，1998年，第4页。
④ 谭君强：《叙事理论与审美文化》，中国社会科学出版社，2002年，第47页。

态类新闻中新闻叙述者应包含记者、采访对象和编辑。

根据记者在新闻文本中的介入程度，记者是叙述者的表现方式主要有三种：一是缺席叙述者，指记者像摄像机一样客观记录"观察调查"到的一切，语言色彩呈中性，让受众意识不到叙述者发出的声音。《长征的历史拐点》[①]中"1935年5月15日，中央红军从川南的会理出发了。这支于崇山峻岭和激流险滩中艰难辗转的队伍终于有了明确的前行目标：北上，与红四方面军的会合。就在中央红军从会理出发的第二天，红四方面军在川西的茂县召开了高级干部会议。会议决定由第三十军政委李先念率八十八师、二十五师、二十七师各一部西进小金川地区接应中央红军。会上引发争论的是关于欢迎中央红军的口号。方面军军事总指挥徐向前不赞同陈昌浩提出的"欢迎三十万中央红军"的口号，虽然当时红四方面军官兵认为中央红军有三十万之众，但至少方面军的高级将领们已经知道中央红军遭受了巨大损失。茂县会议还决定成立'中华苏维埃共和国西北联邦政府'"，记者以一个旁观者的身份，客观地记录下周围发生的一切，自己的个性深藏不露。这种角度会让受众对事件有深刻的认识和理性的思考。二是隐蔽叙述者，即新闻事实完全由记者来讲述，但记者并不出现在新闻中，而是隐于"幕后"。如例3-6《汶川地震十年：当年她被埋30小时 重庆医生给她重生 如今她在重庆医院工作》中"十年前她还是个北川县北川中学的一名高一学生，'5·12'大地震让她在废墟里被掩埋超过30个小时，重伤让她差点双下肢截肢，作为伤情最重的一批伤员之一，十年前她被送到了重庆市急救医疗中心，十年后的今天，她不仅拥有着健康的双腿，还留在这里，与救她的医生成为同事。"三是公开叙述者，它又分为旁观的叙述者和参与的叙述者。旁观的叙述者，指记者不是事件的参与者，而是以"旁观者"的身份叙述眼前故事，如例3-6文中"27岁的衡永红皮肤比较白，有接近1米65高，一说话就笑，穿着打扮休闲简单。采访那天我们见到她时，几百张票据一叠叠整齐地放在办公桌上，她正埋头在核对着单据上的数据。听说要花点时间采访，她笑呵呵地说，'好啊好啊，先跟你们聊，结束了我再慢慢加班。'"参与的叙述者使记者成为新闻事件中的人物。从受众角度来看，记者是缺席叙述者或隐蔽叙述者，史态类新闻文本则显得冷静客观；而记者是公开叙述者，则具有交流性、亲近感，其感染力也较强。

"采访对象"也是史态类新闻文本的重要叙述者。史态类新闻采写一般具有事后性，要准确详细地叙述新闻事件，就离不开当事人、见闻者以及与此

[①]《中国青年报》，2006年10月25日，《冰点》特稿。

有关的人物等采访对象的叙述。新闻文本中的采访对象承担了部分甚至是完全的叙述人角色，这在专访新闻类型中尤为明显，如例3-6文中的主角衡永红及她的主治医生史若飞也成为叙述者，文中以衡永红的视角回看事件以及大量引用衡永红及医生的原话。

编辑是否担当叙述者，需根据新闻修改的程度大小而定，如《冷战时欧洲有三大谍都》[①]中加入编者按："环球时报编者按：近日，关于捷克首都布拉格成为世界头号间谍之都的消息流传甚广。其实，在冷战期间，欧洲最著名的谍都还不是布拉格，维也纳、柏林和布达佩斯这三座欧洲名城中更是谍影重重。在长达数十年的时间里，那里每时每刻都在上演着由美苏两大阵营情报机构主导的秘密战争……"直接对三大谍都做出自己的评论，进而引出采访对象的叙述来。再如《蒙古官方调查报告中的九一三事件》[②]的编者按："1971年9月13日凌晨，林彪、叶群、林立果等乘坐256号专机北逃，据中央文献研究室编《毛泽东传》记载，在飞机快接近中蒙边境时，有人请示是否派飞机拦截，由于当时还没有掌握林彪一伙的意图，毛泽东没有同意。凌晨1:50分，256号飞机进入蒙古人民共和国境内。2:30分，专机在温都尔汗附近坠毁，机上人员全部死亡。事后，中方根据使馆人员的现场勘察报告和有关专家的论证分析，揭开了飞机坠落之谜：飞机爆炸是因为油料不足就地迫降时机身擦地起火所致（中央文献出版社，1603-1604页）。近年来，关于林彪坠机事件，有不少民间议论。如有的认为在飞机上发生过搏斗，有的认为飞机系被击落，有的认为苏联方面取走了飞机上的黑匣子甚至林彪的头颅，等等。这些说法，有的出自一些专业人士之口，流播甚广。本文独家披露了蒙古官方的调查报告，对以上问题做了考证。孰是孰非，读后自然不难判断。"编者进行叙述引导读者阅读。

事实上，记者、采访对象、编辑这三类叙述者或独立或组合，实现了新闻事实的报道。

史态类新闻的叙述者的最大特点就是叙述者比较复杂，即叙述者多重复调叙事。所谓叙事者多重复调叙事，就是指在同一个叙事文本里，采用多种叙事人称和多个叙事人，又可称为复合叙述者，即叙事中有一个以上的叙述者。如例3-6文中的叙述者就有以隐蔽叙述者身份出现的记者、公开叙事的采访对象等，而且它们的角色在不断转换，有时为隐蔽者，有时又变为公开

---

① 《环球时报》，2006年10月13日，《史海回眸》版。
② 《南方周末》，2016年3月31日，《往事》版。

者。叙事者的不断变换，叙事视角变换，对新闻意义进行多重叙事，不仅可以使新闻价值得到最大限度的实现，也可以使史态类新闻叙事有一种曲折多重的阅读效果，这在相当程度上，在没有损害新闻的新闻价值的同时，增强了史态类新闻叙事的审美张力。

例 3-6：汶川地震十年：当年她被埋 30 小时重庆医生给她重生如今她在重庆医院工作[①]

华龙网 5 月 2 日 21 时 45 分讯（记者 王玮 通讯员 何雷）十年前她还是北川县北川中学的一名高一学生，"5·12"大地震让她在废墟里被掩埋超过 30 个小时，重伤让她差点双下肢截肢，作为伤情最重的一批伤员之一，十年前她被送到了重庆市急救医疗中心，十年后的今天，她不仅拥有着健康的双腿，还留在这里，与救她的医生成为同事。

十年过去了 "活着真幸福！"

27 岁的衡永红皮肤比较白，有接近 1 米 65 高，一说话就笑，穿着打扮休闲简单。采访那天我们见到她时，几百张票据一叠叠整齐地放在办公桌上，她正埋头在核对着单据上的数据。听说要花点时间采访，她笑呵呵地说，"好啊好啊，先跟你们聊，结束了我再慢慢加班。"

可能是大学学的财务管理专业，她说她喜欢和数字打交道，"每天都循环着同样的数字工作，但我并不焦躁；从废墟下被救出来的时候，我就告诉自己，活着就是最大的幸福，这辈子我都要乐观开心地走下去！"

衡永红的父母和弟弟还在四川省北川县坝底乡双合村，地震时候家里面的木制房屋垮了一半，后来在政府帮助下，重新修缮一新。"最重要的是人没事就好"，衡永红说。

从实习到正式上班，已经 4 年多了，她还时常回老家和家人团聚，平时下班了就看连续剧、打打乒乓球、练练瑜伽，有时也和同事一起去逛街看电影。

除了家人、同学、同事，衡永红还和以前帮助过她的志愿者、医护人员联系很多，听到这些"哥哥姐姐""叔叔阿姨"们都越过越好，她说从心里为他们感到高兴。

唯一的小遗憾是还没有男朋友。"可能以前忙于学习、性格又比较简单吧，还没遇到中意的。"她腼腆地说，也到了该恋爱的年龄了，可能缘分没有到而已，既然能活得这样好，缘分早晚会来的。

---

① 华龙网，2018 年 5 月 3 日。

"经历生死之后,真是什么都看开了,人生本就几十年的光阴;我对未来生活很有信心的,再怎么不顺利我也觉得没啥子关系,以后肯定会好的。"带着浓厚的川渝口音,衡永红笑着说道。

在废墟里和同学说:"我们不能死"

衡永红对现在的生活很满足,你会发现她乐观的个性发自内心。谈到曾经受的伤,她很轻松地挽起裤脚,将自己和常人最大的不同坦然面对记者镜头——左右小腿上那深深的、长长的伤疤。

2008年5月12日,衡永红在北川中学读高一,地震时,她正在教室里上课。

当时她在高一10班,地震前,班上有60多名同学,地震后,只剩下了25人⋯⋯

"我们的教学楼有五层楼,我所在班级的教室在三楼。地震时,楼房很快就垮塌了,没时间跑下楼。我被埋在废墟里,一片黑暗;看着天花板掉下来,将要把我掩埋住的那一瞬间,是我这辈子感到最害怕的时候。"她回忆说,在最开始的慌乱后,她发现自己上半身还能稍微活动,但双脚被倒塌的楼板压得死死的,根本没法动弹。

衡永红在狭小的空间里,用双手护住胸口和头;她听到周围有同学的呼救声,听得见声音,看不见人。她说,她知道在她上面还埋着几名同学,但许久没有声音,她知道已经没救了;但她一直忍住没有哭,虽然心里面很难受、双脚也很痛,但她坚信一定会有人来救她们的。

在最初被掩埋的几个小时里,她和离她最近的4位同学相互鼓劲。她说,她们5人之间说话都能听见,许久没声音后,会小声问怎么样了;互相说,一定要活下来,"我和几个同学相互提醒,对别人也是对自己说,不要睡过去了,我们还不能死⋯⋯死了父母怎么办呢?我们还要考大学啊,好多地方都没去过⋯⋯坚持下去,一定会有人来救我们的!"

我当时想:"可能要舍腿保命了"

由于被掩埋得较深、压得很死,尽管一批批救援人员想尽了办法,始终无法徒手或者用简单器械移动压住衡永红的楼板,但如果使用大型器械,又怕废墟垮塌,造成意外伤亡。30多个小时过去了,她仍然被死死卡在废墟里;这期间,离她最近的那4位同学已经被救援人员陆续救出。

直到5月13日天快黑了,救援人员终于想到一个办法,从下面的孔洞钻进去,将衡永红身下卡住双腿的楼板打了一个小洞,这样才将她的双脚从中挪动出来。衡永红终于从废墟中被救出!

"当时我激动得不行,因为其他人都被救出了,我是最后一个从废墟里被救出的。"她说,当时她很冷静,已经在考虑要不要给救援人员讲,右腿保不住就算了。

起初还能感觉到钻心疼痛的双腿,在救援人员救出她的时候,已经失去了知觉,"可能,腿已经断了,只是不知道而已"。衡永红说,那30多个小时里,失血过多的她,呈半昏迷状态,现在已经记不得救她的人的样子,每次回忆起这些细节,留下的都是感激和感动。

衡永红后来才知道,她是北川中学最后几位被救出废墟的地震伤员之一。被救出时,她的双腿已经呈暗紫色,上面全是被长时间挤压形成的撕裂伤口;最大最长的伤口,深可见骨,不忍直视。

随后,她被辗转送至四川省绵阳市中心医疗救治点,进行紧急处理。虽然她受伤很重、身体虚弱,但输上液体的时候,她还有意识。她当时想,不论怎么样,至少命应该保住了吧,"我的爸爸找了我好久,在17号下午才找到我,我躺在病床上和他拥抱在一起,喜极而泣。"

有了第二次生命 "没有任何语言可以表达喜悦"

由于灾区伤员太多、医疗条件资源有限,地震灾区很多重伤员经过紧急处置后,陆续被送至其他省市进一步治疗。

2008年5月16日,重庆市卫计委组织重庆各大医院首批56辆救护车,上百名医护人员前往灾区接收危重伤员,并将急需进一步治疗的重伤员接走救治。18日凌晨2点,作为伤情最重的一批伤员之一,衡永红被重庆市急救医疗中心的120救护车从绵阳接走。

18日14点左右,为保住她的双腿,急救医疗中心的创伤、骨科、麻醉等学科专家团队联合为她进行了手术。进手术室前,衡永红其实很担心,她反复念叨:"医生叔叔,我不会有事吧?腿能不能保住……"

手术很成功!当醒来得知这个消息的时候,衡永红说,没有任何语言可以表达那时候她的心情,宛如重生的喜悦。

她不知道的是,重庆市急救医疗中心特别成立了由12名专家领衔、集中了全院最精干医护力量的技术团队,协力救治地震灾区伤员。由于她的伤情过重,最开始专家团队对保肢是有分歧的。

医生对保肢有分歧 "她还是个孩子"

急救医疗中心原院长、主任医师史若飞是重庆市首批前往灾区接收伤员医疗队副队长,也是急救医疗中心灾区伤员救治专家组组长。当了一辈子医生,今年年初才退休的他,现在返聘后还在坚持上门诊服务患者。以他的话来说，救治好衡永红，帮助她长大成材，是他当医生这辈子最骄傲的事情之一。

他回忆说："当时在绵阳市中心医院看见衡永红时，因为方便治疗，她剪了光头，我还以为是一个男孩呢，看了病历才知道她是女孩子。当时的她，伤重失血多，面色苍白，面临截肢的危险。"

将衡永红等伤员接回重庆后，专家组连夜商讨救治方案。她的病情最重，有专家觉得她的双腿受损严重，保肢的难度很大，稍有不慎，不仅保不住双腿，还可能损伤肾脏、危及生命。如果要稳妥保命第一的话，双下肢小腿因挤压综合症，组织严重坏死，截肢也是可行选择。

"她是一个孩子，人生还很长，我们要尽量不让她截肢。"史医生对其他专家讲，保肢是有难度的，但还是要去试一下，哪怕就保住一条腿，还是会让她的人生不一样很多。经过详细的讨论和研究，大家认可了他的意见。

手术前，史医生跟衡永红有过一次谈话，告诉她手术的风险，保肢的难度在哪里。尽管有困难，但专家团队愿意努力尝试一下，所以让她要有心理准备，更要有决心，"奇迹很难，但试试或许有奇迹；你心里面一定不要放弃，我们一起努力！"

18日，经过数小时的精心手术，衡永红的清创减压手术完成。经过一周的观察、换药，衡永红远端足背血流开始恢复、脚趾活动逐渐正常，保肢手术成功完成。

手术后的治疗、护理也十分关键。最开始一段时间，急救中心创伤科、骨科、肝胆外科、普通外科等科室的专家、主任医师们，细致到把换药、伤口处理这些日常工作都亲手来做；很多没有安排进专家组成员的老专家们，每天都自愿来参加联合查房、病例讨论，和大家一起商讨后续治疗方案。

"她右边的腿伤得重一些，肌肉已经被挤压破坏得很厉害，基本都已经腐烂了。尽管手术很成功，但在最初的一段时间里，左腿都开始长好长肉了，右腿看起来还是光骨架、没长肉，那几天我担心得要死。"史若飞说，在他最动摇的时候，衡永红的坚定给了他很大的勇气。

衡永红说："史伯伯，这条腿我也想保住，我一定配合好治疗，我相信你们医院医得好我的腿！"

幸运的是，经过整个团队的精心治疗、悉心护理，也由于衡永红顽强不屈的意志，她的双腿终于都保住了。7月25日，在她出院准备回四川继续读书时，史医生语重心长地对她说："回去努力、好好读书，你的人生已经是一个奇迹，要好好珍惜。"

懂得感恩 "好多医生都吃过她带的土特产"

在治疗期间，衡永红得到了急救医疗中心医护人员无微不至的关心和照顾。她说，地震的伤痛慢慢被抚平，她在这里就像一个大家庭里面最小辈分、最受宠爱的孩子一样幸福，在她伤好的时候，她已经把这里当成了第二个家。

回到四川继续读书、康复治疗期间，她会给史伯伯发短信问候，还会跟其他她认识的医生、护士们联系。由于在重庆治疗的特殊经历，她把重庆当作了第二故乡，高考时候报考了重庆的大学。

随后几年，史医生就想办法给家庭条件较差的衡永红凑学费。作为当时重庆市书法家协会副主席，史医生为凑集衡永红的学费，用自己的书法作品参加各种慈善拍卖活动，他将自己的作品拍卖所得善款，全部上交给了急救医疗中心工会，然后以医院工会的名义，资助了衡永红4年的大学学费。

那几年，衡永红每次从家乡来重庆，就给史伯伯、其他医生叔叔、护士阿姨们带土特产。"我们好多医生，都吃过她带的土鸡、腊肉，我叫她不要再带了，老家过来这么远、太折腾，但她一直坚持，说是她和家人的心意。"史医生说，看着她越来越懂事开朗，作为医生和长辈的那种骄傲感就越来越大，心里面特别的高兴。

为了督促她好好学习，史医生还悄悄联系过衡永红的大学老师，私下拜托请好好引导、教育这个孩子。衡永红也很懂事，顺利考取会计证书、每年拿奖金学、入党，在学校表现一直优异。

终于在毕业后，衡永红通过公开考试，回到急救医疗中心财务科工作。以她的话说，"我终于通过努力奋斗，回到了第二个'家'！"

至于今后，衡永红说并没有什么远大目标，就想踏踏实实把工作做好，尽力多去帮助别人，"对于我来说，活着，就是最大的幸福。"

衡永红现在每天上下班，都会从急救医疗中心门前广场边的一块大石头经过，上面刻着"生命第一，爱的奉献"。她说，这10年的经历，让她真正地理解到什么是"生命第一"——生命是最宝贵的，能够幸运地活下来，就要好好生活，珍惜好每一天的时光。

她说，这10年的经历，也让她真正地理解到什么是"爱的奉献"——给需要帮助的人默默付出是一种幸福，如自己得到别人帮助时候的快乐。

二、多元化的叙事视角

作为叙述主体的叙述者在对叙述文本的情境、事件、人物等进行描述时，总有一个看待所有这一切的角度，或者说观察点，通过这一观察点将所看到的一切呈现出来。这就存在一个叙述的角度即视角的问题。视角（perspective）一词源于拉丁语 perspectiva，原意是"透视"（looking through），最早用于数学中的立体几何图，后被用于哲学、文艺理论等学科，通常是指从某一特定的方位来观察事物。叙事视角（narrative perspective）就是指叙述者观察和叙述故事的角度，"事件无论何时被描述，总是要从一定的'视觉'范围内描述出来，要挑选一个观察点，即看事情的一定方式、一定角度，无论所涉及的是'真实'的历史真实，还是虚构的事件"。任何一篇叙事文本，都必有一定的叙事视角，因为当作者要展示一个叙事世界的时候，他不可能原封不动地把外在客观世界照搬到纸上，而必须创造性地运用叙事规范和叙事谋略来进行叙述。事实上，叙述视角的选择不仅决定了叙事作品题材的选择和情节的安排（当然随之带来的是叙述时间的变换和空间的转移甚至叙述模式的变化），还决定了叙述者对故事中人物的道德评价和对事件的价值判断。而新闻叙事视角，是指叙述者对某一新闻事件观察和叙述故事的特殊眼光和角度。叙述角度能创造新闻报道的"文本价值"，使新闻文本更加完美和艺术，更具可读性。

关于叙述视角的分类，一般人采用热奈特的划分，即全知视角、限制视角和客观视角。

（1）全知视角。这种叙事角度的叙述者无固定视角，不受视域限制，叙述者无处不在，无所不知，没有任何限制，它既可以了解人物内心所想，也有权对事件作居高临下的评论，叙述者说的比任何人物知道的都多。托多罗夫用"叙述者>人物"公式表示，热奈特称之为零聚焦或无聚焦。这种视角的好处是把事件的当事人推向前台，记者获得了充分的自由，既保护了新闻中的主人公探索和解释事件的权利，也使记者可以对报道的事件做全方位、全景式的叙述，从而具有广度和深度，给人以权威感。另外，它还能方便叙述者的叙事，叙述者可以打乱客观事实的时空顺序，根据自己的意图重新排列组合，更有效地传递客观事实的信息以及记者隐藏在事实背后的意见。全知视角具有叙述灵活自由的优势，既具有拓宽时空跨度的功能，叙述者或纵横天下，或俯仰古今；又具有加入叙述者评价和情绪的功能，叙述者可以代入

立言，可以宣泄情感。（如例 3-6）

（2）限制视角。限制视角又叫内焦点叙事，是以文本当中的人物作为叙述者的一种叙事角度，是个性视角，叙述者为了特定的目的，始终从人物的视角出发来进行叙述。叙述者只说出某个特定人物所知道的情况，相当于叙述者所知等于人物所知，视点人物可以是一个人，也可以是由多个人物轮流担当。托多罗夫用"叙述者=人物"公式表示，热奈特称之为内聚焦。新闻中的限制视角又可分为记者视角、当事人视角等方式。记者视角采用两种方式展开：一种是用"记者看到""记者观察到"等格式，引出事件的核心事件，向受众介绍事情的前因后果，给读者较为客观的感受；另一种是用第一人称"我"（或"我们"）的口吻来叙述。限制视角给人以身临其境的感觉，容易引发读者的兴趣，并能将新闻事实的信息与记者的意见隐蔽地结合，较好地表现叙述者的主观意图，如中央电视台的《新闻调查》就大量采用这一叙述视角。众所周知，每一个新闻事件都是在一定的环境中发生的，事发现场除新闻人物外，大多还有目击者。对这些目击者进行现场采访，让他们出面讲述事件发生的前后经过，是对新闻人物"自述"的一种有力的补充，有时甚至是对新闻人物虚假陈述的揭露与"颠覆"。

（3）客观视角。客观视角又称外焦点叙事，是指叙述者像一台摄像机那样客观记录事情的表象，不追溯事情的历史背景，不涉及人物的心理活动，叙述者也不抛头露面，评头品足，抒发胸臆。客观视角是叙述者所知少于故事中的人物所知，是比较客观的叙事视角，具有较强的逼真性和客观性，托多罗夫用"叙述者<人物"公式表示，热奈特称之为外聚集。客观视角适合记者写出有现场感的"视觉新闻"。同时由于写作注意细节，有现场感，能引起很强的悬念，因而具有极强的可读性。

事实上，用热奈特的视角分类来观照史态类新闻作品，会发现有些出入。这主要是史态类新闻的全知性视角不等于全能性视角。在史态类新闻中使用无所不在、无所不知的全能视角，不可避免地会降低读者或叙述接受者对文本的可信度，尤其是一些所谓的合理想象。如有这样一段叙述："她背过身去，眼泪盈满了眼眶。"这在文学叙述中，是常见的全知视角，而在新闻报道中，则必然引起质疑：她背过身去了，你如何看到的？怀疑意味着失去了相信，这是对新闻的质的伤害。当然，史态类新闻叙事也不是不能陈述人物的心理、思想、情感等，只是在陈述时需要巧妙地将其处理为新闻当事人自己的陈述，叙述者不过是采用引语或转述的方式记录而已。如在例 3-6 文中"'当时我激动得不行，因为其他人都被救出了，我是最后一个从废墟里被救出的。'她说"，

"我当时想：'可能要舍腿保命了'"。这就说明在史态类新闻中，全知的含义更接近于全面、历史、公正等含义，反映在文本中就是全面反映现实和公正评价现实，包括空间范围的广泛观照、时间领域的历史考察和理性思维领域里的综合分析与辩证评价。杜骏飞、胡翼青在《深度报道原理》中谈到深度报道的全知化发展时指出："深度报道的全知化，要求新闻活动中感性知觉和理性知觉的全面发展。"①从这个角度来看，史态类新闻的全知性视角包括感性和理性两个方面或层面。前者要求全面真实地描述反映现实，后者包括历史地、思辨地判断评价现实；前者体现在广，后者体现于深。因此在史态类新闻叙事中，往往不单纯使用一种视角，而是多种视角的交叉或转换，即出现了复合视角或转换视角。复合视角指叙述者为了达到某种目的，在叙述中安排合理的视角转换，从而使叙述超越了某一单一视角所限定的信息，托多罗夫称之为"观视点的变化"，热奈特称之为"变音"。复合视角中事件的焦点和视角不断变换，记者不是由自己把一件事情说完，而是变换许多人分头叙述。用不同的叙述，不断介绍事实各个侧面的面貌。在新闻中变换视角，以不同的人观察世界，这样的叙述显得更客观可信，如某某说、某某认为、某某表示等，在各种人称之间变换，实行多重复调的叙事视角，从而实现视角的流动性。史态类新闻转换视角主要表现为两种形式：一种是在同一文本中嵌入两种视角，如由全知视角转换成以第一人称为主的限制视角，或者反转过来，多次交叉，形成'全知—限制—全知'或'限制—全知—限制'等排列方式。如《中国外交史上第一场招待会及其风波》：

例 3-7：中国外交史上第一场招待会及其风波②

在英国人看来，东方人往往妻妾成群，一位高官拥有多位妻子并不怪异，但在讲究传统礼法的中国人眼里，姨娘与正房夫人的地位，则有明显的区别。郭嵩焘让他的姨太太出面接待外国客人，更为习俗所难容……

在中文里，London Season 通常译作"伦敦社交季"，指英国上流社会集中举办各种社交活动的习俗。从前每逢盛夏，伦敦空气污浊，酷热难耐，贵族和富人皆举家迁往乡间别墅避暑。年底国会复会，他们又像候鸟一样飞回城中，各种社交活动也随之展开。来年4月中旬到8月初，长达一百多天时间，是不列颠岛最美好的时光。此时日照时间长，气温

---

① 杜骏飞、胡翼青：《深度报道原理》，新华出版社，2002年，第98页。
②《南方周末》，2012年5月31日，《往事》版。

舒适，降雨不多，每天都有丰富多彩的茶会、舞会、晚宴、音乐会，还有园艺展览、马术表演等等。社交季起源于18世纪，在经济富裕的维多利亚时代固定下来。

1877年，刚在伦敦设立了中国第一个驻外机构——清政府驻英国公使馆的公使郭嵩焘、副使刘锡鸿，以及使团的随员们，正赶上参加社交季的各项活动。他们用好奇的目光观察着陌生的异域，并在日记里，记录下许多有趣的内容。

光怪陆离的舞会

最令中国官员惊讶的，莫过于宫廷舞会。6月22日，中国使节首次应邀来到白金汉宫，他们看到上千男女，穿着盛装礼服，从皇太子、王妃到高级官员、贵妇，在音乐声中翩翩起舞。使馆随员张德彝记录：

正面立太子、王妃、公主、国戚，左右立各国公使、随员夫妇，对面楼上奏乐，下立通城世爵文武大员。男女云集，以千数百计，皆着朝服，与赴朝、眷会同。跳时分为两班：太子、王妃以下位尊者为一班，各官男女为一班。乐奏则男女对面相向，互为携持。男以右手搂女腰，女以左手扶男肩，旋舞中央。每二、三、四、五偶并舞，皆绕数匝而止。惟夫妇不相偶，兄妹不相偶，必戚友相识者男女始为偶也。

刘锡鸿则注意到：跳舞会者，男与女面相向，互为携持。男以一手搂女腰，女以一手握男膊，旋舞于中庭。每四、五偶并舞，皆绕庭数匝而后止。女子袒露，男则衣襟整齐。然彼国男子礼服下裤染成肉色，紧贴腿足，远视之若裸其下体者然，殊不雅观也。

这种场景，让远道来自东方、从小受到"男女授受不亲"观念教育的客人看得瞠目结舌。郭嵩焘感慨道："相与跳跃而不为非。使中国有此，昏乱何如矣！"他恐怕马上想到了商纣王和妲己的故事。郭嵩焘又说："西洋风俗，有万不可解者。自外宫门以达内厅，卫士植立，皆有常度，无搀越者。跳舞会动至达旦，嬉游之中，规矩仍自秩然。其诸太子及德国太子，皆与跳舞之列。以中国礼法论之，近于荒矣。而其风教实远胜中国，从未闻越礼犯常。"

还有化装舞会，也使他们目瞪口呆：罗特治跳舞会，男妇填涌，衣冠诡异，兼备各国之制，杂以番服及北墨利加野人。有一女子冠锐头冠，高逾尺，询之则英国百余年前遗制也。又有一女子高冠切云，为异色十余叠，询之，法国主路易第四制为此冠式，各家皆制备此种衣服，以待会集。此所谓儿戏耳，然数百年冠服之制，及五方异俗，下及番苗衣冠形状，摹拟恍惚，亦可为览古及考察各土服制之一助。五色斑斓，光怪陆离，照耀一室，视诸茶会为殊观也。

两天之中，赶了 11 个茶会

他们还出席音乐会。张德彝代表公使去"世爵哈色里夫人家听乐会。歌者八人，六男二女，皆义大利人。其声清巧，其韵娇柔，听之令人心醉，虽郑卫之音不过是也"。

出席频度最高的是茶会。所谓茶会，就是"以长筵陈茗酒果饵，待客饮啖。庭室门庑，遍攒鲜花，香艳怡人"。茶会提供的饮品，为"加非及茗（咖啡和茶），剂以白糖、牛酪，佐以饼饵，布席堂侧，以俟客至而饮之。客多，则皆立谈"。

社交季的茶会邀请极为频繁。张德彝谓，6 月 20 日，"随郭星使乘车，昼赴世爵贺拉斯、赵力士、布拉奡、葛里扉夫人四家茶会，夜赴精工会、医学馆二处茶会。"次日又记："随郭星使昼赴前任上海税务司、已故费士来之族弟费自赖，及奥兰兜与胡克尔夫人三家茶会，夜赴林池及蒲达呢夫人二家茶会、跳舞会。"两天之中，他们赶了 11 个场子。

到了 1878 年，郭嵩焘在伦敦认识的朋友越来越多，各种社交应酬的邀请纷至沓来。有的活动他必须参加，有的他派部下代劳。按张德彝日记统计，这年 5 月 15 日到 7 月 22 日 69 天之中，他随郭或代郭参加的社交活动，包括 57 场茶会，6 场音乐会，12 场舞会，一场名犬秀，一场园艺会，一场烟火晚会，一场谈话会，外加一场慈善拍卖和若干次晚宴，并观摩了一次划船比赛。

活动如此频繁，样式如此丰富，而中国使团还仅是伦敦外交界的新鲜人，他们受邀参加的派对，显然也只是伦敦繁忙的社交季活动的一个局部。闭目遐想，拖着长辫，身着袍褂的中国人，穿梭在金发碧眼、红男绿女的老外堆中，且淑女们还是"肉袒"（刘锡鸿的描述语），那场景，令人感到十分怪趣。

茶会成为英国社交的重要形式

别以为茶会就是三五知己品茗清谈，张德彝笔下，外交大臣索尔兹伯里侯爵夫人的"茶会，男女数千，拥挤颇热"，"葛尔呢夫人家茶会，楼阁崇宏，男女杂逻，肘并肩摩者，以千数百计"，道模存夫人家茶会，"男女纷集，有千数百人。广厦长筵，酒肴罗列，鲜花四壁，香艳怡人，洵胜会也"。

饮茶本是源自中国的雅习，但此时的英国茶会，已经超越了一般生活习惯，成为社交的重要形式。

郭嵩焘的继任者，中国第二位驻英公使曾纪泽记载过他参加的某场茶会，主人毕拉西，"英之富绅，自制轮船绕行地球者也，本日以英金一百二十镑招一法国名优，演剧一折以娱宾。"曾纪泽私下评论说，"英之富绅巨室，往往作此等豪举，中国俗谚所谓'冤大头'也。"维多利亚时代是英国历史上最强盛的时期，上流社会的奢侈豪华，真是令人惊叹不已。和农业文明的国家，在财富的来源结构上完全不同，因此富人炫富的规格也不可同日而语。

中国外交史上第一场招待茶会

经常受邀参加各种社交活动，使得郭嵩焘萌发了举办答谢茶会的心思。从常理上说，来而不往，也不礼貌。他咨询成本，听说办一场起码须500英镑，合银1750两，"此数无可再减"。5月28日傍晚，他告诉张德彝，今天早上他与使馆随员姚岳望商定，要在下月办一场茶会。他还想仿照英式习惯，以郭夫人（即随他出国的姨太太梁氏）的名义印发请柬，张德彝婉转地反对，说："按西俗，凡请茶会、跳舞会，固皆女主出名，然此次中国钦差请茶会，可以稍为变通，不必拘定。"郭嵩焘说："我自作主。你何必插嘴？且英人皆知我携眷驻此，未为不可。"张德彝分析说："在西国，若如夫人出名，自然体制无伤。苟此信传至中华，恐人啧有烦言，不免生议。"郭嵩焘仰思良久，只得收回了这个主意。

为准备茶会，中国使馆上下都动员起来，酌定邀请名单，制作请柬，忙得不可开交。1878年5月19日，清政府驻英使馆成功举办了中国外交史上第一场招待茶会。使馆将馆舍中的公共空间连同外交官的宿舍全部腾了出来。由大门至二层楼，左右列灯烛、置鲜花、辅红地毯。楼梯扶手上装饰白纱，挂上红穗，分插玫瑰、芍药及茶花。客厅、饭厅皆悬鲜花灯彩，横设长筵，一置茶、酒、咖啡、冰奶、小食，一置热汤、冷荤、干鲜果品。刀叉杯盘，罗列整齐，玻璃银瓷，光华耀目。客厅对面，安排乐队。悬花结彩，鼓乐喧天。还布置了临时衣帽间。门外支棚帐，雇用六名警察维持秩序。当时，中国使馆位于波特兰大街45号，是一座五层楼的沿街建筑，出席嘉宾达七百九十余人，"凡客至皆以为欣幸"。

郭嵩焘不是社交明星，时年也已60岁了。作为中国第一位派驻欧洲的公使，他对西方世界的政治、经济、军事和社会生活展开了认真的考察和研究。他在陌生的国度里广交朋友，对于英国社交礼仪的态度也是开放和通达的。李鸿章后来说，郭嵩焘生平廉洁自矢，出使三年，开报公款仅薪水、房租两项,其余皆自费支销。由此推断,这场价格昂贵的茶会,恐怕也是郭自掏腰包。

《申报》的评论引起郭嵩焘的反感

这年8月6日,上海《申报》在头版发表了标题为《钦使宴客》的报道:接阅英国邮来新闻,知驻扎英京之郭侍郎星使于华5月19日在公廨内设席宴客,此乃抵英后初次之盛举也。公廨中一切布置,悉照西式,焕然一新。由穿堂以至楼阶俱铺红氍毹,台上排列盆景,大厅二间,爇以明灯,照耀如白昼,侍郎与其如夫人暨英参赞官马君(马格里)出至厅室,接见男女诸尊客。计来者皆外务衙门各官及世爵×员并著名之学士多人,席上珍馐罗列,并有乐工鼓吹以助清兴,由是主宾酬酢极欢而散。按此本驻扎他国钦差交接之成例,今郭侍郎亦仿行之,亦未始非共敦辑睦之道也。

这篇面向国内读者的报道,除了介绍郭嵩焘的外事活动外,新闻眼在于"侍郎与其如夫人暨英参赞官马君出至厅室,接见男女诸尊客"。所谓"如夫人",就是妾的别称,或曰姨太太小老婆。在英国人看来,东方人往往妻妾成群,一位高官拥有多位妻子并不怪异,但在讲究传统礼法的中国人眼里,姨娘与正房夫人的地位,则是有明显区别的。一般男人都有自己的社交活动,但夫人并不对外露面,而小妾出面四处应酬,更为习俗不容接受。

三天后,《申报》又以《论礼别男女》为题,发表文章,谈论中西妇女在礼仪中的地位:昨报述郭钦使驻英,仿行西礼,大宴英国绅商士女,令如夫人同出接见,尽欢而散,英人以钦使能行是礼,津津道之。此一会也,假在中国官衙宴客之所,则传为笑柄,而群指郭公为淫佚放荡之人矣。盖中国谓礼以别男女……甚矣,礼之所以别男女也。泰西人未尝泥之而能合礼之本,中人则无不知之而徒存礼之末,此礼之所以难言也。

文章用西方妇女参与社交活动,比照中国妇女所受旧式礼法的禁锢,所谈观点,可谓女权解放的先锋言论。但在当时保守的社会氛围下,将一位初次出使的副部级外交官连同姨太太,拖进案例,评头论足,无疑强烈地冒犯了郭嵩焘。

……

英女王接见郭夫人

1879年1月,郭嵩焘的继任者曾纪泽抵达巴黎,郭嵩焘开始作回国准备。14日,他接到英国外交大臣索尔兹伯里侯爵的邀请,女皇将于17

日在怀特岛的行宫与他话别,他立即决定带梁夫人一起参加。他在日记中写道:梁氏随行数万里,一被参于刘锡鸿,再被参于张佩纶,不能为荣而只为辱,乃决计令其一见君主,归为子姓言之,足证数万里之行,得与其君主相见,亦人生难得之际会也。

可见郭嵩焘是个很有主见也很会抓住机遇的人,女王欣然同意了他的请求。17日,郭嵩焘夫妇在索尔兹伯里陪同下,乘英国政府安排的铁路包车,到达朴茨茅斯,再换船到怀特岛的奥斯本宫。女王单独接见了梁氏,问候之后,还将女儿贝亚特丽斯公主介绍给她。尔后,女王会见郭嵩焘,对他的离任表示惋惜。郭嵩焘说:"中国妇女无朝会之礼,所有盛典概不敢与,今旦夕回国,以私接见,得蒙赏准,实是感悦。"

会见后设宴,皇家宫廷官询问马格里,公使夫人能否同席?马格里答复说,按中国礼节不同席。这样,宫廷官为梁氏别设一席。当时若是直接询问郭嵩焘本人,估计他必会欣然接受。女王接见郭夫人,是19世纪中国妇女在国际外交舞台上获得的最高礼遇,也是郭嵩焘对于他举办茶会而受到保守势力批评的直接回击。

《申报》向郭嵩焘道歉

1月31日,郭嵩焘结束了在英法的外交使命,离开伦敦回国,3月27日抵达上海。次日,他便筹划委托英国律师担文、斠林向《申报》交涉。在此之前,他已请英国驻沪领事达文波代向《申报》老板、英国人美查沟通,美查轻描淡写地表示:"此游戏之文而已,无足深论。"但达文波告诉他:此案一经法官审理,恐获罪非轻。在当年,租界实行领事裁判权,领事即为其本国公民司法诉讼的首席法官。所以达文波的警告,含义十分明确。达文波对于第一任中国驻英公使,是给足了面子的。郭嵩焘则认为,他的举措,不是与美查"校论得失,但欲穷知造谣之源而已"。此次交涉,也是中国新闻史上最早的媒体与当事人之间的名誉侵权纠纷案。

经交涉,美查承认报道失实,将按西律课罪,遂于4月10日在《申报》发表公开道歉:本报于去年夏秋间,叠登郭侍郎在外洋画照宴客等事,一时误听谣传,语多失实,在后访知颠末,歉仄莫名,爰即辩正在报,现在此事已闻于驻沪英达(文波)领事,故而请领事据情能达(郭)侍郎,以明本馆并非有意嘲谑。蒙侍郎俯鉴愚忱,不与计较,而本馆益深愧恧矣。按日报规例,凡记述事实,本以确访明察为第一要着,本馆总当以此为念,不再有误听谣言登报也。

次日,《申报》又以《纪郭侍郎出使英国事》为题,正面评论出使归来的郭嵩焘的外交活动,文中提到,"上年在英都特设茶叙,上自执政大臣,以及官绅士庶,来会者几千余人。侍郎一一接晤,睹者惟觉词和气霭,如坐春风,伦敦人士无不仰其仪容,佩其言论,深望侍郎久驻京都,得以长亲教益,尤不禁遥领中朝皇上之知人善任也。"这使郭嵩焘感到安慰,他因出使英国,受到守旧势力强烈攻击,回国后,他不打算进京述职,以身体原因为由,直接返回湖南老家,退隐林下。因此,看到《申报》的道歉,他就决定适可而止,鸣金收兵,不再追究"造谣之源"。用他自己的话说:"得其'误听谣言'一语,亦可以不加苛论矣。"

一场招待会引出的风波,至此方才结束。清末中国外交官的蹒跚学步,竟是这样的艰难。

整个作品是以1877年中国第一个驻外机构参加伦敦各种社交季的各项活动的扫描概括的全知视角和以公使郭嵩焘、副使刘锡鸿等个人观点的限制性视角加以证实交叉进行的。"另一种形式是,在同一文本中同样嵌入如上所述那样的两种视角。不过,叙述者是以限制视角参与故事进程的人物,这可以是一个,也可以是若干个。如果是后者,那么,这个文本就形成了一个多重限制视角——它们或是以多个人物的视角来叙述不同的故事或理念"①,如《一代伟人"治国方略"已看得见摸得着》。

例3-8:一代伟人"治国方略"已看得见摸得着②

2006年11月12日是中国民主革命的伟大先行者孙中山先生诞辰140周年纪念日。近日,全国各地纷纷举行各种纪念活动,深情缅怀孙中山先生的伟大功绩。

……

近日,在福州、上海、北京等地分别举行的孙中山思想研讨会上,专家学者对此进行了广泛的研讨。

交通大方略:设计5条贯通全国铁路大干线

2006年7月1日,随着青藏铁路的通车,西藏自治区终于有了铁路,

---

① 王晖:《二十世纪中国报告文学的叙述模式》,载《中国社会科学》,2003年第2期。

② 《一代伟人"治国方略"已看得见摸得着》,载《成都商报》,2006年11月12日,第3版。

而孙中山先生就是青藏铁路的最早倡导者和规划者。

学者们介绍说,孙中山先生十分重视发展现代交通、开辟商埠、修治河道等,很早就提出了"交通为实业之母,铁路为交通之母"的著名论断。

教育大方略:中国必要几百个岭南大学

孙中山提出人才是根本,"教育是国家大计",他提倡广东要建设几十所像岭南大学那样现代化的大学才能适用广东对人才的需要。1923年孙中山视察广州岭南大学时强调,要"造就人才的好学校,不可只有一个岭南大学,广东省必要几十个岭南大学,中国必要几百个岭南大学,造就几十万或几百万好学生,那才于中国有大利益"。1924年,国共第一次合作。同年11月,孙中山创办国立广东大学,设文、理、法、农4科16个学系。

……

建设大方略:发展房地产 "花园都市"变现实

"广州附近景物,特为美丽动人,若以建一花园都市,加以悦目之林圃,真可谓理想之位置也……此所以利便其为工商业中心,又以供给美景以娱居人也。珠江北岸美丽之陵谷,可以经营之位理想的避寒地,而高岭之巅又可以利用之以为避暑地也。"

以上这段话,出自孙中山1919年完成的《中国建设新方略》(后改名《建国方略》)中的《实业计划》。孙中山大元帅府纪念馆馆长李穗梅表示,孙中山在《方略》中提出的这一构想,可以看作是建设适宜人居的"花园城市"的最早蓝图。而《方略》也堪称中国传统城市形态向近代都市转型的一个标志。

孙中山在《实业计划》中指出,"居室工业,为国际计划中最大企业,且为其最有利益之一部分。"

……

广州大方略:80多年前宏愿一一得到实现

记者在孙中山140周年诞辰之际采访中山大学历史学教授林家有时,这位历史学专家说,孙中山曾主张在广州发展民用企业、整治珠江两岸,这些精辟的论述很有远见。

主张一:将广东建成"模范省"

……

主张二：发展成亚洲商业中心
……（《人民日报（海外版）》《广州日报》）

贴身卫士：他是谦和善良的长者

对后人来讲，孙中山先生无疑是中国民主革命的一面旗帜，一位世纪伟人。但在一些与孙中山有过接触的人或他们后代的回忆中，孙中山先生同时还是一位待人谦和、豁达大度、心地善良、关爱他人的长者。

雷炎燕的父亲雷彪生前是孙中山先生的贴身卫士，长期追随先生。雷彪在世时，经常与子女谈起他在中山先生身边的往事。雷彪的名字就是孙中山给取的。当时，中山先生微笑着招呼雷彪坐下，和蔼地问："小老倌，你几岁了？哪一年参军的？"雷彪回答说："今年20岁，是宣统元年参军的。"时任中华民国临时大总统的中山先生笑着说："你的老皇历可要改改了，还说什么宣统不宣统的。"接着中山先生又问："你叫雷长端吧？名字听起来不顺耳，我给你改个名字吧！你就叫雷彪吧，虎字加三撇就能飞了！"说完就哈哈大笑起来。从那天起，雷彪的名字就在卫队中传开了。（《人民日报（海外版）》）

美国人可能不知华盛顿　却知道孙中山

孙中山先生诞辰140周年，故居吸引了一批批前来参观的外国友人，他们千里迢迢赶到中国，究竟是景仰中山先生的何种品质？外国人如何看孙中山？连日来，记者采访了多位外国友人，了解到孙中山在法国、日本、俄罗斯、英国、美国的种种珍闻逸事。

俄罗斯人卡尔图诺娃：孙中山和列宁人格同样伟大

卡尔图诺娃女士是俄罗斯科学院研究员，她给记者讲述，孙中山先生没有见到列宁，但是，两人却有着一段不平凡的交往。中国辛亥革命爆发，列宁曾发表了多部著作，赞扬孙中山"充满着崇高精神和英雄气概"。

而在俄国十月革命胜利后，孙中山同样在上海亲自向列宁拍发了贺电，祝贺十月革命的伟大胜利。赞誉列宁为"革命中之圣人"。卡尔图诺娃女士告诉记者，"现在俄罗斯，我们有很多人在研究孙中山，孙中山先生的事迹还写入了学生的课本。"

美国人普莱斯：孙中山统一国家思想定能实现

美国人普莱斯是一位"中国通"，他诙谐地告诉记者，"美国人不太关心历史，可能连美国的第一任总统华盛顿都不知道，但是，却有不少人知道中国的孙中山。"

普莱斯先生认为,孙中山先生值得钦佩,比如他的统一国家的思想,中国人都希望统一国家,这个目标一定能够实现。(《广州日报》)

(背景资料)孙中山

1866年11月12日,中国民主革命先行者孙中山诞生。孙中山,广东香山(今中山)人。1905年在日本领导兴中会联合华兴会和光复会组成中国同盟会,被推为总理;确定"驱除鞑虏,恢复中华,建立民国,平均地权"的资产阶级革命政纲,提出三民主义学说。1911年10月10日武昌起义,得到各省响应,导致清朝专制统治的覆灭,是为著名的"辛亥革命"。12月29日,被十七省代表在南京推选为中华民国临时大总统,1912年1月1日在南京建立中华民国临时政府,宣布就职。

1915年与宋庆龄结婚。1924年秋,冯玉祥发动"北京政变",孙中山应邀北上,共商国是。1925年3月12日,因肝癌不治,逝世于北京。(新华社、《广州日报》)

从上面的纪念性报道我们可看到新闻主体《一代伟人"治国方略"已看得见摸得着》主要采取的是全知视角,记者对整个事件作了叙述,同时,还站出来对新闻事件和新闻人物发表评论。但当中仍穿插了内焦点叙事(限制视角)。而在其背景新闻中,《贴身卫士:他是谦和善良的长者》是内外焦点结合,《美国人可能不知华盛顿却知道孙中山》采用的是不定式当事人的叙事视角,即对故事各个阶段的叙述由不同当事人来完成,而这所有人物叙述的便是一个完整的故事,而每个人在讲述自己的故事的时候都是个人限制性视角,"或是让多个人物的视角来观察同一故事或理念"。

转换视角动态地表现了史态类新闻题材,增强了叙事的生动性。全知性视角主要是以局外人、旁观者的角度来观察、讲述和评价作品中的人和事,呈现的是单声话语形态,则容易导致作品叙事风格的单一和平淡。而复合视角的运用则突破了全知视角的线性和平面叙事的缺陷,多个角度观察、多种声音说话无疑使史态类新闻作品色彩斑斓,生动活泼,呈现出鲜明的个性风格;复合视角叙事也使史态类新闻对事件、人物或问题的把握更逼近原生态,尤其是当事人的讲述和评价,使作品体现出真实自然的审美特征。而全知视角"包揽"一切的做法容易使题材发生变形,游离于历史真实。同样一段人生经历和心理感受,由记者叙述和由故事人叙述,效果截然不同。前者给人以"隔"的感觉,不仅使作品的真实性大打折扣,而且使文章的感染力黯然失色。而通过不同的当事人叙事,表达对生活的体验和感受,则显得格外真实自然；另外，多方位、多层次叙事使史态类新闻的内容具有信息来源的广度和个性思辨的深度，在增加作品反映历史的广度与深度的同时，有效调动受众的思考，从而实现信息的有效传播。

三、文本的互文

（一）理论转借——互文性理论

"互文性"由朱利娅·克里斯蒂娃提出，认为"任何作品的文本都是像许多行文的镶嵌品那样构成的，任何文本都是其他文本的吸引和转化"[①]，"互文性"成为后现代、后结构批评的标志性术语。在后现代主义者的观点中，"一切符号皆文本，每一个文本都是其他文本的镜子，每一文本都是对其他文本的吸收与转化，它们相互参照，彼此牵连，形成一个潜力无限的开放网络，以此构成文本过去、现在、将来的巨大开放体系。"[②]从这里可看出，一切文本都有互文性，但不同的文本，其互文性的程度有所不同。

自互文性的概念提出至今，学者们从不同的角度对其进行了多种分类。克里斯蒂娃（1986）将互文性分为水平互文性和垂直互文性，前者指一个文本与其他序列文本之间的对话和互文关系，比如一个说话者将其他说话者的声像、词汇和短语储存在大脑中并进行重新利用；后者从历史和聚合的角度看待互文语篇，指的是构成语篇的直接或间接的语境。Jenny（1982）区分"强势"互文性和"弱势"互文性，前者指一个语篇中包含明显与其他语篇相关的话语，如引言、抄袭等，后者指语篇中存在在语义上能引起对其他语篇联想的东西，诸如类似的观点，主题思想等。Jiansheng YAN 则区分宣传互文与组成互文，认为宣传互文性是通过引用、暗示、模仿、混合，或在总体上加以改造的其他文本之间的关系；而组成互文性则意味着任何文本都是一种互文，通过记忆、重复和修改给予其他文字的侵入性影响，不同程度地以各种多少能辨认的形式存在着其他的文本。费尔克拉夫（1992）区分显著互文性和构成互文性，前者指其他语篇在某一语篇中的明显呈现，后者指由不同体裁和写作惯例相互交织形成的复杂关系，又称为"互为话语性"，"互为话语性"指按照话语秩序的重要性的原则方向扩展了互文性。费尔克拉夫将"混

[①] 朱立元：《现代西方美学史》，上海文艺出版社，1993年，第947页。
[②] 赵一丹：《欧美新学赏析》，中央编译出版社，1996年，第142页。

合文类"（即一种文类融合了其他文类的要素，将两个或更多的文类要素加以结合）作为"互为话语性"的主要表现。然而，从他对话语秩序以及互文性和霸权之间的关系的强调来看——"我赋予话语秩序的首要地位强调的就是建构意义的互文性""互文性过程和话语的竞争和重建秩序的过程是话语范围内霸权斗争的过程"——互为话语性应该还有另一种表现：诸文本在建构意识形态过程中所形成的互文性。而且这种互为话语性与广义的互文性在精神上也有一定的继承性，因为，与现实发生一致关系的诸文本必然表达一致的意识形态，即建构意识形态或意义是参照性互文性投射到参考性互文性上的一种结果。对于作为意识形态的布道坛和社会权力的竞技场的新闻文本而言，这后一种互文性反而更值得关注。

就文本与其发生互文关系的对象而言，互文性分为参考性（reference）和参照性（referentialite），前者指文本参考文本的方式，后者指文本与现实之间的联系。虚构性文本只具有参考性，而新闻文本作为一种报道现实中实实在在发生的事件的文体，则不仅具有参考性，而且具有一定的参照性，否则就是虚假新闻。即便是虚假新闻，为了使人信以为真，总是有部分要素是与现实一致的。而且，对于系列新闻报道而言，前后文本之间的相互参考更是显著而紧密。因此，可以说新闻文本是一种互文性极强的文体，新闻话语是进行互文性研究的极好领域。

因此，本文结合各学者的分类，着重使用斯塔姆（Stam）的观点，从内互文与外互文去考察史态类新闻的互文性。斯塔姆认为，克里斯蒂娃提出的"互文性"是指文本的外部关系。如果将它称为"外互文性"，那么就有与之对应的"内互文性"，即同一文本内部各种要素的关系。这种内互文性在史态类新闻中主要表现在文字、图像、音频、动画以至于视频等多种因素的相互指涉上。以电视深度报道为例，电视深度报道由文字、图像、声音等组合而成，而在其中，声音稍纵即逝，画面的含义模糊且多义，解说词（深度报道的语句文本，包括画外音）亦不能单独成文。因而这三者必须相互依存、相互印证。罗兰·巴特认为：文本中图像与语词之间存在"互文性"。图像和语词在同一文本之间的关系是不平等的，一方从属于另一方，从属方的作用是确定被从属方的意义并使之清晰化。换句话说，如果缺少这种固定关系，图像或语词的意义则是含混的，不明确的。画面作为电视媒介最主要、最具个性的表现手段，与其他元素的互文首先体现为对有声语言进行顺向的强化和激励。它可以弥补报道中有声语言表现力上的不足，更可以为其提供"看得见"的证据支撑。因而报道的所议所论，不能空洞无"物"，所感所思，必须由形象切入，由抽象化出。其次体现为电视画面通过对有声语言的颠覆，建立更具说服力的规范。电视深度报道中往往构建出两套"讲故事"的话语体系，一套来自有声语言（包括记者的叙述语言和采访对象的话语）；一套来自画面语言。而这两套模式相互间在话语内容上呈现出可比性、矛盾性，其中一方合乎真理和实际，另一方是荒谬和虚假的。这样，把涉及同一焦点问题的两方观点剪辑到一起形成对峙，一方的存在以另一方的毁灭和被颠覆为前提，事实因此而昭显，报道的潜在意旨也通过两者的互文得以流露。①当然，有声语言也有着不可替代的作用，因为图像所指的宽泛、模糊使之存在多种解读的可能性，所以需要有声语言来确定图像的意义和解读方向。有声语言和图像相互依存、相互制约，有声语言靠图像清晰所指；图像则靠有声语言来深化意义，进而构建起一个完整的语篇。央视的《焦点访谈》《新闻调查》就多以现场报道、纪实报道为主，大跨度选择画面，从声像两方面引导受众思维，使其意义在读者的主观链接之下产生。而外部互文则主要考察不同文本在建构意识形态的过程中所形成的互为话语性。

（二）史态类新闻互文手法的运用

费斯克认为："新闻是一种破碎的意象的拼贴，每一个意象都会产生更多的意象，唤醒更多的意象，每一个意象都是一种类像——一种没有原件的完美拷贝。""它在今天新闻中的应用否定了历史的差异，否定了历史性并将所有的事物都瓦解后揉进了一种后现代的当下之中。"②在费斯克看来，新闻不是新近发生的事件，新闻是超现实主义，是意象的意象。而拼贴这些意象的碎片，均是对过去的攫取，并瓦解过去构成了我们现在的意象。新闻可以按照意象构建者/制作者的意向对一组组文字和一幅幅画面进行剪裁、拼贴，组合成今天的历史档案。新闻的这种不连续性、片断性以及新闻自身的形式，在某种程度上是后现代的。那么，我们来看一下史态类新闻是如何拼贴实现互文性。

1. 互文性表现

文本与事件互文。新闻是从某一具体事实中生发出来的，脱离了某一具体事实，就无"踪"可追，无"物"引申。报道文本与事实本身构成互文性，

---

① 常昕：《调查式电视深度报道中故事性因素的开掘》，传媒学术网。
② 贺建平：《新闻文本的建构与解读——评费斯克的新闻观》，载《郑州大学学报》（哲学社会科学版），2004年第4期。

事件是报道的源文本,报道者对源文本进行偏好性解读。

文本与消息互文。史态类新闻报道的素材,特别是新闻由头,源于消息。因而动态消息也成为史态类新闻报道的源文本,从而与报道具备互文关系。如《"生命之路"救了列宁格勒》一文中第一段导语——"1月27日是苏联卫国战争期间列宁格勒(如今的圣彼得堡)完全解除封锁75周年纪念日,俄罗斯举行了一系列盛大的纪念活动。俄国防部解密了列宁格勒大封锁时期,'拉多加湖大动脉'的部分档案材料,详细讲述了在长达872天的残酷围困经历中,苏联军民通过拉多加湖的'生命之路'向列宁格勒提供物资的建设内幕。"——与后面的主文构成互文关系。

文本与背景互文。以往的新闻报道作为背景成为新近报道的一个部分,从而使以往的报道与新近的报道形成互文关系,因为在新闻的传播过程当中,背景资料在叙事上多方面、立体式地反复再现,把今天的现实同昨天的历史融为一体,促进了共时性和历时性的联想,从而唤起传者和受众的前理解。[①]文本与背景之间的互文表现最为明显。如《拿破仑》一文中用历史事件的相似性来引出文本:"美国强行逼迫盟友排挤华为等中国公司的行为四处碰壁。'世界报业辛迪加'网站近日表示,美国特朗普政府应当以史为鉴,当年法国拿破仑政府为反对英国而逼迫盟友搞大陆封锁政策,结果事与愿违,不仅没有遏制住英国,反而耗尽自身国力,最终拿破仑众叛亲离黯然倒台。"

文本与语境互文。在新历史主义文化批评中,互文性理论的重心直接从经典时代的文本、语言层面扩展到了文本与文化语境、文本与历史背景之关系上来,新历史主义有一句名言:"文本是历史性的,历史是文本性的"。也就是说,他们强调着眼于现代世界,运用文本与文化历史语境的互文性关系来解释文本。历史作为一种记忆被追述和叙事,成为现实的一种参照和比较,他们利用把历史事件现实语境化,把现实事件历史语境化的方法来实现历史事件、神话,以及当下事件的同时空叙述。从这一视角出发,历史文献记录、政令、法规、报章、庆典礼仪、民俗活动等非文本与文本之间形成相互指涉的"互补性描述"。历史和文本进入一种互文性的运动之中。这在史态类新闻中体现为其援引的源文不是具体的文本或图像,而是源文所体现的、某一文化的信念系统和价值体系中较为抽象的概念或观念。文化是借助符码来组织现实的,在这个过程中,能指与所指一样具有"后天任意性",因为文化决定

[①] 李岚:《背景资料:增进新闻信息含量的有效途径》,载《新闻与传播研究》,2002年第2期。

了它们的形式。新闻是一种真实，而我们所属的文化也是一种真实，观众往往以类似的方式去观照它们，使得两者之间产生了互文关系。而这又主要体现在意识形态上：制作者有意识地将图像剪接组合构成新的景象，把一些公众普遍接受的社会信念和价值观念比附于报道中，让读者从观念上接受相信，从而含蓄地推销着占社会主导地位的信念和观点。如《焦点访谈》被称为"焦青天"，因为它更多地以政府代言人甚至是法律的隐性执行者的身份出现；《新闻调查》则是在符合政府的意识形态原则的条件下，站在社会公众的位置上对社会进行监督。

2. 表现手法

萨莫瓦约认为互文性手法可以分为"合并"和"粘贴"两大类共七个小类[①]。

合并：或多或少把原文纳入当前文本里，以便丰富该文中的资料，而后也有可能把这些资料隐藏在文本中。这表现在报纸史态类新闻上主要有：（1）有标识的引用：一般在文本上用斜体字或引号标示。（2）准确的参考资料：也是加入一些明显的材料，可能是一本书及其作者名，或一个人物及其作者名，（3）简单参考：提到一个名字（作者的、神话的、人物的）或一个题目可以反映出若干篇文本。（4）暗示：文本中一些模糊的迹象表明互文存在，但同时互文又和简单参考在一起。（5）暗含—引用：引用完全隐含并融于受文。

粘贴：主体文本不再合并文本，而是将之并列，以突出其片段和互异的特色。其方式主要有：① 文首—卷首题词：把引用的句子贴在文本的开篇。② 文中—资料的合并：在文本正中加入互文性材料，而并不把它吸收。

实际上，史态类新闻细节互文可总结为插入与同化。

插入即显性互文，有明显的互文标记（如引号等）把引文分开或独立出来，也可称为明引。一则表现以段落或句群的形式置于报道不同的结构部分，造成层次的错落有致。如中央电视台《新闻调查》的一期节目《杨柳坪震后十年》[②]，报道栏目组在十年间五次走进北川县曲山镇杨柳坪村，见证了一个村庄从废墟里重生的过程。现场的新变化与十年内的每一次变化都在不停地互相印证。

记者：这个下坡，我还记得以前是土路，现在弄成水泥的了。

[①] 蒂费纳·萨莫瓦约：《互文性研究》，邵炜译，天津人民出版社，2003年，第45页。
[②] 《杨柳坪震后十年》，中央电视台《新闻调查》，2018年5月26日。

画面转换：从记者下坡画面转换为2008年第一次入村走的路。

解说：2008年，大地震后的第八天，新闻调查摄制组就是跟随这家的主人叶光明夫妇第一次来到了杨柳坪村，（废墟画面）他们从废墟中找出木条和彩布搭起帐篷，支锅烧火做了灾后的第一顿饭。（当时的情景再现）

这些背景资料的运用将历史事实与当前事实联系在一起，真实地再现过去时光，唤起受众的记忆，促进受众当前视域与其他视域相融合，从而使该报道和以往的资料在内容和符号上建立了互文关系。

二则表现为同一图像符号在不同节目中重复使用，如在对"9·11"事件的一系列报道中，飞机穿入世贸大厦、世贸大厦倒塌的镜头在不同的新闻报道中重复出现，当然，第一次出现是在首次的直播报道中。因为这一镜头的重复使用，就使得首次报道和后继的电视新闻报道建立起了图像符号方面的互文关系。

同化则属于隐性互文。它改造源文，把背景资料化整为零，以句子和句子成分的形式隐入导语、主体或结尾中，使其和语篇有机地融合在一起，如"截至目前相关数据显示，徐州全市平均降雨量132.2毫米，最大降水516.0毫米（沛县栖山镇），最大阵风达30.5 m/s（11级，丰县县城）。据水文监测，降水量超过250毫米的共22个站，均位于丰县、沛县境内，降雨量在100—250毫米的共22个站。本次降水系徐州地区<u>近百年一遇</u>，灾害致使部分民房损坏倒塌、人员伤亡、公共设施受损、在田农作物受灾等灾害，部分河流超出警戒水位"①中的"近百年一遇"。

当然，在电视史态类新闻中还有一种互文即情景再现。情景再现又称戏剧性再现或真实再现，是类似电视剧的一种制作方法，用语言、音响、实物等再现或用演员、当事人再现，然后将"情景再现"的字样打在屏幕的左下角。"情景再现"作为史态类新闻的一种新的表达方式和创作理念，叙述的是没有镜头在场的"过去时态"的历史，通过对原有的关于历史信息表达习惯的粉碎和重构，唤起受众的记忆，产生联想，从而实现与新闻事实的互文。

（三）样本分析

为纪念红军长征胜利80周年，《人民日报》2016年10月21日—10月22日共有报道36篇（见图3-1），笔者选取部分文本进行分析：

---

① 《台风"温比亚"致徐州多地受灾　降水量百年一遇》，人民网，2018年8月19日。

图 3-1 《人民日报》2016 年 10 月 22 日特刊部分版面

文本 1：《走好我们这一代人的长征路——纪念中国工农红军长征胜利 80 周年》（社论）

文本 2：《纪念红军长征胜利 80 周年大会在京举行隆重举行》

文本 3：《在纪念红军长征胜利 80 周年大会上的讲话》
文本 4：《用意志和勇气谱写的人类史诗——外国人眼中的长征》
文本 5：《习近平总书记纪念红军长征胜利 80 周年重要讲话引起强烈反响》
文本 6：《丰碑篇：我们每个人都要走好自己的长征路》
文本 7：《足迹篇：理想信念谱史诗 钢铁意志铸丰碑》（资料）
文本 8：《追寻篇：重走长征路 感悟红军魂》（记者亲历式报道）
文本 9：《记忆：追忆光辉岁月 永怀崇高信仰》（30 位老兵感言录）
文本 10：《初心：红色基因代代相传》
文本 11：《传承篇：薪火相传 历史弥新》（"30"后—"00"后访谈录）
文本 12：《不忘初心，接力走好新长征》（评论）
文本 13：《长征，光耀未来的精神丰碑》（评论）

这些文本体现出了明确的互文性：

首先表现在文本内部。每个文本都实行了细节互文，如文本 7 就使用了明引、仿似、暗示等互文手法。

其次表现在文本间。文本间的互文性主要通过两方面展示出来。一是互文性的水平向度。互文性的水平向度主要涉及文本链（即文本与文本互相联结，形成一体）中的文本。这 13 篇文本是关于纪念红军长征胜利 80 周年的系列报道，因此它们之间构成互文性的水平向度。在史态类新闻中，标题是整个文本的纲要性概述，体现了报道的中心主题，确定了报道的态势并向受众传达了报道文本的总体倾向。因而这 13 篇文本的水平向度可以通过它们的标题来把握。文本 1 可作为系列报道的首篇，起引发报道话题的作用，是后面报道的起点，后面几篇文本的内容都是在其基础上建构的。文本 1 引发的话题是"纪念红军长征胜利 80 周年"。

二是互文性的垂直向度。互文性的垂直向度主要涉及文本链之外的文本，根据与本文本的亲疏关系，分为当前相关和非当前相关两种。具有与本文本当前相关的文本是所报道事件的有机组成部分，在新闻报道中主要体现为对事件的各方"评论"及相关事实；与本文本非当前相关的文本则是为了更好地理解本文本所需要的相关知识，在新闻报道中体现为"背景"。前文的当前相关文本有文本 2、3、4、5、8、10、11、12、13。非当前相关文本则为背景。各篇中使用了粘贴手段，在标题和正文之间粘贴了非文字材料的相片、图片、图表等：如文本 10 配《1961 年，徐海东大将与女儿的合影》，文本 11 下配有《1984 年，政府对改革开放涌现出来的先进进行表彰》；而更为明确的是文本 7 直接作为整个报道的背景资料，为整个系列报道点睛。

四、悬念与延宕策略的结合

依照《现代汉语词典》的解释，悬念指"欣赏戏剧、电影或其他文艺作品时对故事情节发展和人物命运很想知道又无从推知的关切和期待心理"[①]。美国剧作家威·路特在《论悬念》中说："戏剧性故事的讲述者运用更有诱惑力的技巧……来吊你的胃口……从广义上讲，他埋下一颗炸弹，这颗炸弹可能是物质的，也可能是感情的，然后把它留到最后爆炸。就这样，他把戏剧中的能量释放出来，这种能量就是悬念。"[②]综上所述，悬念是作者在处理情节、设置矛盾冲突、描述人物命运时，利用受众对某事、某物、某人的关切和期待心情，在文本中所作的悬而未决的处理方式，它可以提高受众的兴趣，集中受众的注意力。文似看山不喜平，悬念的神奇魅力早就被清代剧作家、理论家李渔一语道破：悬念就是叫人"揣摩下文，不知此事如何结果"，如果"使人想不到、猜不着，便是好戏法、好戏文"[③]。从修辞法的角度看，悬念就是在一个连续的叙事中让叙事暂时中止，或是设置未知的需要解决的问题和叙述的断点，以引起受众对下文的期待，通过这种期待感的形成来增强受众对新闻事实的强烈印象，带给受众在精神上的愉悦和心理上的快感。擅长调查性报道的中央电视台《新闻调查》栏目，在悬念的运用上就颇下功夫。他们甚至将自己的个性化表现标志定位于"用纪实式视听语言，展现记者对新闻事件的采访和调查过程，把新闻当成故事来讲，在质疑、悬念中突出事件中的矛盾和冲突，展现大时代背景下的新闻故事一波三折"。很显然，"悬念构成了节目的关节点，随着悬念的出现、发展和结束，节目也完成了自身的起承转合"[④]。

那么，史态类新闻如何营造或构建悬念呢？

---

① 中国社会科学院语言研究所词典编辑室：《现代汉语词典》（第五版），2005年，第1543页。
② 转引自周健、王培铎：《论悬念的焦点》，载《大连教育学院学报》，2000年第6期。
③ 李渔：《闲情偶寄》，云南人民出版社，2016年，第60页。
④ 引自叶子、宋铮等：《激情与理性——〈新闻调查〉个案研究》，载《荧屏内外》，2003年第4期。

（一）带悬念的标题和导语刺激受众的探究心理[1]

悬念的营造取决于记者为故事构建了什么样的"情境之基"。关于"情境"，德国古典美学家黑格尔在其《美学》中，曾有过专门的论述。我国美学家朱光潜对黑格尔关于"情境"的论述的诠释是："黑格尔把这种'特殊的'揭开冲突、引起动作、显现性格的'机缘'叫做'情境'。"情境构建的第一步就是故事的开端。开端是否精彩，直接决定着故事的基本情节、事件的设置是否能切题。影响着观众审美凝注力能否很快被调动起来。因此史态类新闻在写作中要善用"钩子原理"，即在故事开始的第一分钟就牢牢抓住受众，就像伸出的钩子一样，勾起受众的兴趣，让受众"欲罢不能"。一部分在标题上大做文章，或巧用提问和呼唤的方式在行文中作无疑之问，有的作答，有的不作答，如《加加林时代如何带酒上太空》[2]《美国特种兵为何戴中国军徽？》[3]《美国如何秘密打捞苏联潜艇残骸》[4]《我不服、谁来管？》[5]《张伯苓是怎样办南开的？》[6]，或使用最具冲击力的字词来加强语气，如《希特勒竟先于美国试爆原子弹》[7]《西方大都市曾为马粪操碎了心》[8]《埃及曾为3000岁高龄的法老办护照》[9]《日本曾想自己搞东京审判》[10]《我说你是精神病》[11]《好死不如赖活着》[12]《蔡元培为陈独秀编造假履历》[13]等等，以使标题的语势波澜起伏，造成悬念，引起受众的注意。一部分在导语上猛下功夫以期造成悬念，如《山阴的枪声》[14]，导语是：

"1999年1月10日，在山西省山阴县的闹市，一名警察向一个无辜的男青年开枪，子弹穿过青年的头盖骨，造成重伤。青年名叫李智堂，几年来他

---

[1] 梁宪：《悬念在深度报道中的运用》，载《东南传播》，2006年第9期。
[2]《环球时报》，2019年2月21日，《史海回眸》版。
[3]《环球时报》，2006年5月7日，《史海回眸》版。
[4]《环球时报》，2019年5月16日，《史海回眸》版。
[5]《中国青年报》，2004年3月3日，《冰点》版。
[6]《南方周末》，2006年4月6日，《往事》版。
[7]《环球时报》，2006年5月19日，《史海回眸》版。
[8]《环球时报》，2019年3月7日，《史海回眸》版。
[9]《环球时报》，2019年2月21日，《史海回眸》版。
[10]《环球时报》，2007年1月1日，《史海回眸》版。
[11]《中国青年报》，2004年9月22日，《冰点》版。
[12]《中国青年报》，2004年6月30日，《冰点》版。
[13]《南方周末》，2006年2月23日，《往事》版。
[14] 中央电视台，2004年5月17日，《新闻调查》栏目。

挣扎在死亡线的边缘,苦苦等待着治伤的赔偿,……直到最近,这起枪击案才有了结果。然而,这样一起枪击案究竟是怎样发生的?几年间又经历了怎样的曲折呢?"

《平型关战役与平型关大捷》①开始语为:

"平型关战役与平型关大捷是什么关系?是并列关系,还是同一关系?抑或是整体和部分的关系?这不仅是一个"名"的问题,也是一个关系历史发展的内涵及其本质的大问题。"

《错案之链》②的开场白:

"一对姐妹被杀,犯罪嫌疑人当年被法院判为凶手,19年后被改判无罪,证据疑点重重,司法过程为何一路畅行,错案如何酿成?"

《加加林时代如何带酒上太空》③的导语:

"春节档科幻大片《流浪地球》中的诸多细节让观众津津乐道,其中那句'你知道为什么加加林时代不许带酒上太空'更引起很多人的好奇,太空中的禁酒令真的存在吗?影片中俄罗斯航天员藏酒的熟门熟路又是怎么回事呢?历史上,太空与美酒之间一直保持着斩不断、理还乱的关系。"

悬念式的导语引起了受众的好奇心并刺激了受众的探究心理,这些兴奋点一旦被激发,对尚未获得答案的信息就会欲罢不能。比如北京电视台《档案》节目中,每期故事的开头都会设置多个反问式悬念,一方面可以引出节目内容的关键信息,避免介绍的繁琐和啰唆,做到言简意赅,清晰明了;另一方面也可以牢牢抓住受众的猎奇心理,激发受众的收看热情,唤起观众强烈的收看兴趣。

(二)妙用连环钩层层递进

要想保证受众的持续注意,仅靠一个精彩的开篇是远远不够的。如果你的内容不够精彩,没有足够的"兴奋点",观众同样会放弃。"兴奋点"是报道的"看点"或是"卖点",是新闻报道能够与观众注意力进行交易的重要砝码。如央视《纪事》栏目要求45分钟的节目至少不低于12个兴奋点;《焦点访谈》的节目制片人也提出节目中每隔两三分钟就要有一个"兴奋点"。也就是在设置一个最终叙事高潮的同时,还应该在调查中间设置多个间断性的叙

---

①《中国青年报》,2005年6月1日《冰点》版。
② 中央电视台,2018年9月15日,《新闻调查》栏目。
③《环球时报》,2019年2月21日,《史海回眸》版。

事高潮,以避免观众的收视疲劳。而设置间断性叙事高潮的重要手段就是在中间合理设置各种隔断,对叙事过程进行延宕。在这一延宕的过程中,对立双方的矛盾冲突迟迟得不到解决,人物之间的关系始终不能理顺,事实的真相始终处于一种扑朔迷离的状态,因而观众就会对事件真相和结果始终拥有一种期待,在这种期待没有得到满足之前观众就会一直关注所述事件的发展进程。正如古代"英雄救美"的故事一样,受难的公主获救的结局固然重要,但英雄所遇到的种种困难,以及他战胜困难、历尽艰难险阻的过程才是故事的动人之处。观众的快感也恰恰来自过程。因此史态类新闻在正文叙述中实行叙事中止性悬念,让叙事暂时中止。这包括:一种是分段。中国章回小说和评书的最大特征就是善于建构这种悬念。每当故事发展到高潮的时候,就来一个"欲知后事如何请听下回分解",把故事打住,以引起受众的好奇心,激发受众的想象力,吸引受众下次来听来读。《新闻调查》也常在节目里插入带有《新闻调查》字样的短片打断正在进行的叙事,除了对发生的事情进行小结以外,还会对将要发生的事情进行揭示,设置悬念。如《国资流失之谜》[①]:

"在中卫市采访的几天时间里,我们始终没有得到中卫市建设局原局长刘学录的回复,打刘学录的电话,也始终没有人接听。那么原中卫县城乡建设综合开发公司在改制前的资产是怎样评估的,是否存在国有资产流失的情况?2004年年初,《人民日报》《经济日报》《法制日报》等等多家媒体就已经前往中卫进行过详实的调查。调查中最明显的问题有两个,一个是《资产评估报告》在"应付账款"中所列的近300万元欠施工单位或个人的利息款和施工款是否真实,另一个是12栋在建的楼房究竟有多少价值,是否存在低评行为。"

这些短片及话语在节目中起着非常重要的承上启下的作用。另一种是调查者的人为打断。在一个高潮即将到来的时候,作为亲历者的记者会以出镜的形式,从旁观者和见证者的角度对事件的深入发展提出设问,或以资料的展示来延宕高潮到来。在《国资流失之谜》中:

记者:如果有人欠了你家的钱,还了你了,你反过头来呢,你又说你还欠他50万块钱,说出来谁相信啊。

赵秉海:你相信不相信?你相信不相信?

记者:你相信吗?

赵秉海:你相信吗?你要相信就相信。

记者:我不是当事人啊。

---

① 中央电视台,2007年4月9日,《新闻调查》栏目。

赵秉海：我也不是当事人啊。

记者：你是这个企业的法人代表。

赵秉海：我是企业的法人代表不错，财务上怎么记的账，我当时又不是我们家的私营企业，我当时只能是按照有关财会法进行记账，我不会指使你做假账和改账。

旁白及资料：这份假账单是当时记者调查时原中卫县财政局所提供的，就附在评估报告中，如果按照赵秉海所说，没有故意作假，那么这份假账单又从何而来呢？接下来，欧阳树春所指出的另一个明显问题，是在《资产评估报告》"半成品"明细表中所列的12栋在建的住宅楼或商业用楼，12栋楼，评估值从最少的150元、1000元、2200元到100多万元不等。

李明今（《经济日报》宁夏记者站记者）：另外一个类型的问题，就是有的资产是低评了。比如说那12栋楼本来应该值很多钱的，结果12栋楼只评了400多万。那一半都已经是成品楼了，一半都是马上要建好的楼，一共才评了400多万。

旁白及资料：这里是原中卫县改市前开发的槐树南巷商住楼，这座楼呢，于2001年的7月15日开工于同年的12月7日竣工，也就是说到2001年9月底这座楼已经开工了2个多月，还差3个月就要完工。尤其是下面的店铺在当时出售的时候每平米的售价可达到3000元，可当时这一整座楼仅仅被评估了1000元。而这几栋楼呢，是原中卫县城建公司在改制前开发的北苑小区，2、3、4、5号楼，其中4号楼和5号楼竣工时间都是在2001年的9月前后，也就是说在评估的时候这几栋楼的主体和配套设施都已经完成，可是在评估的时候仍然被列在了半成品之列。评估值仅仅是170多万元。

在上文中受众的心随着记者的提问一步步被扣紧，当赵秉海说出"我不会指使你做假账和改账"时，高潮即将到来，却戛然而止，画面出现一份手写账单资料，旁白语进行解释，从而使受众的着急感暂时凝固。在观看相关资料后出现了对第三者的采访，这是通过对第三者——《经济日报》宁夏记者站记者李明今的采访来延宕叙事，既深化了主题，也延宕了叙事。就这样，悬念引导着受众的思维一步一步走向深入，新闻背后的新闻也随之被层层挖掘出来。一个个追问就像"连环钩"一样，不断激发出受众的阅听兴趣，使观众始终处于一种阅听的亢奋状态中，形成节目吸引受众的内在驱动力。如此，节目就能够在最大限度上保证受众在单位时段内不断地流入而不是流出。由此可见，悬念并不等于单纯的"疑问"，而是通过叙事的巧妙，自然地引发观众对故事情节的强烈期待。

精心设计悬念结构，让悬念在质疑中逐个化解的同时，受众也能从中找到自己的答案。悬念设置，不但拓展了信息承载空间，满足了受众的心理需求，同时也巧妙地发挥了舆论引导作用。如湖北电视台《往事》以悬念结构全篇，节目或以历史资料作由头切入，或以主持人提问启动，在过去与现在、历史与现实的时空交错中，留下一段长长的空白供叙事人叙说往事，极好地收到了扣人心弦的效果，观众也不由自主地进入了谈话流程中，融入这个多种信息交流的话场中去。《故事铭刻在雪山》《英雄已成往事》都较好地体现了这种结构意识。①再如福建电视台《发现档案》栏目中2003年荣获国家电视新闻最高政府奖的《解牍春秋》，它向观众解开了被称为"中华第一井"的湖南湘西里约古井中发现的秦代末年的三万多枚简牍之谜。这一震惊世界的发现被列为2002年中国十大考古发现之首。《解牍春秋》以层层递进的叙述方式，"剥笋"般地为观众揭开了一个个历史之谜。泥土深层的大量简牍有人为烧过的痕迹，唯一一块人形骨骼来历等等吊足了观众的胃口。随着报道的深入，100多枚简牍的内容大白于天下，一些从未见诸史籍的秦史浮出水面，秦牍的丰富远远超出了人们的想象，它填补了秦楚历史的空白。一段复活的秦代历史使《发现档案》的播出收视率达到了6.4%，创造了收视的历史新高。②再如北京电视台的《档案》节目也是采取启发式开端，在节目开场设置悬念，引起观众惊诧、疑惑和探究的心理。

史态类新闻与现态类新闻有所不同的是其叙述点（即新闻的兴奋点或卖点）的选择。它将兴奋点或卖点放在导语部分，是记者写出来和受众分享的最引人注目的内容。从兴奋点写起，让人读后感到一种吸引力，叙事会产生一种驱动读者读完新闻的力量。如导语"走进这个国家，人们发现这里最短缺的商品是棺材"这句话，不禁让受众为之一震。导语中的兴奋点不同于"倒金字塔"结构。"倒金字塔"导语叙述的是最重要的内容，而兴奋点不见得是最重要的，但却是最吸引人的。记者的叙述有起点与终点，记者的技巧首先在于如何选择叙述点，张开事实这张网的一角，拉开叙事的大幕。

（三）错综叙事时序造成悬念

"叙事文属于时间艺术，它须臾离不开时间。"③ "叙事文又是一个具有双

---

① 冷智宏、吴玉兰：《往事：营造电视谈话栏目的新风景》，载《新闻前哨》，2001年第7期。
② 张连旺：《把新闻当成故事来讲》，载《国际广告》，2004年第11期。
③ 胡亚敏：《叙事学》，华中师范大学出版社，1998年，第63页。

重序列的转换系统,它内含着两种时间,即被叙述故事的原始编年时间与文本的叙事时间。"①"叙事时序就是研究事件在故事中的编年时间顺序和这些事件在叙事文中排列的时间顺序之间的关系。"②史态类新闻在文本中运用倒叙和预叙制造悬念,吸引受众。倒叙或称倒装叙述,它是将后发生的事件先叙述,先发生的事件后叙述。这种扭曲时间的方式往往将事实的结局或精彩片段放到前面叙述,这样做是为了使叙述具有悬念,压缩叙述的过程。消息的倒金字塔式结构就是典型的倒叙。相对而言,倒叙更适合史态类新闻。史态类新闻的一个重要特征就是注重对重大新闻事件进行追本溯源、分析比较,以揭示事物的本质,从思想观念上给人以启示。倒叙将结局提前,那么随着对结局的那种期待心态的消失,取而代之的便是对导致这种结局的原因和根源的探寻,这正好切合了史态类新闻对事件进行深层次剖析的内在需要,倒叙因而被频频使用于史态类新闻当中。中央电视台《新闻调查》播出的《非常被告》《寒亭故事》《从市长到囚犯》与《谁来监督腐败厂长》等节目能取得成功,就和倒叙的运用密不可分。这些报道的叙事时间都可抽象为"现在+过去+现在"的模式,而对"过去"的倒叙才是报道最重要、最精彩的部分。这也许正是史态类新闻的"倒叙"区别于一般动态新闻"倒叙"的一个重要特征。如《斯大林曾反对西安事变》③:"今天是西安事变70周年的纪念日。1936年12月12日,张学良和杨虎城发动西安事变,扣押了在西安督战'剿共'的蒋介石,迫使其答应停止内战,共同抗日。在西安事变过程中,张学良曾试图寻求共产国际和苏联的支持,但却事与愿违。最终在强大的国际压力和国民党内部压力下,张学良不得不牺牲自我,护送蒋介石回到南京,以自己被囚禁的代价和平解决了西安事变。"和平解决西安事变是后话,但叙述者却提前叙述。受众读到这里自然会产生好奇,到底是什么原因使斯大林反对西安事变呢?这一问题会在受众脑海里盘旋,这种叙事时序使受众在阅读中不停地思考为什么会发生这件事,这种疑虑促使受众急切地想了解下文,从而达到了作者用设置悬念提高受众阅读兴趣的目的。

预述是指叙述人提前叙述以后将要发生的事情,预述往往事先揭破了故事的结果,破坏了受众发现最终结局的阅读期待,但它却又造成了另一种性质的心理紧张,受众会提出这样的问题,"像这样的事怎么会发生呢?""主

---

① 胡亚敏:《叙事学》,华中师范大学出版社,1998年,第63页。
② 胡亚敏:《叙事学》,华中师范大学出版社,1998年,第63页。
③ 刘心闻:《斯大林曾反对西安事变》,载《环球时报》,2006年12月12日,第13版。

人公是怎么做到这件事情的呢?""社会怎么会容忍这样的事情发生?"等等。这种心理紧张同样可以形成悬念。这种心理将使受众对其理由非常关心,从而形成悬念。

悬念的大量设置必然使史态类新闻的情节变得扑朔迷离,这充分激发和调动了受众的阅读兴趣,最大限度地满足受众重视"情节"的阅读习惯和阅读期待。

五、细节策略构筑真实

叙事学中的"故事"是指一种稳定的内容,它可以从一种媒介转移到另一种媒介,从一种语言翻译为另一种语言,转移的过程不会破坏故事自身的稳定性,故事对于受众来说不是可以直接接受的,只能透过文本所展示的情节来把握它。而作为叙事文体,情节是其卖点,在开端—发展—高潮—结局的运作中,人物的活动与命运、个性与精神也一览无余。在叙述情节时,对于细节的处理非常关键。细节是指细小的环节或情节。细节描写就是对事物的基本组成单位进行刻画,如对人物的一举一动、事物发展的具体环节、环境中细小物体进行细微描摹。布鲁斯·德希尔瓦这样要求他的下属:"你必须对人们的行为动作进行极为详细的描述,通过你的描写,让读者产生仿佛亲眼所见的感觉……运用你的每一种感觉,将你看到的、听到的、闻到的和触摸到的全部描写出来。"细节具有形象的概括力。而一个细节的恰当把握能在不经意间增强叙述的感染力,加强人物与事件的立体化呈现,使故事的讲述更加生动饱满。爱因海姆说过,博物馆中一只广岛原子弹爆炸时停摆的钟,可以概括那个可怕的灾难性的事件。文学家说,故事好讲,细节难寻;历史学家说,给我一个观点,不如给我一个细节;对刑侦人员而言,细节是破案的钥匙;而对史态类新闻来说,细节让历史事件不再遥远。

史态类新闻一般都是事后报道,这决定了记者无法进行"现在进行时"式的采访报道。而且新闻事件的发生,总是只有少数人参与其中,对大多数人来说它只是一个抽象的、遥远的传说。所以,记者要做的就是还原现场,让受众产生一种"身临其境"的感觉。

一是场景细节突出。场景指故事情节展开、发展和人物所处的特定空间环境,包括生活场所、自然景物等,是表现或烘托人物思想、情绪、行为、性格的重要手段之一。而场景的细节描写包括情感细节和动作细节。情感细节具体是指人物在讲述过程中,情到深处不禁眼眶湿润,这时由镜头的特写来营造意境,通过微观聚焦捕捉甚至放大人物的情感。动作细节则指对动作细致入微的刻画,如《长征的历史拐点》:"骤然下起了大雨,所有的人都站在大雨中没有动。就这么过了许久,有人喊了一声:'来了!'泥泞的小路上,三十多匹高头大马在大雨中飞奔而来,马背上是全副武装的英武的卫兵。张国焘骑在一匹白色大马上,在卫兵们的簇拥下从雨雾中出现了。"①再如《历史上真实的霍元甲》②"1901年,一位俄国大力士来到天津戏园卖艺,所印传单称:'打遍中国无敌手,让东亚病夫们见识见识,开开眼界。'霍元甲看后拍案而起,立即带着刘振声赶往戏园。戏园管事久仰霍元甲的大名,安排他们在头等席坐定。俄国大力士出场后,先后表演了平卷铁板和扯断铁链。表演过后,他吹嘘自己是'世界第一大力士',并扬言'欢迎"东亚病夫"的能者上台较量'。闻听此语,霍元甲一个箭步跳到台上,大声说:'我是"东亚病夫"霍元甲,愿当众与你较量!'俄国大力士怕当众出丑,便通过翻译向霍元甲解释道:他刚才那番话都是夸张宣传,纯属为了挣钱,请不要当真。霍元甲再三挑战,俄国大力士始终不敢出手,最后只得答应在报上承认错误,灰溜溜地离开了天津。"这些细节都是截取事件的某一段流程,原汁原味地展现事件的原貌。回顾故事发生的状态,使故事不仅传递了新闻信息,以较强的现场感触动了受众的情感,而且充满新鲜和刺激。再如下面《从震墟起身,微笑向前》一文,其中"地震掩埋后的坚持"一节全为场景细节描述还原地震现场,让受众真切感受现场氛围以及当事人的心情。

例3-9:从震墟起身,微笑向前③

"好啊,打一局。"衡永红乐呵呵地接受了记者的"挑战"。

5月的江风吹拂过露天球场,乒乓球飘忽不定地前蹿,27岁的衡永红穿着休闲T恤和牛仔裤,迎着风,专注而灵活地高推低挡。

10年前,命运曾向她发了一个看上去不可抵挡的高难度球,但她顽强地"接球",将不可能变成了可能。当时,她是四川省北川中学高一10班的学生。在那次伤亡惨重的地震灾难中,她是一名幸运儿。

而当她完成这次"接球"后,命运再度强力"扣杀",她的腿几乎腐烂。衡永红已签字同意截肢,是重庆市急救中心的老专家们帮她一起打赢了这一回合,保住了双腿。

---

① 王树增:《长征的历史拐点》,载《中国青年报》,2006年10月25日,《冰点》版。
② 肖波:《历史上真实的霍元甲》,载《环球时报》,2006年2月7日,第14版。
③ 《中国青年报》,2018年5月11日,第5版。

尽管曾多次感受到"迎面跑来的死神所呼出的浊气",但她没有沉沦在地震重伤的阴影里,而是开始新的人生航程,笑声清亮地行走在鲜花丛生的世界里。

地震,掩埋后的坚持

灾难降临的前一天,地理老师吉敏为衡永红所在的北川中学高一10班讲地质知识时,提及地震话题。当晚,同学们还一起看了唐山大地震的图片和介绍。

事实上,北川那段时间常常"地面发抖",人们对地震并不陌生。

2008年5月12日,大地震来了。

当时,衡永红和同学在上历史课,老师完成了讲解,学生正在自习。

衡永红坐在第三排靠墙处,她感觉课桌开始剧烈且无规律地抖动。

"你抖什么抖?"她笑着斥责习惯抖腿的同桌。这张课桌旁坐了3人,邻座的侯天凤也跟着她批评起来。

"我没抖啊。"被误会的同桌刚嘟哝完,就听到有人高喊"地震啦"!

衡永红站了起来,地面摇得太厉害,师生们本能地往外跑。人流涌向后门逃生,门边就是楼梯。

她从第三排跑到倒数第二排时,再也站不住,感觉楼板一下子倾斜,她摔倒在教室里的过道上,天花板坍塌下来,眼前顿时一片漆黑。

尘土和瓦砾掩盖住她的长发,呼吸时"感觉鼻孔全是灰尘,呛得睁不开眼睛"。

她试图动一下身体,动弹不得。

每过一会儿,就有震动袭来,埋在废墟里的衡永红感觉"老是不停地在抖动"。黑暗中,她被恐怖的感觉重重包围。

事实上,她的教室位于5层教学楼的第三层,下面的两层楼已经沉降到地面以下,她所在的楼面被推到一个角落。

意识到自己还活着的时候,衡永红有惊喜、庆幸,也有慌乱、不知所措。她发现自己被压住了。镇定下来后,发现左手能稍微转动,于是小心地挤开碎砖,左手终于能活动了。

这给了绝望中的她一丝希望,她用左手先后"解放"了右手、头部和上半身。整个过程非常艰难,但她有了更大的空间呼吸,上身能够微微弯曲,"感觉好受多了"。

周围伸手不见五指。她用手摸索着,发现大腿上压着横梁,很重,怎么掀都纹丝不动,在横梁上方还压着预制板。重压下的大腿最初钻心

181

地疼,后来不觉得疼了,却胀得厉害,很难受。

她把手穿过横梁旁的微小缝隙,尽力清理小腿附近的废墟。等小腿能微微动弹时,她缩回手,发现全是血,手都是湿的。

她一直在出汗,衣服完全被湿透,等她确认无法清理更多时,她沮丧地发现,腿已经肿得极其严重。

她的小腿前端和脚部位置,压着另一个同学,最初还有温度,后来慢慢地变凉了,她明白发生了什么,但这反而激发了她的求生欲,"必须坚持下去!"

深夜,废墟上的欢呼

周围传来各种声音,夹杂着呻吟、呼救、哭泣。衡永红确认有同学活着,"感觉他们的状态还可以。"

她听到了邻座侯天凤的声音,她说她的腿也被压住了;女生苏阳的声音比较微弱,感觉状态不太好;男生付敏表示被困在一张桌子下;稍远处还传来男生景垚垚的声音。"我们相互鼓励,说一定努力坚持,要活下去。"

他们用有人在地下过了7天7夜的故事彼此激励,提醒每过几分钟就相互叫一下。大家在废墟里讲述"出去以后想干什么",讨论怎样才能尽快自救。

在漆黑一片的废墟里,衡永红想到了自己的梦想,"我还有那么多事要做,不能就这么死了。"

她想到了家人,此前她偶尔会暗自埋怨父母重男轻女,但坚持"砸锅卖铁也要送孩子读书"的家一直是她内心最深的眷恋。

父母关爱自己的细节,像电影一样从衡永红眼前一幕幕闪过。"我要考大学,找一份好的工作,报答他们,不能就这样死了。如果我死了,他们怎么办?爸妈对我那么好,怎么能接受?"

她一直坚持,不敢睡觉,害怕一睡过去就再也醒不过来。

事实上,救援一直在继续。废墟下的几个人一起呼救,吸引了几名师生的注意,当天,苏阳等4人获救。

救援者掏出一个洞口,废墟深处的衡永红看见了光,看见了天上的月亮,还看见点点星星仿佛在对自己眨眼,"在那一刻,我懂得了生命、光亮的含义。"

她借着月光审视自己的处境,假如往前或往后一点,都会被坚硬的砖头和预制板砸中,必死无疑,而她待在一个墙角的小缺口处,幸运地避开了死神。

外面的人看见衡永红,接力救援开始了。可是,她大腿上的横梁无法撼动。

一拨儿高三同学冒着余震的危险爬进洞口,帮衡永红把空间尽量扩大一些,一名男生摸遍口袋,把仅剩的一块牛奶片给了她。

天色渐晚,同学们没有离去,在洞口围成一圈,唱起当时很流行的歌曲,"每一次/就算很受伤也不闪泪光/我知道/我一直有双隐形的翅膀/带我飞/飞过绝望……"歌声鼓励她坚持下去。

深夜里,另一名高三男生不顾危险跳进洞口,给她一盒牛奶和一块巧克力。他背靠背抵着衡永红,"你不要说话,过段时间就应我一声,不要睡过去。"夜深了,气温转凉,他又去找了一件厚厚的牛仔服给她披上。

这是一个漫长的夜晚。衡永红每次睁开眼睛,都发现月亮还在原处,夜空一点点暗下去,但感动和希望却一点点在心里升起来。

她极度困乏,但不敢睡觉,只能闭目养神。每当听见一点声音,她就感受到生的可能,不由自主地睁开眼。

腿部的肿胀感让她异常难受,"也许我的腿保不住了",这个爱美的高中女生开始了各种想象和权衡。

天亮了,又一支救援队赶到。几个人轮流进入洞口,将衡永红身下的地板敲出一个洞,逐渐凿大,小心翼翼地将压在她身上的横梁敲掉部分。

努力有进展,但没有改变根本格局。衡永红希望,能直接把自己"拔"出来。

"把你腿拔断了怎么办?"

"如果为了这条腿,人死掉,不划算。我宁可断腿,求你们把我拔出去。"

一场充满了信任、友爱、担心和希冀的揪心救援开始了。在废墟下的洞口,素不相识的救援者抱住17岁的女生,摸索着往外拔。

左脚相对轻松地拔了出来,可她肿得异常厉害的右腿没法拉动。救援者伸手去探时,发现手套上全是血,没人敢拉了,"腿会断的!"

衡永红表现出与年龄不相称的理性,重申"腿拉断了,我不会怪你,只会感谢你"。她的腿几无知觉,她已准备一辈子坐在轮椅上,"但是我要活着。"

她被小心翼翼地拉出来了,腿鲜血淋漓,呈暗紫色,全是挤压形成的撕裂伤口。

因为又一条生命被救出,洞口传来欢呼,衡永红参与其中——她为自己庆幸,更为救援中得到的关爱而深深感动。

一群素昧平生的人，为了生命的顽强，为了生的信念，满含热泪地抱在一起。

医者，延续梦的瑰丽

衡永红伤情太重，被转送到绵阳中心医院。

一名志愿者为她拿来一包小面包，她完全吃不下，把面包放在头下枕着，非常疲惫的她感觉很舒服，随后陷入意识模糊。

她在半梦半醒中接受了减压手术。因为没有麻药，有人给了她一瓶七喜，她咬住瓶盖，手术做完时，瓶盖已被咬得面目全非。

她腿上最大最长的伤口，深可见骨，令人不忍直视，从几处伤口渗出的血液浸透了被子。她的脸色白得像纸一样。

死神又一次向她走来。

她昏迷过去，一天后才醒来。她看见身旁挂着的液体和血液，听见一些年长医生的声音，询问她是否愿意到医疗条件更好的重庆去医治。

她表示同意。没法找到家属签字，衡永红签下了自己的名字，"如果有什么情况，我自己可以负责。"

救护车即将开动时，她的爸爸和二叔气喘吁吁地赶到了。

原来，她的家乡坝底乡也受灾严重，乡民们通过电视了解灾情和救援情况。她的父亲衡世森决定"就算丢命也要去找女儿"。

由于道路和山体受损严重，衡世森和二弟翻了10多座山，一刻不停地走了一天，才走到北川县城。这位中年男人坚持要找到女儿，哪怕找到的只是遗体。

寻亲的信息在人群中传递。衡永红的同学将她的信息告诉了自己的舅舅，这位热心的舅舅恰好认识衡世森，他骑着摩托车到处找，终于把忧心忡忡的父亲接到女儿的救护车旁。

这是一个残酷又温情的时刻，经历生离死别的父女俩抱头痛哭。父亲欣喜若狂，可看到女儿伤情如此严重，又背过身去伤心抽泣。人生的悲欢，在这一刻达到极致。

她的父亲陪她去重庆，而二叔则步行回家传递她还活着的好消息，"她人还活着，但腿可能保不住了，颜色都发紫了。"

幸运的是，衡永红遇见了一群医者仁心的老专家，他们延续了女孩瑰丽的梦。

彼时，重庆是地震伤者救治的重要大本营之一，为灾区伤员做进一步治疗。2008年5月16日，重庆市卫计委组织重庆各大医院首批56辆救护车、上百名医护人员前往灾区接收危重伤员,并将急需进一步治疗的重伤员接回救治。

2008年5月18日凌晨2时,衡永红被重庆市急救医疗中心的120救护车接至重庆。

当日14时左右,急救医疗中心的创伤科、骨科、麻醉科专家联合为她手术。

做完手术,所有医生都留下来等她自然醒。

手术很成功!腿也有可能保住!

这超乎期待。在绵阳时,她本人已经签字同意做截肢手术了。

新选择也有风险。2008年5月22日早上,她的心跳突然到了170~180次/分,流鼻血、发高烧,陷入昏迷,全部专家匆匆赶来会诊、抢救。老专家把耳朵凑到她的嘴边,听到她低呼"救我"。

经过精心救治,她醒了过来,再次赢了死神。这一次,包括老专家在内的众多医护人员守了她一个通宵。

衡永红并不知道,因为自己的伤情过于严重,已经出现了急性坏疽症,是否要保住腿,医生是有分歧的,业界名声显赫的大专家为此冒了"或许把自己的名气砸进去"的风险。

在医生名声和年轻人未来生活质量之间,专家们作了最有利于患者的选择。

急救医疗中心原院长、主任医师史若飞是重庆市首批前往灾区医疗队的副队长,也是急救医疗中心灾区伤员救治专家组组长。

"救治好衡永红,帮助她长大成才,是我这辈子最骄傲的事情之一。"史若飞回忆,保肢有难度,但要去试一下,"哪怕就保住一条腿,她的人生也会不一样。"

经过详细讨论和研究,史若飞的意见得以通过。

手术前,史若飞告诉衡永红手术的风险,以及保肢的难度。"尽管有困难,但我们愿意努力尝试一下,你要有心理准备,更要有决心。奇迹很难,但试试或许有奇迹;你心里一定不要放弃,我们一起努力!"

清创减压手术完成后,经过一周观察、换药,她左脚足背血流恢复、脚趾活动逐渐正常;再往后,右腿也开始长出肌肉,双腿都保住了!

手术后的治疗、护理十分关键。最开始一段时间,急救中心各科室的专家、主任医师们,亲自给她换药、处理伤口;很多没有被安排进专家组的老专家,每天自愿来参加联合查房、讨论病例。

2008年7月25日，衡永红出院，史若飞对她说："回去好好读书，你的人生已经是一个奇迹，要好好珍惜。"

成长，展开新的人生

在重庆急救中心救治期间，两名志愿者每天到病房为她补课：西南政法大学的研究生胡金星为她补理科，西南大学的牛静雯为她补文科。这让她没有落下太多功课。

在治疗期间，衡永红得到了医护人员无微不至的关心和照顾。地震的伤痛慢慢被抚平，她就像一个大家庭里辈分最小、最受宠爱的孩子。出院时，她已经把这里当成第二个家。

初回北川，她需要拐杖，没法维持身体平衡，但她顽强地进行康复训练。秋季开学后，她半天在学校、半天在医院，坚持读书。

在"帐篷中学"，以此前的10班学生为主，组成了新的班级。新班主任陈丹建议她留级，但她坚持随班就读。毕业时，把重庆当作了第二故乡的她，选择报考长江师范学院，学习财务管理。

史若飞作为当时重庆市书法家协会副主席，把自己书法作品拍卖所得善款全部交给急救医疗中心工会，然后以工会的名义，资助衡永红大学学费。

她没有辜负人们的期望，顺利考取会计证书，每年拿奖学金，入党，在学校表现优异。

毕业后，她通过公开考试，如愿以偿进入重庆急救医疗中心，在财务科工作，"我终于通过努力奋斗，回到了第二个家！"

岁月慢慢抹平了地震带来的不适、痛苦和伤害，这个年轻女孩的生命再次如鲜花般盛开。

如今，她参加工作已有4年多。除了认真工作，她也非常投入地享受人生。"闻一阵花香、烫一片毛肚、唱一首老歌，都让我感受到生命的快乐。在废墟里的时候，我就想，要是能活下来，我一定要好好活着，我要履行对自己的承诺。"她说，乐观的心态是战胜心理阴霾最可靠的武器。

"当我有负面情绪时，就想想在废墟里的情景，就什么都能过去了。"她说，"不要放弃，希望永远都在，在任何环境下，我们都要微笑。"

如今，衡永红并不忌讳谈论地震，她能平静地复述自己地震时的经历，不介意让外人看到伤疤，但她不会絮絮叨叨就这事烦个没完。她会和同学们一起，为地震中罹难的同学送花祈福，有时也会折千纸鹤或写一些文字纪念他们，并和所有的少女一样，期待一场轰轰烈烈的美好爱情。

第四章　史态类新闻的传播价值探究

　　一个"新事物"能否长久矗立于世间,是否具有丰富的价值是关键所在。史态类新闻日渐繁盛,不仅根基于它丰富的理论和实践基础,更得力于其内在的传播价值。传播价值内涵已在第一章中有所阐述,为给大家一个清晰的轮廓,此处再做一个概述:传播价值指新闻文本对主体的效应,对主体的作用和影响,即新闻的价值。它不只是包含新闻事实的新闻价值,还有它们的延伸价值与主体的新闻价值发现、新闻价值创造成果,甚至还有传播主体的价值偏见和价值误导等。它是一个多项价值结构系统。这些价值只能在新闻传播中得到实现,所以有人又将其称之为新闻的传播价值。任何事物的特征或个性,总是在与其他对象的比较关系中显现的,在论及史态类新闻的传播价值时,我们将以现态类新闻和拟态类新闻的传播价值为参照,既挖掘三者的共同之处,更探究史态类新闻独有的价值。那么,相较于现态类新闻和拟态类新闻着重于信息传播和告知及给传播者带来亮点等价值,史态类新闻文本又是如何作用和影响主体的呢?而史态类新闻的主体又包括哪些呢?

　　众所周知,影响新闻文本的因素很多,休梅克(Shoemaker)和瑞斯(Reese)在其关于美国情况的研究(1996)中认为有五种主要因素,一是来自媒介工作者个人的影响,二是来自媒介常规的影响,三是来自媒介机构的影响,四是来自媒介机构以外因素的影响,五是意识形态和文化的影响。而陆晔、潘忠党则将其整合为三种力量,即新闻专业理论、政治宣传体制和商业传媒体制,①也即党对媒体的控制,市场对媒体的诱惑和支配,专业服务意识对媒体自主的压力。这三种力量,既发生在话语场域,即由上述基本要领的不同组合而构成的三个内部相对一致的话语体系,又有社会实体的意义,包括传媒体制、传媒运作中资源配置和流通渠道、具有不同教育背景的新闻从业者及其实践以及他们互动的实践。它们相互冲突、渗透和调和,构成社会转型过程中新闻从业者专业实践的历史场景。新闻专业理论主要由新闻从业者践行,政治宣传体制的主使力量则为新闻监管者(包括宏观即国家意识形态和微观即媒体的所有者),他们的思想又通过影响新闻从业者而传播,而商业传媒体制则以受众为上帝,受众对其起着决定性作用,因而这三种力量的主体可直接归纳为新闻从业者、新闻监管者和受众(也有学者直接称为传者和受者)。笔者认为享用新闻的价值不只是新闻传播中的接受主体——受众,还应包括新闻的传播主体——新闻监管者和新闻从业者,因为他们也需要通过新闻传播的方式达到传播其思想观念、精神价值的目的。即新闻不仅在于传播公众不知、应知、欲知的事实信息,还要用传播的事实信息"说话",发表意见,表达倾向(这是由新闻事业鲜明的阶级性、政治性等决定的)。再则,由于以互联网为中心的技术促成了后新闻业时代的诞生,传播主体在维度上呈现出多元结构来,具体为职业新闻传播主体、民众个体传播主体和非职业、非民众个体的组织传播主体的多元类型结构。②而新闻的价值是一个多项价值结构系统,相对于不同的传播主体来说,面对同样的新闻事实,因为传播主体之间的差异(阶级性、新闻需要、新闻兴趣以及各方面能力、素质等不同),他们从中观察发现开掘出的新闻资源也就会有一定的差别。而对于接受主体,同样由于个性差别,除获得基本相同的信息价值(新闻价值)外,他们对于传播价值中的其他价值因素的接收效果会有很大的不同。③由于史态类新闻属于新闻的一个部分,史态类新闻的传播价值依然存在多重主体,因此,本章着重从新闻监管者、新闻从业者和公众三个主体来看史态类新闻文本的效应。

---

① 陆晔、潘忠党:《成名的想象:中国社会转型过程中新闻从业者的专业主义构建》,载台湾《新闻学研究》,第71期,2002年4月。
② 杨保军:《"共"时代的开创——试论新闻传播主体"三元"类型结构形成的新闻学意义》,载《新闻记者》,2013年第12期。
③ 邱天君:《从传播价值看新闻的写作》,载《邵阳师范高等专科学校学报》,2001年第4期。

第一节　意义共契——新闻监管者视角下的传播价值

作为一种新闻话语，史态类新闻始终都在建构意义，即意义化的领域。而新闻媒体对社会的意义不只是在于通过选择、界定、评价和解释等手段对原初社会事实进行意义化，更在于通过意义化的过程将驳杂纷乱的世界条理化，建构一个有意义的有关国家和社会的符号世界。

而意义的建构正如霍尔所言，首先受到"主导文化秩序"的限制，因为任何一种文化或社会都有着不同程度的封闭（封闭从另一个角度理解恰恰是特色保存之地），其文化、社会和政治领域的秩序要"强行"推行到所有处在其中的每个人身上。所谓"强行"可以理解为必须推行一系列的制度保证其秩序的维持，也可以理解为隐蔽地使每一种话语事件就范的力量（尤其是面向社会的话语）。在当代中国的语境中，"文化的生产一方面受制于国家机器的运作，另一方面则受制于经济资本和市场的活动。但是，经济和市场本身从来就不是脱离国家的领域。在当代的条件下，文化生产就是整个社会再生产的一个部分。"①英国社会学家约翰·汤普森也认为现代文化的传媒化是现代社会生活的一个中心特征。他认为"在现实生活中，它们（指大众媒介，引者注）无时无刻不在为人们编织着信仰、价值和集体认同……简而言之，大众媒介已成为支配意识形态的核心体系"②。而作为大众媒介的产品，史态类新闻的制作与发展因大众传播媒介在社会整体结构中所扮演的角色始终受着主流意识形态③的控制。

---

① 汪晖：《当代中国的思想状况与现代性问题》，载《文艺争鸣》，1998 年第 6 期。
② [美]托德·吉特林：《新左派运动的媒介镜像》，张锐译，华夏出版社，2007 年。
③ 主流意识形态指体现一个社会特有的国家理念和执政党的理念的政治哲学、价值观。它不仅传递着国家意志，规范着社会生活，同时也承担着为国家政治制度辩护的功能。主流意识形态具有强制性，弥散性和约束力；同时也又具有亲和性、聚合性和向心力。主流意识形态的强制性和约束力可以起到维护社会的作用，但对于身处社会意识形态之中的人们来说是处在一种被动的不自觉的跟随状态，而意识形态的亲和性和向心力对社会的作用则是使意识形态的追随者处于一种主动的自觉的认同状态。

一、主流话语对历史书写的重视

如何确保国家主流意识形态的延续、确保文化记忆的传承是一个艰苦的任务，不言而喻，主流意识形态不仅传递着国家意志，规范着社会生活，同时也承担着为国家政治制度辩护的功能。它具有强制性、弥散性和约束力；同时又具有亲和性、聚合性和向心力。虽然主流意识形态的强制性和约束力可以起到维护社会的作用，但对于身处社会意识形态之中的人们来说却是处在一种被动的不自觉的跟随状态，而意识形态的亲和性和向心力对社会的作用则是使意识形态的追随者处于一种主动的自觉的认同状态。那么，"构成一个民族自我认同的要素是什么？就是它的集体性记忆，充满瑰丽奇想的神话，先民开疆拓土的壮烈故事，体现民族睿智的典籍，历经岁月沧桑留下来的格言，脍炙人口、世代流传的诗歌、小说、戏曲、演义和逸闻。这种集体性记忆的内涵、风格和强韧性，构成了一个民族的精神素质，即民族性。"①因此，完成这一任务的极为奏效的策略之一，就在于重现民众已经淡忘的民族/国家记忆，以强化这个民族/国家的合法性。"个人的记忆在有形与无形的方面维系着个人的认同，借历史保存鲜活的国家记忆也同样赋予一个族群团体的认同，使交往联系变成团结精神，使政府的强制权威成为合法性。"②《人民日报》推出《为了民族复兴·英雄烈士谱》专栏前的评论员文章内容也可证实。

例 4-1：尊崇英雄烈士　守护精神家园
　　　　——写在"为了民族复兴·英雄烈士谱"开栏之前③
　　"天地英雄气，千秋尚凛然。"历史的天空，英雄烈士灿若群星，熠熠生辉。
　　岁月的长河里，无数英烈前仆后继，为争取民族独立、实现国家富强、促进世界和平而英勇献身，他们以鲜血浇灌理想，用生命捍卫信仰，构筑起一座座不朽的精神丰碑。自 4 月 6 日起，《人民日报》推出"为了民族复兴·英雄烈士谱"专栏，充分报道英烈人物英勇献身光辉事迹和

---

① 徐川：《记忆即生命》，载夏中义，《人与国家》，广西师范大学出版社，2002 年，第 9 页。
② 乔伊斯、阿普尔比等：《历史的真相》，刘北成等译，中央编译出版社，1999 年，第 253 页。
③《人民日报》，2018 年 4 月 5 日，第 1 版。

毕生奋斗崇高精神，充分报道妥善保护英烈纪念设施感人故事，充分报道英烈后人良好家风和英烈家乡发展变化。

"英雄者，国之干。"尊尚英雄是人类一种最深沉的情感，英雄是一个民族最闪亮的坐标。于一个民族、一个国家而言，英雄是其历史的重要体现，是民族精神的重要来源，是弥足珍贵的精神财富。"一个没有英雄的民族是不幸的，一个有英雄却不知敬重爱惜的民族是不可救药的。"放眼寰宇，世界各国各民族无不捍卫和尊崇自己的英雄，各国各民族英雄都受到尊崇和礼待。我国更是如此。无论是建立人民英雄纪念碑、设立烈士纪念日，还是以法律武器守护和捍卫英烈，都表达了人们对英烈的尊崇和缅怀。

然而，一段时间以来，社会上有一股对英烈"污名化"的倾向，历史虚无主义思潮沉渣泛起。一些人打着"反思历史""范式转换"等旗号，以主观代替客观、以臆想代替史实、以枝节代替整体，大做翻案文章。有的妄言刘胡兰年纪太小不可能参加革命，有的质疑邱少云不可能匍匐在烈火中一动不动，有的诋毁雷锋做人太虚伪……种种光怪陆离的奇谈怪论，对社会舆论产生了严重的负面影响。这些思潮，不是还原历史，而是歪曲历史；不是发现史实，而是颠倒黑白；不是学术研究，而是别有用心，实际上是在一块一块挖历史长城的"砖头"，试图否定崇高、消解革命、混淆是非。

历史虚无主义，其目的在于否定马克思主义的指导地位，否定中国共产党的领导。如果任由其泛滥，放任对英烈肆意攻击的言行，必然会消弭人们的民族意识、国家认同，冲击社会主义意识形态。殷鉴不远，从否定列宁、斯大林，到否定苏共历史、苏联历史，历史虚无主义在当时的苏联大行其道，造谣中伤、贬损污蔑社会公认的英烈成为"时髦"，结果造成人心不古、思想混乱，成为亡党亡国的重要推手。历史的惨痛教训，反复提醒我们要时刻警惕、旗帜鲜明地反对历史虚无主义，英雄不容亵渎、先烈不容诋毁！

"一切向前走，都不能忘记走过的路；走得再远、走到再光辉的未来，也不能忘记走过的过去。"历史就是历史，事实就是事实，任何人都不能改变。抵制和反对历史虚无主义，必须坚持用唯物主义历史观认识和记述历史，以马克思主义指导历史研究。惟其如此，才能正确认识历史，鉴往知来，守护好我们共同的精神家园。让我们弘扬传承英烈精神和社会正气，培育践行社会主义核心价值观，在全社会营造纪念、缅怀、崇尚、学习英烈的浩然正气和浓厚氛围，推进建设具有强大凝聚力和引领力的社会主义意识形态，激发实现中华民族伟大复兴中国梦的强大精神力量。

"无论书写的历史还是历史的书写，作为一种权力，在实际操作上都相当于对记忆的重新建构。它将过去的事件按照书写者的立场进行编排与解释，赋予事件以生命和意义，从而变成记忆以供人们回味；而每次回味又都是对记忆的再一次肯定和加深。"①柏格森认为，记忆的实践功能就是认知，它以两种不同的方式发生："有时在于行动本身，即一种适应于环境的机制运动的自动设置；在其他时候，它则暗示大脑努力搜录过去那些最能进入目前情形的表征，以便应用于目前。"②记忆的这种提供现实应付能力的功用，使作为记忆对象的历史事件，能够走出过去直接参与进现实的维系活动当中。因此，主流意识形态所进行的历史重写，"就是对于记忆符码的重新编程，即由现实需求动因触发而设置的关于往事的回忆。"③但它不是为了回到过去，而是力求把握现在。如在国家意识形态话语体系下，共和国初期文艺作品可以编排出一部中国近百年社会革命的编年史和当代社会政治运动的大事记来就是例证。因而有学者认为这是"以'历史的创造者'自居的一代人对于本阶级的历史与现实业绩的一次大规模的有计划的复述，是一种充满意识形态自信的复述，借以证明已经和正在进行的事业的合目的性与合规律性"④。正如葛兰西所认为的那样，主流意识形态在不断地使用文化霸权，采用非强制手段来强化它的聚和性和向心力，而传媒在其中起到主要作用，比如中国共产党建立以来的几乎每一重大历史事件，及重大人物都被改编成为电视电影，但无论是以记事为主的文献片，或是以记人为主的传记片，它们都发挥了历史教科书和政治教科书无法比拟的意识形态功能，强化着主流意识形态所期望的集体记忆及国家认同。如2016年中央电视台播出我国首档国史节目《国家记忆》，栏目就是以"为国家留史，为民族留记，为人物立传"为宗旨，融合珍贵的历史资料、逼真的三维动画、极具科技感的历史场景穿越等多种视觉元

---

① 路文彬：《重写历史：民族/国家认同的权力实践——中国建国初期小说历史叙事论之一》，载《东方论坛：青岛大学学报》，2005年第1期。
② Henri Bergson：Matter and Memory, translated by N.M.Paul and W.S. Palmer, George Allen & Unwin Ltd, 1911.
③ 参考路文彬：《重写历史：民族/国家认同的权力实践——中国建国初期小说历史叙事论之一》，载《东方论坛：青岛大学学报》，2005年第1期。

素，讲述党史、国史、军史中的重大历史事件，揭秘各领域重大工程建设和重大决策背后的故事，记录党的奋斗史、创业史、中国特色社会主义探索史和改革开放进程史，展现各阶层各时代代表性人物的风采，从而带领观众重返历史现场，触摸有温度的历史。

当然，由这种国家意识形态的建构转化为人们的集体记忆，是在一个相当长时间的累积过程中实现的。这也说明记忆再现时并不是"客观"地回忆过去，而是根据各个阶段不同的社会框架来对过去进行重构，它不是简单地用新思想来代替已经被认同的旧思想，而是以重新阐释过去的方式来达到巩固自己主体同一性的目的。正是通过对民族记忆的再次构筑，通过对"群体起源"（历史记忆与述事）的共同信念的凝聚，大家在中华民族这一合法化名义之下，达成了一个民族的共识。

二、重构与传承民族精神——史态类新闻与主流话语的意义共契

主流话语对历史书写的重视促使了大量的历史文本的涌生，如中华人民共和国成立初期掀起的工厂史和公社史写作浪潮、革命录写作浪潮，"能提笔的提笔，能说不能提笔的自己口述请人代写"，"大胆地写，不能写长的写短的，不管写不写得好，写了再讲"。①同样以报道过去具体事实为主的史态类新闻也因配合主流意识形态的建构而得到了空前的重视，那么，史态类新闻是如何建构记忆最终达到与主流话语的"话语共振"呢？

我们先来看 2006 年中央各媒体为纪念长征胜利 70 周年而开设的《永远的丰碑·红色记忆》专栏。《永远的丰碑·红色记忆》应属于史态类新闻中的"让历史告诉未来"型，它实际上是特定时期在国家意志和体制操作下的宣传活动，带有强烈的国家意志和主流意识形态色彩，力图通过对由中国共产党带领的无产阶级民众，从反抗走向胜利辉煌历史的叙述，使所有民众拥有一种共同的自豪回忆。这种记忆共有在将人们作为一个"想象的共同体"（本尼迪克特·安得森语）的同时，还时时激励着他们从中寻找战胜现实困难的信心。在主导思想的倡导下，中国各大报社、电视台开始响应号召，进入轰轰

---

① 洪洋：《生产写作双丰收》，载《文艺报》，1958 年，转引自路文彬：《重写历史：民族/国家认同的权力实践——中国建国初期小说历史徐事论之一》，载《东方论坛：青岛大学学报》，2005 年第 1 期，第 22 页。

烈烈的报道中,《人民日报》等主流媒体在其进行红色记忆系列报道前专门做了一个"编者按"为其追随主导话语提供理由:"红色的记忆,是永远的丰碑。为庆祝中国共产党成立85周年,纪念红军长征胜利70周年,从今天开始,本报、新华社、《解放军报》、《光明日报》、《经济日报》、中央人民广播电台、中央电视台等中央新闻单位,与各省区市主要新闻单位一起,在《永远的丰碑》专栏的基础上,共同推出大型系列专栏《永远的丰碑·红色记忆》。这一专栏以讲述中国共产党成立前后到中华人民共和国成立这一阶段红色经典故事的方式,用生动、具体、形象的表现形式,回顾我党、我军历史上的重大事件、重要会议和重大战役,以充分展示中国共产党85年来的战斗历程,充分展示中国共产党的纲领、理论、方针、政策形成、发展的过程和中国革命道路的正确性,充分展示中国共产党团结和带领中国人民为争取民族独立和解放进行艰苦卓绝的斗争、不断取得伟大胜利的波澜壮阔的历史。"①

在进行具体的文本叙事时,红色记忆每一部分的架构都有所不同,以人民网为例,其《红色记忆》分为三部分:《红色记忆》《系列报道》《永远的丰碑颂》三大块,在第一部分《红色记忆》中,其选择的题材主要为中国共产党这个组织所产生的行为,如《"中国不会亡,因为有陕公"——陕北公学》《中国人民抗日军事政治大学》《周恩来领导的中共中央南方局》《党的六届七中全会和〈关于若干历史问题的决议〉》《延安文艺座谈会》《伟大的马克思主义思想教育运动——延安整风》《党的新民主主义理论的系统阐述》等,这些作品通过对历史史料的钩沉,再现了中国共产党领导民众建立国家的历史,即中国共产党领导人民抵御外来侵略、推翻反动政权、实现人民当家作主的历史,也印证了中国共产党成为执政党的合法性,隐喻只有在它的带领下中国人民才能走向繁荣富强。同时,在对历史记忆的言说再现中,透露出的是"勿忘历史"的真诚而焦灼的呼唤。

但一味地进行集体叙述,着重于先验的道德主题、政治主题和社会主题,使其中集体记忆、民族记忆大于个人记忆、情感记忆,社会情感及其评价大于个人情感及其对生命的体验,则会使中国民众产生抵触。因此,我们看到在《红色记忆》的第二部分系列报道中,集体叙事开始向个体叙事转向,如《为党捐躯女英雄——钟竹筠》《人民军队的坚强指挥员——卢冬生》《革命坚定耐艰苦——毛简青》《共产之道,一以贯之——陈奇》《为劳苦大众死得其所——欧

---

① 《人民日报》,2006年5月16日,第1版。

阳洛》《"红色教授"钱亦石》《红军的一柄利剑——钟纬剑》《为党的工作尽职尽责——吉国桢》《井冈山著名军事指挥员——何挺颖》《佩剑将军——张克侠》等。这些人物在革命进程中做了较大贡献但大多为大众所不熟悉，这或许是主流媒体必须满足新闻的新鲜性、满足受众求知欲的一种表示，毕竟一味地选择受众早已耳熟能详的名人名事，会使受众失去新鲜感而致报道流于形式。虽说这部分的整体报道依然流于线条式的勾勒，进行人物整体的简单介绍，其用语也比较政治化，但一个个人物形象在粗线条的勾勒中仍不断地凸现。通过这些报道我们看到的不是关于共产党的整体记忆，而是每一个个体身在这一段历史中断断续续的剪影，我们真切地感受到每一个不同的生命在苦难中所经历的磨练。这些片段固然是不完整的，但不同人的片段联结在一起时，布满划痕的历史胶片就会真实地自然地转动起来。当然这些报道不仅仅是回忆和陈述历史事实，更是在昭示一种理想和价值观，媒体所塑造的个人形象折射出共产主义者矢志不渝的坚定信念，号召用共产党人的精神启发青年一代对美好事物的向往，影响他们的人生观塑造，这些不仅为执政党构筑反腐拒变的思想防线竖起一盏明灯，也有益于重振与坚定人民群众对党的执政能力的信赖。正如有人认为："《红色记忆》正好成为对当代青年人尤其是学生进行理想信念教育的好题材，共产党人身上所体现出的坚定的理想信念、无悔的人生追求、执着的拼搏奉献精神，至今仍是激励广大青年前进的巨大的精神力量。"而"建设有中国特色的社会主义事业，需要这种精神，实现中华民族的全面振兴，需要这种精神，繁荣社会主义文艺，需要这种精神"①。

事实上，在每一个重要的纪念日期里，主流意识形态都在不断强化与重复这类国家记忆。2016年纪念长征胜利80周年，多家中央媒体又推出了专题报道来再现历史记忆，展示当今变化。新华社开设《长征胜利80周年》栏目，以融媒体形式呈现推出。《人民日报》连续刊发评论，论述长征对于中华民族的伟大意义，认为"长征，一次无与伦比的伟大远征，一部无可匹敌的壮丽史诗，一座高山仰止的巍峨丰碑"，指出新时期的长征也要沿着确定道路不断前行。《解放军报》隆重推出16个版的《征程万里　不忘初心——纪念长征胜利80周年特刊》，带领读者通过阅读经典的方式铭记历史，继续前行。中央电视台推出重点栏目——《长征路　新故事》《说不完的长征》《长征故事》《红军

---

① 来自人民网《永远的丰碑·红色记忆》评论。

走过的地方》《英雄》《布告里的长征》《震撼世界的长征》等。中央人民广播电台在《新闻和报纸摘要》节目中连续播出系列报道《不忘初心再长征》等来传承长征精神,强化历史记忆。

2018年,自4月6日起,中央各大媒体又推出了《为了民族复兴·英雄烈士谱》专栏,充分报道英烈人物英勇献身的光辉事迹和毕生奋斗的崇高精神,《人民日报》开栏语写道:"英雄是一个民族最闪亮的坐标,尊尚英雄是人类一种最深沉的情感。岁月的长河里,无数英烈前仆后继,为争取民族独立、实现国家富强、促进世界和平而英勇献身,他们以鲜血浇灌理想,用生命捍卫信仰,构筑起一座座不朽的精神丰碑。4月6日起,本报开设专栏《为了民族复兴·英雄烈士谱》,集中报道793位(组)英烈人物,刊载他们的事迹,传承他们的精神。'为了民族复兴·英雄烈士谱'专栏,围绕'不忘初心、牢记使命'主题,将报道英烈人物英勇献身的光辉事迹和毕生奋斗的崇高精神,报道妥善保护英烈纪念设施的感人故事,报道英烈后人的良好家风和英烈家乡的发展变化。在全社会营造纪念、缅怀、崇尚、学习英烈的浩然正气和浓厚氛围,激发实现中华民族伟大复兴的中国梦的强大精神力量。"具体报道如《为党捐躯女英雄——钟竹筠》《不朽井冈英雄,千古人民功臣"——井冈山时期著名军事指挥员何挺颖》《"红色教授"钱亦石》《王孝锡:浴血播火大义凛然》《俞昌准:碧血今朝丧敌胆,丹心终古照亲人》《在工人中进行革命宣传的李源》《孙津川:顶天立地的英雄》《文武双全的贺锦斋》《王尔琢:英勇奋战的红军骁将》《季步高:书生退学从戎 烈士英名永存》等,在《红色记忆》中报道过的人物也再次出现予以报道与强调。图4-1就是其网络版人民网的专题报道。

美国社会学与传播学家麦克尔·萧认为,大众传媒具有"议题设定"的重要功能,由于其对某些社会政治文化议题的强调,会在大量受众那里"建构议题",从而引起社会广为关注。而拉扎斯菲尔德则进一步指出,大众传播媒介还具有"授予地位"的社会功能,它对任何事物所进行的"肯定性"传播,均能使后者通过一种"形象塑造"而成功实现其"合法性"论证。大众传媒一方面在某种程度上发现并揭示了社会问题,但另一方面又能在"肯定性"策略中成功地修复它。这是以愉悦大众的方式使其认同现存秩序,并进而完成对意识形态的推广,从而实现一个"统治意识形态的再造过程"。在中国人民精神趋于贫乏时,在执政党的权威受到威胁时,主导话语通过媒介建构了新的社会意识,也产生了相应效果。以中央电视台纪念长征胜利80周年报道为例,2016年10月21日起,8个频道全程直播大会盛况,总收视超过

0.7%,央视网多终端独立用户访问量达 914 万人。"央视新闻"新媒体推出的互动产品《长征日志》突出互动性和趣味性,参与人数近 2100 万人。央视网与《晚间新闻》栏目打通大小屏,合力推出采用 AR 虚拟技术的《大路说长征》,截至 10 月 24 日,产品触达用户数达 1.6 亿人次,视频播放量 1900 万次。新媒体海内外多平台推出《长征中的外国人》《长征英雄》《你还记得长征吗》等原创系列短片,以对外传播思维报道中国革命历史,相关报道获全球阅读量 3139 万、视频观看量 694 万、独立用户访问量 2348 万、总互动量 31.9 万。①

图 4-1 人民网《英雄烈士谱》

---

① 数据来自《央视长征胜利 80 周年宣传报道浓墨重彩亮点纷呈》,www.cctv.cn,2016 年 11 月 3 日。

同样，《北京青年报》2019年在纪念五四运动100周年时推出专刊7版，编者写道："一百年风雨兼程，一世纪沧桑巨变。今天，'五四'的呐喊仍然响彻国人心中，'五四'的号角依然激励民族前行。本报即日起特推出7个版面'百年五四'系列专题，一起回顾那些伟岸的人物、震撼的事件、澎湃的激情……任重而道远，士不可以不弘毅。不管时光如何变幻、岁月如何洗涤，'五四精神'都世代相承，指引着成千上万的中国青年去追逐中国梦！"①总共分成三个主题：传承版主要是"五四"先驱李大钊、沈尹默后代专访，讲述那一代知识分子的家国情怀；解读版是新一代学人马勇、唐小兵师生对话，深度剖析现代中国启蒙运动的来龙去脉；寻访版则让北京档案馆知名胡同专家王兰顺带领读者和学生，重走北大红楼、《新青年》编辑部等历史地标。而这些中学生在参与了"五四"寻访得出自己的体会与感悟：

一把火，烧光了曾经装潢华丽的赵家楼；一腔热血，鞭笞了曾经耀武扬威的卖国贼；一段历史，书写了曾经难以忘怀的激情岁月。正是那一声声呐喊，正是那一次次振臂高呼，正是那一个个觉醒的新青年，才让红色的曙光照亮中国大地！……他们并不是一个人，也不仅为一群人，他们的身后更是整个社会的支持与呼声。32位学生被捕入狱，让社会各界群情激奋，舆论的压力迫使警方不得不释放所有学生。这是人心所向，也是众望所归。现在的赵家楼辉煌早已不在，一场大火过后，那楼早已夷为平地，连曹汝霖躲藏的地窖都已不知所踪，但这一段历史仍旧在，那一群青年的形象依旧印在我的脑海。遗址中悬挂着的一张张老旧的黑白照片，见证了火烧赵家楼这段历史，激励一代又一代的有志青年去续写"五四运动"的华章。

"青年兴则国家兴，青年强则国家强。青年一代有理想、有本领、有担当，国家就有前途，民族就有希望。"习主席的这番话引发了无数青年人对于当代家国情怀的思考。100年以后的今天，作为新时代的新青年，我们在向百年前的革命先驱们致敬的同时，应该将他们这份爱国主义精神继续传承、发扬下去。

新一代的中国青年，要去面对技术的革命、文化的复兴与世界的交融。不因长路漫漫而空叹踟蹰，不顾困顿重重而驻足不前，不畏踽踽独行而上下求索，不惑众人皆醉而保持清醒，五四精神的火种因而薪火相传。"雄关漫道真如铁，而今迈步从头越。"

一百年的时间过去了，除了青年的担当与热血外，我们应该能冷静下来，看到更多的东西。不管是在刚刚迎来"德先生"的一百年前，还是在国富民

---

① 《北京青年报》，2019年5月4日，第10版。

强的今天，我们都要明辨"民主"的真正意义：如此，我们才不会让愤怒与偏激的火焰，烧灼了民主本来的面容。我们最不想看到的，是先辈的勇气和用鲜血捍卫的民主，消失在蹭热度的转发与小视频的浮躁中。这是我从细雨中的红楼里走出来，最最想要说的一句话。

在一层外的展厅中，我们看到"五四精神"在新时代被赋予了"爱国""进步""民主""科学"的含义。是的，那个在动荡中传奇、因动荡而传奇的时代已经过去；今天我们重览"五四"故地，要重光百年前新文化运动"民主与科学"的思想和"爱国""进步"的精神内核，不负许许多多青年人用青春和热血换来的美好年代。①

历史记忆往往是由现实的刺激引起的，由现实刺激重提历史旧事和重构历史记忆，是为了更好、更直接地对现实进行评说与书写。史态类新闻通过一个个真实鲜活的历史事实弥补了强硬的意识形态灌输的不足，让受众在真实的建构中认同了主体的合法性。联系当前中国社会的现实状况，它们不仅以耳熟能详的语词负载着不同的社会现实，而且以相当间接的方式传达着人们心中的一份隐痛，这表现为"精神危机"和"信仰危机"，表现为改革开放以来人们不得不面对的精神领域的匮乏，因而迫切需要一个可以用来填补这种匮乏的英雄形象和英雄事迹，这种似乎有点饥不择食的精神文化需求，是红色记忆复活的现实依托。并且，它的主导叙事与主流意识形态的价值观基本同构，突出和强调的是一种国家精神或民族精神，使史态类新闻尤其是纪念新闻既与官方话语达到"话语共振"，成为构建主流文化及其意识形态的一个生成点和一支辅助力量，从而增强主流文化引领、整合全社会的共同信念、道德、伦理和精神的亲和力；同时也暗合了人们的精神需要。

史态类新闻除了直接建构主流话语，还通过"人民话语"与主导话语形成意义同构，即"被认为是力图表明日常的意义、表象和活动，是被精心营构了一番，而将支配'集团'的阶级利益表现为自然而然、势所必然且无可争辩的大众利益，为人人所欲"。这主要表现为，在为老百姓代言的表层话语下，其叙事与主流意识形态所积极肯定的"人民话语"相连，进而转换为一种"人民伦理"，从而潜在地为主流意识形态予以合法性论证，并达到与其文化领导权的间接的意义共契。也就是说，史态类新闻以老百姓为话语旨归的叙事策略，正契合了主流意识形态对于面临合法化危机的中心价值体系的修

---

① 《穿越百年　两代青年风雨邂逅》，载《北京青年报》，2019年5月4日，第12版纪念刊。

茸愿望，而对于这种愿望的最直接表达策略莫过于基于人民的话语诉求。①

三、意义共振的深层机制——意识形态化的媒介

那么，在史态类新闻与主流话语的共振中，史态类新闻对于主流意识形态话语的合法性论证是如何实现的呢？这一追问必然将我们引入对其背后生成机制的思考中去。这就与媒介作为意识形态的工具必然要为意识形态服务相关。

前面的论述已多次提到意识形态，那么，这个在任何一个社会或国家都存在的意识形态究竟是什么呢？在常人眼中，意识形态作为一个负面的概念总是与"禁止""压抑""歪曲"等语言或文化暴力行为有关。但作为传播批判理论的重要术语，"意识形态"最早见于法国哲学家、经济学家特拉西（Destuttde Tracy）的《意识形态要素》一书中，是作为所有其他科学基础的一种新的观念科学，被看作是"考察观念的普遍原则和发生规律的学说"。②今天我们使用的意识形态"思想体系"说，来源于马克思和恩格斯的《德意志意识形态》，在经典的马克思主义理论中，意识形态是指由占统治地位的政治力量维持社会的一套骗人的思想，而科学则必须用来发现真理并战胜虚妄的意识形态。法兰克福学派继承并进一步发挥了马克思、恩格斯的观念，认为意识形态的虚假性是一切意识形态的普遍特性，如阿多诺认为"意识形态不真实，是虚假意识，是谎言"③；弗洛姆认为"就这些合理化了的意识形态具有掩盖社会和政治活动的真正动机而言，这些意识形态又是谎言"。④而"文化领导权"（hegemony，也译为"文化霸权"）理论则有助于我们对意识形态作进一步的考察。这一理论是由意大利哲学家安东尼奥·葛兰西提出的，他认为占统治地位的阶级为了确保他们社会和文化上的领导地位，利用文化领导权作为手段，劝诱被统治阶级接收它的道德政治和文化价值。文化领导权观念的关键不在于强迫大众违背自己的意愿和良知，屈从统治阶级的权力压

---

① 唐欣：《主旋律小说的叙事策略分析》，载《理论与创作》，2006年第2期。
② 陈学明：《哈贝马斯"晚期资本主义"述评》，重庆出版社，1996年，第223页。
③ 马丁·杰：《法兰克福学派史》，广东人民出版社，1996年版，第264页。
④ [美]弗洛姆：《在幻想锁链的彼岸》，湖南人民出版社，1986年，第139页。转引自邵培仁《媒介即意识形态——论法兰克福学派的媒介控制思想》，载《浙江大学学报》（人文社会科学版），2001年第1期。

迫,而是让个人"心甘情愿",积极参与,被同化到统治集团的世界观或者说霸权中来。它认为一个社会集团的至尊地位以两种方式展现自身,其一是"支配",其二是"知识和道德领导权"。领导权在文化和意识形态方面运作时必须通过市民社会的各种机构,如教育、家庭、教会以及大众文化和大众传媒等一切自由民主的社会机制来实施。它们大量生产着知识、感觉和意义,其作为文化载体的重要性不但体现在它们自我标举的方方面面功能,同样也体现在它们作为个人和社会意识的组织者和生产者的身份上面。虽然这些文化载体具有相对的独立性和自足性,其组成的人及其专业特征和意识形态的特点,也多有不同,但是它们一起构成了领导权实施和推广的大本营。简言之,它们可以被某个权力集团"殖民化",这个集团不仅仅是由经济上占据主导地位的阶级构成,同样也包括了它的"联盟"和它的下属阶级。这才是文化领导权的要义之所在。它通过取得普通民众的"同意",从而牢固确立其合法性。[1]

而阿尔都塞的意识形态观,则直接受教于葛兰西关于政治社会与市民社会的理论。他认为,现代资本主义国家包括两个部分,一是强制性的国家机器,包括政府、军警、法庭等官方机构;一是意识形态国家机器,即国家机构和社会职能,包括宗教、教育、媒体、党派、家庭、工会、文化等民间组织。而意识形态则指"个人与其自下而上的真实条件的想象关系的再现。它是一种想象机制,既具有再现功能,又具有物质形式,所以,它是人类个体与其生存条件之间真实关系和想象关系的统一"[2]。其主要功能就在于通过"意识形态国家机器"如宗教、教育、家庭、法律和工会,特别是文化与大众传播媒介,用"润物细无声"的方式,通过日常生活点点滴滴的熏陶、浸润、塑造,引导人们对统治阶段秩序的自愿服从,从而确保整个体系的稳定与延续。它的功能在于把个体"询唤"为主体,使其臣服于主流意识形态。通过"询唤",意识形态剔除了主体对于社会的不满因素,使其产生归属感、参与感、安全感和荣誉感,从此主体不再对社会秩序构成威胁,反而绝对地服从国家权威。从社会的表达系统看,我们对自己的确认依赖于教育我们的知识——语言和意识形态环境。也就是说,我们对我们的看法不是由我们自己产生的,它有赖于文化的建构,是文化赋予我们的。

葛兰西与阿尔都塞都提到了大众传媒是一种"意识形态国家机器",大众

---

[1] 参考陆扬、王毅:《大众文化与传媒》,上海三联书店,2000年,第39-42页。
[2] 引自李彬:《符号透视:传播内容的本体诠释》,复旦大学出版社,2003年,第307页。

传媒自然就会受国家控制,国家对媒介的控制正是其对社会进行控制的前提,或者说媒介的控制不过是国家对社会整体实施控制的一个手段。霍克海默与阿多诺就曾以斩钉截铁的语气说过:"广播系统是一种私人的企业,但是它已经代表了整个国家权力……切斯特农场不过是国家的烟草供给地,而无线电广播则是国家的话筒。"① 大众媒介的功能是在国家控制下发挥的功能,它的力量就是国家的力量。马尔库塞曾驳斥"信息和娱乐媒介"论:"人们真的能将作为信息和娱乐工具的大众媒介同作为操纵和灌输力量的大众媒介区别开来吗?"必须记住,大众媒介看似是一种传播信息和提供娱乐的工具,但实质上发挥舆论引导、政治控制等功能是其首要功能。大众媒介即使作为传播信息和娱乐受众的过程,它也是国家权力对受众进行灌输和操纵的过程。说到底,大众媒介是国家的"话筒",是权力的工具,它的运作过程是受国家控制与操纵的。因此,媒介不仅是国家的"话筒"、权力的工具,它还是被国家加以利用的维护意识形态、传递统治阶级意志的工具,甚至它本身就是意识形态,直接履行着意识形态的社会控制职能,维护着国家统治的合法性。

对于社会主义中国,这种文化领导权之实施有着历史传统,中华人民共和国刚成立之时为应对复杂的国际政治形势,有统一对外和对内宣传的需要,后来的社会主义建设的思想整齐性和利益主体单一性的社会政治经济环境,同样是在宣传"工具和喉舌"的媒介保障下顺利实现的。及至社会主义的改革时期,媒介更肩负着为"政治稳定"和"经济建设"服务的政策目标任务,这样在特定的环境及现实需求下,政府对于媒介的管制成为一种历史必然。这就决定了党政相关部门对新闻媒体的监督有一种上对下的紧密的行政组织监管关系,而不只是依法管理关系。同样也决定了在当下中国的政治传播谱系中,新闻对政治意识形态的建构处于轴心位置。而这种轴心位置一定程度上是由以《新闻联播》为主的传统类型的新闻来确立的。这正是缘于政府当局强有力的推介,而这种权力支持只能进一步证明中国传媒尤其是传媒新闻已然成为当下中国的政治意识形态传播的核心。这也是史态类新闻与现代新闻拟态类新闻在传播价值的共同点所在,即都承载着意识形态。

正如阿尔都塞所言:"意识形态对人的控制并不是公开的、而是隐蔽的,我们内化了意识形态,因此不能意识到它的存在和效果。"② 由于大众传播媒

---

① 转引自邵培仁、章东轶:《媒介即意识形态——论法兰克福学派的媒介控制思想》,载《浙江大学学报》(人文社会科学版),2001年第1期。
② 罗钢、刘象愚:《文化研究读本》,中国社会科学出版社,2000年,第12页。

介在选择话语时必然受制于主导性话语结构，而主导性话语结构就是主流意识形态在话语领域的控制模式。因此，作为意识形态的表意形式的一种，史态类新闻的表现自由并非没有限度，它必定要在特定意识形态的"问题框架"内去满足需要。只有在主导性话语结构中被实践的事件，才具有被社会言说的意义。尽管媒介从它的生产逻辑看，应该是组织各种意义进入其领域的，但是媒介的意识形态性迫使它做出选择，首选那些能够融入主导性话语结构空间的实践的事件。这种被优先考虑的意义在联想过程中又进一步支配其他意义，或者让其他意义臣服于它。①

对于"选中"的过程霍尔有细致合理的描述：

……其内涵层次虽然也是固定的，但更为开放，服从于利用其多义价值的更为活跃的转换……社会生活的不同领域似乎被划分为各个话语领域，等级分明地被组合进主导的或选中的意义……事件必须首先安排进各自话语的领地才可以说"具有意义"。……把新事件安排进现存的"问题重重的社会现实图表"的某个领地。……我们说"主导的"，是因为存在着一种"被挑选出来的解读"方案：在这些解读内镌刻着制度/政治/意识形态的秩序，并使解读自身制度化。②

这种"被挑选出来解读"的方案和由方案选中的意义"镶嵌"在整个社会秩序中，而任何一次镶嵌实践也在证明秩序的力量，强调解读方案对每一个具体事件从头至尾的支配：选择、解读、形成认识。而在安排进各自话语的领地才成为"具有意义"的事件时，制度/政治/意识形态的秩序被放在优先考虑的位置上。

"文化实践并不随身携带它的政治内涵，日日夜夜写在额头上面，相反，它的政治功能有赖于社会与意识形态的关系网络，其间文化被描述为一种结果，体现出它贯通连接其他实践的特定方式。简言之，以揭示文化实践的政治和意识形态接合是动态的。"③在这种大众传媒与主流话语之动态的"接合"过程中，主流意识形态的文化领导权不动声色地得以实施。

---

① 李岩：《意识形态下的大众传播话语秩序》，中华传媒网。
② 斯图亚特·霍尔：《编码，解码》，王广州译，载罗钢等，《文化研究读本》，中国社会科学出版社，2000年，第353-354页。
③ 唐欣：《大众文化视野中的"主旋律"小说》，载《文艺评论》，2006年第5期。

第二节　精神守望——传播者角度下的传播价值

　　正如前面所言，我国的新闻事业，在制度上改变了传媒与国家的结构关系，将以天下为己任的知识分子"收编"①进了"党—国的体制"②，将他们定位于党的意识形态的承载者和宣扬者。传媒不再外在于国家的权力系统，而是其中的构成部分，传媒不再从事思想启蒙，而是灌输主导意识形态，并且执行政治的指令；新闻从业者不仅是文人和信息流通的"把关人"，更重要的是党的宣传工作者。另外，随着市场机制的引入，西方以客观性法则为基础的"把关人"理念，也随着媒介环境（包括新闻教育）的逐步开放而以新的力量进入新闻从业者的职业视野，同时媒介市场化又迫使新闻从业者必须关注受众的需求，于是，在中国传媒改革的历程中，中国文人"先天下之忧而忧"的历史使命感、党的宣传工作的要求以及西方的新闻专业理念和商海的诱惑，共同构成了中国新闻从业者内部错综复杂的内心冲动。那么在史态类新闻中，是意识形态的要求和商业利益的双重驱动使新闻从业者进入史态类新闻的制作中来，还是新闻从业者也期望透过史态类新闻传达一些自己的理念呢？

　　众所周知，我国传统知识分子向来具有以天下为己任的济世情怀，有强烈的社会道德责任感和庄严的历史使命感，他们也多以维护社会道德、正义、伦理为自己的使命。这种思想，不仅影响着我国知识分子的价值取向，而且对文章功能也产生了较为深刻的影响，如三国时期的曹丕在《典论·论文》中提出了"文以载道"思想。这种强调文章教化功能的传统对我国近代新闻事业也产生了深远的影响，由于中国近代报业产生于风雨飘摇、内忧外患的

---

① 收编：主要指权力中心将"异类"话语和实践纳入主导意识形态和权力体系，使之正当化和常规化，并以此将之驯化为现存体制之一部分。收编本身不具有强制性，它诉诸诱惑与常规。

② 陆晔、潘忠党：《成名的想象：中国社会转型过程中新闻从业者的专业主义构建》，载台湾《新闻学研究》，第 71 期，2002 年 4 月。

清末，因此，中国最初的新闻传播者就自觉地秉承了传统文化中"文以载道"的精神，利用报纸对民众进行宣传教化。但这种精神的延续却受到了消费文化的激烈冲击。于是"有人回归传统，标举士气逸品，有人剪断历史，直奔未来世界"。一部分新闻传播者开始走向迎合受众、追求受众至上的道路；而另一部分新闻传播者却在冲击中意志弥坚，不断寻求新的表达方式，以期能在其中坚守着优秀新闻传播者的文化责任，执行着人们对自身精神家园的守望。于是，史态类新闻复活的另一功能就是能负载新闻传播者的使命而前行。因为它拓展了新闻资源，推动了新闻传播的知性化，进而体现新闻传播者的专业理念和人文关怀。当然，这并不意味着新闻传播者丢弃精神守望在现态类新闻中的表达，现态类新闻同样需要人文精神、专业主义理念等，只不过，现态类新闻受束缚太多，而史态类新闻因其报道的事实距当下的时间的久远性则可以让新闻传播者放开手脚，尽情展现。

一、新闻资源的拓展

融媒传播技术让新闻传播触角无所不至，融媒体时代，新闻资源日益公开化与公共化。媒介独有的信息资源变得越来越稀少，信息来源成为一种稀缺资源。事实上，从新闻资源本身的存在状态来看，有显性与隐性两类。显性的新闻资源就是那些可利用价值比较明显、容易被人们发现的新闻资源，如具有显著报道价值的新闻线索。但也正因为如此，显性的新闻资源容易成为媒介共同认识并相互争夺的对象，要进行有特色的成功开发则相对困难。而隐性的新闻资源，指那些可利用价值尚未明显表露出来，不太容易被人们发现的新闻资源。由于这种新闻资源不易被发现与争夺，对媒介主体而言，一旦加以开发往往具有独特价值，取得不同凡响的收效。于是在坚持争抢第一时间的同时，各家媒体都大力开发隐性的新闻资源。那么，隐性资源来自何处？史态类新闻的实践给新闻传播者新的启示：历史就是新闻的富矿，"旧闻"就是媒体重要的隐性新闻资源。因为，历史关注已不仅仅是精英阶层的需要，作为社会构成主体的大众同样需要参照历史坐标确定前行轨迹，新闻传播者以其不同于史学家的新闻之笔诠释历史，并通过覆盖面极广的媒介传递给大众，就可能有助于这一坐标在更广泛的大众层次上的现实化与清晰化。

历史是不可逆的，历史事实是永恒而不能被改变的存在。但因为时代、价值观和角度的不同，人们对于历史可以有不同的诠释，从而不断赋予历史以新的意义，因而说一切历史都是当代史。但这些历史的新闻价值常常以休眠状态潜在于社会发展进程中。而聪明的传播者则善于利用历史中潜在的新闻事实，如重大历史事件本身及其发生地、当事人（见证人、亲历者、目击者），历史名人本身及其相关人物在特定时段里都可能给新闻人带来新的启示。美国资深记者索尔兹伯里青年时期读了斯诺的《西行漫记》，就想沿着红军长征的路线实地采访。1983年他如愿以偿。采访前，他先特地访问了200多位长征老战士、历史学家及其他有关人士。1984年他踏上长征路，1985年10月，庆祝长征胜利50周年时，他的新作《长征——前所未闻的故事》在纽约出版了。而国内对长征胜利的整十周年的各种庆祝活动也不断将人们带入长征中进行新的感悟。与历史类同的事件发生时，对现实有借鉴意义的历史事物同样具有"新"意。当然历史的新闻价值具有延续性的特点，如"五一""六一""七一""八一""十一"等各种节庆活动，还有纪念抗日战争胜利、抗美援朝战争胜利等，历史的新闻价值在此突现，其新闻价值因历史被纪念而存在。日本首相参拜靖国神社成为轰动的新闻，那是因为靖国神社代表着日本军国主义的魂灵。同样，历史文物大发现，历史悬案被侦破，历史内幕被揭开，历史真相大白，旧闻被重拾，现在也开始被媒介视为"大新闻"。如2001年，中央电视曾以300万元买断了老山汉墓发掘现场的独家直播权，同年，浙江卫视以8万元的价格买断了雷峰塔地宫发掘的直播权。2002年10月，南京博物院对泗阳县三庄乡大青墩汉墓群进行抢救性发掘，也将其发掘现场的直播权和现场平面报道权分别以9.8万和2.27万元的价格卖给了江苏卫视和《南京晨报》。《湖北日报》与湖北档案局于2013年合作推出《档案解密》专栏，推出解密性报道，如《上世纪50年代，湖北战场日本战犯呈堂自供——"作战给中国人民极大伤害，我认罪"》《不予俘虏称之、准借枪支、劳役以8小时为限 中方人道主义待日本缴械官兵》《毛泽东亲笔回信武大学生陈文新，并两次请她家中做客 武大校徽上的毛体字是写给她的》《盲商沈祝三 亏本承建武大首批建筑群》《原武汉军区副司令陈昌奉曾是毛主席贴身警卫——长征期间，他一直跟随毛主席左右》《共享单车，你的"前辈"有话说》等，这说明在技术快速发展带来互联网大量普及的条件下，受众获知新闻已像吃快餐一样容易，面临生存挑战，媒体唯有在做得更好上下功夫。而史态类新闻通过"让历史告诉未来"型和"老照片"型化旧为新，让历史事实与现实热点相接来拓展新闻报道视野。前者多用于节日庆典、纪念特刊、解密新闻等，后者多用于日常生活；前者更偏重于理性的思索与展望，后者更偏重于情感的怀旧与追忆；前者主要是"以今日的事态，核对昨天的背景，说出明日的意义"，后者主要是"历史是人的自传"，从回溯中得到情感的慰藉。

如2004年5月4日,《广州日报》刊出了"我们的青春、我们的城市、我们的故事——五四纪念特刊",把目光锁定在从20世纪20年代到21世纪初的9个年代的9位青年,叙述他们与广州之间发生的9个既属于青春也属于时代的故事。这期特刊选取的第一个故事是20世纪20年代著名的"刑场上的婚礼"的两位主人公陈铁军和周文雍。后面每一个时代一个代表人物,故事虽是昨天的故事,但是由于有一条主线贯穿,而且这些故事的地点都发生在广州,从而让昨天的历史成为今天的新闻。每个时代的人都能从这些人物故事中找到共鸣:30年代,"敌人的监狱是我们特殊的大学";40年代,"为了理想可以不怕掉脑袋";50年代,"执信两女生同为第一代女飞行员";60年代,"饿肚皮也把世界冠军打得落花流水";70年代,"上大学就像进天堂";80年代,"的士司机先富起来";90年代,"外来工做城市主人翁"……广州杰出青年的故事与这个城市的历史进程紧密地结合在一起,从而突显其以史鉴今的现实意义及其新闻价值。①同样,中央电视台《新闻调查》栏目为纪念中国共产主义青年团成立85周年,于2007年5月8日播出反映各个时期青年奋斗成长历程的专题节目——《青春·记忆》。节目选择了6位各个时期的代表人物,如杨华是50年代北京垦荒队的队长,前往黑龙江垦荒,开创了垦荒的先河;侯隽是60年代知识青年的代表,是知识青年改变农村面貌的典型;郑奇宝是80年代技术革新的能手,拥有20多项发明;许海峰是23届奥运会射击金牌获得者,实现中国在奥运会上零的突破;刘宝平是2006年十大杰出农民之一,从一个来北京的打工仔成为蔬菜大王;徐强是沈阳鼓风机厂的产业工人,立足本职,创造出了齿轮生产当中的"徐强精度",每年为企业创造效益4000多万元。节目通过各个时代的青年楷模展现了不同的精神面貌。《北京青年报》2019年5月2日到4日推出纪念五四运动100周年的纪念刊,一共推出7版,分别为5月2日的"传承版",对"五四"先驱李大钊、沈尹默的后代进行专访,讲述那一代知识分子的家国情怀;5月3日"解读版",报道新一代学人马勇、唐小兵师生对话,深度剖析现代中国启蒙运动的来龙去脉;5月4日"寻访版",报道北京档案馆知名胡同专家王兰顺带领读者和学生,重走北大红楼、《新青年》编辑部等历史地标的所见所闻及所感。正如其编者按所言:"一百年风雨兼程,一世纪沧桑巨变。今天,'五四'的呐喊仍然响彻国人心中,'五四'的号角依然激励民族前行。本报即日起特推出7个版面'百

---

① 案例选自冯镜明等:《报纸"纪念性特刊"的故事化特色》,载《当代传播》,2005年第5期。

年五四'系列专题，一起回顾那些伟岸的人物、震撼的事件、澎湃的激情……"这些系列报道让受众对新闻的了解从"单极"变得更富多元色彩，正像歌德所说："独到性的一个最好标志就是在于选择题材之后，能把它加以发挥，从而使大家承认压根儿想不到会在这个题材里发现那么多的东西。"

史态类新闻就这样无形中扩大了媒体的新闻信息资源，使那些在媒体看来不属于新闻的"资讯"也获得了新闻价值，从而拓展了媒介从业者的思路，增强了媒体的竞争力。而这种思路，不仅使旧闻具有相应的新闻时效性，同时也使知识获得了相应的新闻价值，使具有理性价值的"观点"成为一种信息资源。

二、新闻传播知性化的助推[①]

当前，与新闻传播大众化并行不悖的另一股潮流则是新闻传播的知性化。所谓"知性"，《辞源》的解释是：德文 Verstand 的意译，又译"悟性"。康德认为人的认识能力有感性、知性、理性三个环节，其中"知性"处在"感性"与"理性"之间，它可以是"感性"的升华，也可以是"理性"的接近。[②]简单而言，知性是人的一种主动下判断的能力，它把我们知觉中的多样的具体内容进行分解，重视事物的固定的特征和多种特性间的区别，凭借理智的区别对具体的对象持分离的观点。而新闻传播的知性化就是指传播内容具有知识性和思想性，是将知识理性与思想传播渗透到大众新闻传媒文化之中，用知性提升大众性。

作为集评论和解释于一身的史态类新闻，不仅要求人们把不同或相关的事物联系起来考虑，还要求人们在现实的基础上充分揭示出这种联系的空间纵深性和时间绵延性。它常对大量历史事实和素材进行深度加工，其中，有分析、有归纳、有揭示、有预测，条分缕析的逻辑结构使史态类新闻呈现出强烈的思辨色彩，引发出强大的思辨力。众所周知，正如肉体和精神同时存在一样，思想和感情也同时发生。二者正如糖被掺和于水中，只有水，没有糖，是绝不会变甜的。也就是说思想、感情要同时生成，并行存在，如果新闻中只有感情的宣泄，而无理智的调控，那么这种"感情"将成为决堤之洪

[①] 参考夏琼、高英雄：《新闻传媒文化的知性化趋势》，http://journal.whu.edu.cn/research/read_research.php?id=313。

[②] 潘志存：《试论中国现代知性诗歌的特征》，载《温州大学学报》，2004年第4期。

水，出笼之猛兽，难免要泛滥成灾，不好收拾；如果新闻中只有"思想"的空架，而无"感情"的点缀渲染，则这个空架子还不能成为一个精致的花圃。因此，"理"隐匿潜存于史态类新闻文本中，它实现了新闻报道从事件型向问题型、从单一信息型向密集信息型、从微观层面向宏观层面、从表面现象向深层意义的转移和发展。在生活中，人们常常渴望有新的智能来观照生活，不仅需求知识，还需要将知识还原为生活感受，再超过具体感受，得到自己特有的精神境界。这种超越于生活感受的精神境界，就凝结着哲思的因子。相较于现态类新闻因对时效性的追求而略缺思考的冷静，"主智""重思"的史态类新闻则可以认真仔细去感认与体察世间万物，"致力于冷静的观察和邃密的玄思，洋溢着智能的灵光和横生的哲理意趣"。就其来源而言有三：一是对历史和现实的认知；二是对宇宙规律形而上的慧思；三是对自然与生命的哲学感悟。这三个层面在史态类新闻里都获得了自己的生存空间。

　　正如前面所述，史态类新闻不仅是发现历史事实，更重要的是从中发现新的意义，正是这个新的意义使历史成为新闻，而这个意义也必定带着作者深思熟虑、仔细梳理后所总结出的观点，因此史态类新闻大量运用了述议结合的写作形式，"述"的是新闻事实和辅助素材，"议"的是立场、态度和观点。史态类新闻中的"议"一是借专家、学者、业内权威人士或当事人之口"述"出来，也就是说，在史态类新闻中，主观性的"议"被客观化了。"述""议"相互转化，浑然一体，使史态类新闻从总体上仍然实践着新闻客观报道的宗旨，从而更具说服力。如《中国青年报》的《冰点》栏目的一篇报道《寻求合法性》，作者对青县模式的赞同通过村民和专家的口说出：

　　村民代表韩世达讲："原来我都不想在这村里住了，我可以住县城。为什么？太脏、太乱，没人管理，没人收拾。你看现在这村，虽然不比城里，照过去比，强多了。"

　　听说他当上村民代表后，掏了3万来块钱支持村里。我问：你当代表，不会只掏钱吧？

　　"村里哪儿有问题，我就提出来。""以前不可以提吗？"

　　"提？向谁提？你向当官的提，他喝醉了，你谁啊？没渠道提，而且提了也没用。你就是有心，有力，钱给谁？以前有了不满，只能个人生闷气。'新模式'的好处，就是有组织有依靠，有意见有地儿说去。"

　　"说了，不听，咋办？"我追问。

　　他立马从椅子上直起身子道："不听，我再组织大伙说去，开村民代表大会讨论，大家都不同意，这事就给否决了。再干，也就不合法！"

别人也接着话茬道："我觉这事行，就举手同意；不行，就不举手，不盖章子。"

……

"这个理财小组，都是村里有头脑、精明的人。你说你买了什么，拿出来大伙瞅瞅。村代会如果真把它的权力发挥出来，还真能起到监督两委班子的作用。两委好了，就能推动村子的发展。"

他们总结道：新模式，让村民代表有了真正的决策权、监督权。

……

中国社科院农村发展研究所的于建嵘认为：青县模式，不仅解决了村治模式问题，而且解决了共产党生死存亡的问题，解决了基层党组织退化问题。他说："共产党必须有基层政权，必须有政权意识。""执政党必须树立接受人民群众的认可和巩固人民群众基础的观念。"①

二是作者直接进行评论，让自己的观点淋漓尽致地展现。如《伴随改革开放长大身边年年有变化》一文中，作者直接评论道："改革开放40年来，中国每一座城市、每一处乡村、每一个家庭都发生了天翻地覆的变化，越来越多的'马小梅'见证了改革开放的成果，群众的获得感、幸福感、安全感大幅提升，人民向往的美好生活正在逐步实现。"②

再则，史态类新闻用简而化之的理论来阐释社会生活中的各种新现象、新问题，为广大受众解疑释惑。这不仅丰富了新闻表现方法，拓展了新闻报道空间，更重要的是，它们让新闻闪烁出理性的光芒，昭示着新闻朝着理性和知性发展的新趋势、新方向。在史态类新闻中，专家、学者和业内权威人士用他们的学识、功力和视野将学术性理论与现实性的问题有机结合，通过观察、分析、解释、预测，理论在这里被简约化、通俗化和大众化，进而对广大受众的学习、生活、工作和思维方式产生着现实的指导作用。史态类新闻的指导力应该说是思辨力和说服力的延伸，其实质还是理论的指导力。而史态类新闻的思辨力、说服力和指导力，使其烙上了知识的刻度，从而具备了知性的力量。如在9·11事件六个月纪念日之时，美国政府和民间曾举行了一系列仪式。哥伦比亚广播公司（CBS）播出纪录片《9·11》，片中采用了大量从未公开的影像素材，从参加抢险的纽约市消防队员的视角再现这场

① 引自董月玲：《寻求合法性》，载《中国青年报》，2005年5月11日，《冰点》版。
②《中国青年报》，2018年11月22日，《要闻》版。

悲剧。片子反映了美国人民在这场灾难面前表现出的空前的团结精神和爱国热情，也引发了对 9·11 事件进行的理性的反思，这与当时几乎所有美国主流媒体所体现出的缺乏反思的声调形成强烈的对比。至于 9·11 事件是否属于军事行动我们不必探究，但《9·11》的这种独立的文化追求已经为精英文化领域的探索提供了一个很好的范本。

因此可以说史态类新闻通过自身的知性化逐步推动新闻传播的知性化，进而促使新闻传媒文化的知性化。而新闻传媒文化的知性化趋势使主流新闻传媒文化的垄断地位受到挑战。我们知道，主流新闻传媒文化从属于主流文化圈，其潜在的抵抗力量在亚文化圈，而亚文化圈始终游走在文化的边缘，其力量十分薄弱。然而，知性新闻传媒文化的兴起，实际上也是知识分子对主流话语进行"收编"整合进自己的话语中，并由此合法化地从新闻传播领域争取到了话语权，并逐步渗透进主流新闻传媒文化。这标志着主流新闻传播意识到了这两股力量的不可抗拒性，而承认了大众新闻传媒文化和知性新闻传媒文化的合法性。

三、新闻专业主义的彰显

新闻专业主义是美国政党报纸解体之后在新闻同行中发展起来的"公共服务"的一种信念。它是一套论述新闻实践和新闻体制的话语，又是一种意识形态和社会控制的模式。它的目标是传播真实、真相或真理以服务于全体人民，而不是某一利益团体。在实现媒介功能时，新闻专业主义最突出的两个特点就是中立性和客观性。中立性指把关人在做必不可少的抉择时，应按照"新闻价值"的中立标准进行取舍，当批评社会和国家时，它们是人民的代言人；同时，它们又是人民的教化者，在报道争议问题时，它们采取不偏不倚的态度。客观性则要求新闻报道者抛弃个人的偏见、情感和观点，这种客观性新闻学理论要求事实和意见的分离，要求事实的准确和报道方式的冷静。新闻工作者用"客观性"表明其报道的可信性，从而提高自己的专业地位。真实性、客观性、公共责任构成了新闻合法性和独立性的基础。

20 世纪 90 年代，新闻专业主义进入中国，在与中国本土新闻理论的碰撞中得以不断发展，并逐渐成为我国新闻工作者遵守的职业伦理规范。这本身就是社会变革的一个标志，它反映了新闻改革面临新的挑战，其核心就是新闻工作者如何应对商业赢利与服务公众利益之间的张力、如何应对政党与媒介之间的关系。目前作为模式和意识形态的"专业主义"已经涉及了很多符合专业主义的内容,其中包括反对"假、大、空",以事实说话;强调贴近生活,提高媒介的服务性;反对"有偿新闻",提倡新闻业的职业伦理;呼唤"舆论监督"以及内容采编和媒体经营的分别管理等。可以说,经过新闻改革,新闻界逐步建立起新闻专业的信念、伦理和规范。与西方国家比较,中国的新闻专业主义之发展有自己的特征,这一方面是因为中国的历史传统和条件,另一方面是因为中国特有的新闻和传媒体制。正如前面所言,中国的新闻从业者是党的意识形态的承载者和宣扬者,接收着主流意识形态的强制控制和收编。①但同时,新闻实践者们也力图将宣传体制的要素吸纳到他们的实践过程和话语中,以增强他们的专业话语在现实中的正当性和说服力。这种互动关系之所以存在,正是因为新闻专业理念这个中介。即使是在算法时代,新闻生产者在追求智能传播功效最大化的同时,仍然坚守新闻媒体的责任与担当、人本精神与人文关怀。而史态类新闻就成为其实践途径之一。

中央电视台的《新闻调查》的大部分节目都属于解密新闻,属于史态类新闻一部分。其节目成员的追求就是成为事实真相的鉴定者,社会变革的参与者,社会正义的呼吁者,以及弱势群体的保护者。这体现在其报道风格和形式都在有意无意地与新闻专业主义合拍。它们借助改革和"舆论监督"等官方的号召,以访谈、交谈、调查等西方新闻常用的表现形式和手段,对新闻报道进行探索。在探索中他们强调"用事实说话"和"以理服人",不仅注意事实的准确,而且注意评论的公允。这种探索的内在动力就是传统的知识分子的使命感、新闻从业者的正义感和对事实真相的执着追求。

从理论上讲,任何历史都有被无意地遗忘的角落和有意地掩盖起来的秘密。所以,一旦把历史上所有那些被遗忘的角落和被掩盖起来的秘密揭示和披露出来,那么毫无疑问,它将会成为一种令人深思的具有特殊形式和特殊意义的新闻。而这正是史态类新闻所追求的目标,也正是新闻人的职业道德的坚守。比如对于历史阴暗面的报道,任何一种历史都存在有不可避免的形形色色的阴暗面、消极面和丑恶面,新闻有责任、有权利对之加以揭露和展示。倘若这种对历史上的黑暗面进行揭露和展示本身能够包含有一种史态新闻所要求和规定的特定新闻价值的话,那么这种暴露就是有意义的、合理的。当然,史态类新闻并不单纯以暴露历史上存在的阴暗面为目的,不过由于历史上的某些阴暗面具有鲜为人知的新闻价值,故而也就理所当然地成为

---

① 参考陆晔、潘忠党:《成名的想象:中国社会转型过程中新闻从业者的专业主义话语建构》,载台湾《新闻学研究》,第71期,2002年4月。

史态类新闻所极力捕捉和刻意寻求的目标。当然这种行为本身丝毫也不影响和损害史态类新闻对历史本质所作的独特理解和新颖发现的真实价值。一般说来，史态类新闻的真实价值往往在于对历史意义的富有独创性的惊人发现。而这种独创性的主要标志一是表现在史态类新闻对历史上那些阴暗面进行全新审视和新奇解释，简而言之，史态类新闻不只是要发现历史的阴暗面，而且更着重于从历史的阴暗面中发现出一些不易为人所察觉的新意义和新价值，给予受众不同的理解与感悟；二是表现在对重复报道的纪念性事件的新意义的提炼。在史态类新闻中，新闻从业者身兼历史事实的报道者和历史意义的阐释者的双重身份，通过采访历史，去考量人类社会自下而上和发展中的种种现象，去捕捉、发现、感受、体验那种弥漫充溢于整个空间、自然界和宇宙深处的历史意义和生命韵味，使历史意义的阐释不是空洞无物的任意发挥，历史事实的报道也不是就事论事的机械记录。报道与阐释在这样在一种和谐关系中保持着一种内在的张力。新闻人则在这种张力结构中表现出自己的个性和风格，以他们在生存态度上具有的积极的进取心、强烈的道德激情以及自愿承担起关注社会、改造社会的崇高使命，高举人文大旗，在与受众一次次短暂的倾诉与交流中，感染着受众，启迪着思想。当然这种新闻话语绝不直接对抗主流意识形态；相反，它以"批评报道"和"舆论监督"的要求为正当化基础，以"反腐败"和"健全法制"等政策来表述其中"对立"的取向。这其实是将官方对新闻工作的要求"收编"进了新闻工作者自己的专业话语中，从而使阐释行为"正当化"。下面我们从国外的一个案例来观察新闻专业主义在史态类新闻中的彰显。

闻名遐迩的撒利多胺（Thalidomide）镇静剂丑闻调查运动是由《星期日泰晤士报》(*The Sunday Times*) 于20世纪70年代初期发起的，而撒利多胺镇静剂悲剧发生在20世纪60年代。一家以生产威士忌出名的大制药公司Distillers，从一个名叫Chemie Grunenthal的德国公司得到许可，将撒利多胺镇静剂引进英国。在促销该药时，英国销售商称撒利多胺是一种无毒型梦想镇静剂。尽管公司的医学专家不久便认识到该药的致命缺陷，但是Distillers故意忽视其危险性，甚至更加大张旗鼓地进行广告宣传，宣称撒利多胺镇静剂为孕妇专用抗清晨呕吐药，宣称该药对母亲和胎儿无害。对胎儿无害的保证不久就被证明是错误的。1960年前后，一些婴儿生下来畸形。此类不幸事件有两个相似点：（1）婴儿没有四肢；（2）母亲在怀孕期间服用过撒利多胺镇静剂。一位澳大利亚产科医生将两者联系起来后，撒利多胺镇静剂终于于1961年从市场撤出。然而，这一切来得太晚了，未能阻止灾难的发生。全世界有 8000 多名婴儿患撒利多胺畸形，其中 451 名是英国儿童。虽然撒利多胺畸形儿童悲剧当时赢得了人们的同情，但 10 年过去了，受害者却没有得到任何赔偿。于是，《星期日泰晤士报》决定调查这一重大的医疗、商业及司法丑闻。这是一个艰难的历程。6 年后，这场由《星期日泰晤士报》发起的撒利多胺镇静剂调查及运动终于有了比较好的了断，许多受害者得到了赔偿，英国法律有关藐视法庭的条款也做了修改。在调查撒利多胺丑闻期间，记者菲力普·耐特雷做了大量的案头工作。1967 年，当报社负责调查性报道的"洞察力"（Insight）小组决定继续关注德国类似案件时，他们全身心投入三个诉讼案的全部卷宗里。这些文件学术性很强，并且需要将专业性极强的德语翻译成英语，这个翻译、总结、多方参照、索引的过程，用了将近一年时间。然而，这仅仅是整个调查的第一步。一年后，他们又开始了同样的过程，这次是对 Distillers 制药公司内部文件的调查。接着，耐特雷开始经受另一痛苦的挑战，即处理成堆的已被粗选出来认为有用的资料和文件。他断断续续花了几乎一年的时间才完成整个事件过程的撰写工作。

这是一项令人望而却步的工作，他后来讲："这才是调查性新闻的真正基础，而不只是像戏剧或电视里人们经常看到的那种面对面的对质。"

接着，该轮到法律顾问和编辑遭罪了。在稿件见报前，他们对文章的润色和修改可谓用心到了极致。这里，我们以 1972 年 9 月 24 日的新闻报道为例，为了避免遭到藐视法庭的指控，他们决定从纯道德意义的角度，而非法律层面来撰写和发表这篇文章。他们还精心推敲了每一个词、每一个句子。例如，在标题《撒利多胺孩子》前边加上'我们的'，以使读者可能会更加感受到他们应该为国家的声誉和为孩子们的命运负责。最微妙的细节是这句话："在后续文章里，《星期日泰晤士报》将探究悲剧发生的原因"。这句话被放在文章末尾，就像"一枚战术智能炸弹"。根据法律顾问吉姆·埃文斯（James Evans）的解释，这是告知制药厂 Distillers，《星期日泰晤士报》已经了解撒利多胺事件的根底并准备公之于众，如果公司保持沉默，将于之不利；如果公司设法阻止报纸报道更多内容，公众就会质问：他们究竟想压制什么。另外，这寥寥数语也保证了《星期日泰晤士报》编辑的人身安全，使他们不会因藐视法庭罪而遭到囚禁，因为他们根本没有发表什么严重言论，只不过说将来某一天可能会这么做。[①]

[①] 辛宏：《一个调查性报道的典型案例》，载《中国记者》，2005 年第 1 期。

不可否认！在社会弥漫着媒介消费主义话语的传播生态下，新闻专业精神开始滑落，日渐被商业逻辑所掌控的新闻媒体正在制造一些劣质的传媒产品并流通于市场，媒介公信力与媒介品质也遭到不同程度的破坏。但从上述案例及对案例的阐释中，我们看到新闻从业者为追求事实真相所做出的不懈努力，他们并不局限于"中立的"观察者，而是"事实真相的鉴定者、弱势群体的保护者"。从他们的新闻作品中公众领略到其可贵的新闻专业精神，感受到其优秀的媒介品质。

四、娱乐化浪潮中人文精神的践行[①]

鲍德里亚认为消费社会是一个符号化的社会，"今天，在我们的周围，存在着一种由不断增长的物、服务和物质财富所构成的惊人的消费和丰盛现象。它构成了人类自然环境中的一种根本变化。恰当地说，富裕的人们不再像过去那样受到人的包围，而是受到物的包围。"[②]在消费社会中，人们更加关注商品的文化特性、符号价值以及形象价值。在消费主义的影响下，全球新闻的娱乐化现象越演越烈。这种新闻娱乐化现象主要表现为：第一，将名人丑闻、逸闻趣事、犯罪新闻、暴力事件、体育新闻、花边新闻等具有较强娱乐性的内容作为报道重点，减少严肃新闻的比例（都市报在这方面表现得尤为突出）。正如《畸变的媒体》中所说的情况，"中国的记者不去调查中国自己面临的最大问题，包括社会不平等、下岗工人问题、农民问题、环境问题、水土流失问题、农田丧失问题等"，而是在卖力地追踪明星的私生活。（如2018年11月中央电视台《新闻联播》栏目批评某电视台过度娱乐化，认为他们"过度集中综艺娱乐，过度地依赖明星艺人，过度地追求商业价值和市场效果"。）第二，惯用耸人听闻、哗众取宠的手法写那些令人震惊的事件，强化事件的悬念或煽情刺激，以求达到一时的轰动效应。新闻娱乐化的实质是新闻本性的灭失，让新闻刺激人们的感官而不把它当成重要的事，一切都在玩笑中轻松地过去。因而有学者形象地指出："今天的新闻不再是一种精心烹饪的大餐、一张人们每天早上或晚上必须阅读的报纸、收音机中午对早上报纸新闻的更新广播、晚间黄金时间的电视新闻。新闻已经成为充满了活力、24小时不停

---

① 鲍海波：《电视人文谈话节目中的价值守望》，载《电视研究》，2004年第12期。
② [法]鲍德里亚：《消费社会》，全志钢、刘成富译，南京大学出版社，2001年。

烹饪、食用的快餐。"①造成新闻娱乐化的原因很多，最主要的就是传播科技的高度发达带来媒体的丰富性使得多个媒体为争取受众源展开了竞争，而在竞争中一些媒体在利益的驱使下片面强调媒体产品的消费性，不惜手段寻找满足受众的途径以提高自己的收阅率，进而提高利润。而挖掘所谓新闻背后的娱乐化因素，可以满足一部分读者猎奇、消遣、求刺激的心理。因此，一些短视的、追求短期效应的媒体，削弱新闻媒体的社会功能和引导舆论的作用而无限放大媒体的娱乐功能，用以满足一些受众的要求。如严肃的反贪警示案件报道，在追求娱乐化的媒体上更多地表现为贪官和他的几个情妇的故事；报道一名足球运动员，则热衷于他有几个私生子。另外还有片面强化媒体的商业化运作等原因。

新闻娱乐化、庸俗化的浪潮，使大众对新闻信息消费追求快速及时，"闪新闻""后真相"成为热词，而为追求时效，新闻的意义常被支离破碎，缺乏上下文，与邻近事物无缘。正如格雷厄姆·默多克所言，新闻总是严格不懈地捕捉当前的现行思想。它聚焦在重大事件上，但忽视法国历史学家费迪南德、布朗代尔称之为"longue duree"的东西——在长长的时间环上展开的根深蒂固的各种变化的缓慢移动的趋势。什么新鲜事，震惊的好事坏事，都像是刚从天上掉下来似的，无原由可寻，就这么"发生"了。每次都是最新最刺激的信息，却缺少有恒久保留价值的东西。这就是"快乐至上"新闻思想成为新的统治、控制力量造成的结果。人文精神的缺失，"无人新闻"②不断出现，人们深陷于感性欲望甜腻的陷阱中，我们不禁发出"是什么遮蔽了人文精神"的诘问。那么，什么是人文精神？不同时期对于它有着不同的解释。总的来说，人文精神是指"对人的生命存在和人的尊严、价值、意义的理解和把握，以及对价值理想和终极理想的执着追求的总和"。③简而言之，人文精神就是人之为人的最基本的道德操守，就是对以人为本、以人为中心的价值观的自觉守望，就是关怀人类，弘扬个性。新闻媒体作为传播人文精神的

---

① 李希光：《跨媒体传播的悖论》（上），网络资源。
② 这里的"无人新闻"并不是说，我们的新闻里没有人的存在，而是说媒体呈现的影像世界缺失了对人类自身根本内涵和终极价值的追求，新闻中缺少一种真正的人文主义关怀，缺少一种对人的命运、情感、生存状态等真正的体贴、关心、重视乃至思考。如在"莫斯科人质事件"报道中，一些媒体的标题竟为《莫斯科上演"倩女幽魂"女人质手机传情荡气回肠》，《手机有奖竞猜"有多少名人质"》等。
③ 张立文：《儒家的人文精神》，载《光明日报》，2002年12月12日，第1版。

重要载体，如果人文精神建设缺位，就可能会因为媒体传播的低俗之风而助长社会不良风气。

那么，在重物质利益和实际功用、轻人文关怀和理性精神的时代，在市场单一激励下传播和受众恶性互动、传媒的面孔日益冷酷、人文历史理念日益弱化、感性欲望泛化的传播环境里，新闻从业者怎样实践自己的人文精神理念呢？以报道过去事实为主，侧重从中发现新的意义的史态类新闻成为他们灌注自己理念的新的精神栖息地。他们将敏锐的目光投向历史的海洋，试图借历史来唤起人们的记忆，重新思考当代文化的命运。如湖北电视台的《往事》栏目偏向于选择一些美的、善的值得肯定和珍惜的往事、旧事，这意味着在对旧事的感怀中，充分认可中华民族的传统美德与优秀风尚，努力恪守和倡扬生活与人性中值得珍惜的东西，将之于商业环境和物欲大潮下的人性扭曲和心灵沙化抗衡。①在《故事，铭刻在雪山》中，当主持人问及刘连满甘当人梯把荣誉让给别人的动机时，刘连满以"这是党和国家交给的任务，不是哪个人在这里头冒个尖，不管谁登上去，都代表国家"作答，正是在这样崇高的思想境界下，刘连满能坚持"生活应该向低水平去看，工作向高水平去看"，在人生经历诸多不公与失落后仍然不后悔，相信"人与人之间最可贵的是感情"。节目正是通过这些朴素的话语来展示这些普通人身上的闪光的灵魂、人性中的真实元素，不仅使节目跳出了无意义的讲述，又使观众确确实实感受到一种心灵的震撼，吸取到精神的食粮。当然，对人性本身的真善美的张扬并不意味着回避生活的丑恶假，而是在正视这一切基础上，从对人类的深切关怀出发，用一颗敏锐、细腻而又善良、宽厚的心，去发现人类的传统美德，不时表现支撑人们战胜苦难的生活信念，来共同表现真善美。《往事》虽然是从平民视角出发，讲的都是平凡人物的曲折传奇人生与喜怒哀乐，但贯穿其中的并不是平凡人物的庸俗、琐屑，而是正直、乐观、坚强、理想、信念这些人性中的闪光点。而"在叙事技巧上寓教于事，跳出了传统的寓教于理的概念和说教，受众从中可以获得深刻的人生教益与启迪作用，实际上仍可看作是平民视角下精英意识的渗透。"②再如《汶川地震十年：当年她被埋30小时　重庆医生给她重生　如今她在重庆医院工作》一文中借主人公的话来表达出作者的人文精神来："她说，这10年的经历，也让她真正地理解

---

① 见张定凤等：《平民视角的文化阐释——析湖北卫视往事栏目》，载《湖北成人教育学院学报》，2003年第3期。
② 《解读湖北卫视"往事"栏目》，载《中国记者》，2003年第3期。

到什么是'爱的奉献'——给需要帮助的人默默付出是一种幸福，如自己得到别人帮助时候的快乐。"

同样在新华社军分社与《北京青年报》联合推出的大型报道《我的长征——寻访健在老红军》中，年轻记者的探访让这些耄耋之年的红军老战士变得鲜活生动起来。这些主人公在当年大都是普通的战士，甚至在现世的舞台上大都也是沉寂者，但在老人和记者们拉家常似的对话中，我们看到的是每一个鲜活的个体身在这一历史事件中的剪影，如吃野菜集体中毒、背不动银元扔进草地水潭、从乌鸦嘴里抢野果等。比如《黄欣——长征路上拜干娘》中写道："看着他想部队着急的样子，大娘没法子，只得答应他。黄欣要将部队打胜仗时发的、自己从未用过的一点零钱给大娘，大娘坚决不要，让他带在路上用。'走的时候，大娘送我一程又一程，走了整整三天。一路上，我和大娘难舍难分，哭得像个泪人一样，我跪下向大娘叩了三个响头，认大娘做了我的干娘。走出很远后，回头时还看见干娘在寒风中向我挥手。'这位干娘，黄欣后来再也没有找到。她连名字都没有留下。说到这里，88岁的老人眼中泛起了泪光。"① 在叙述中，我们并不指望90多岁的老人们对于历史进行清晰的指认，但仅仅是一次战斗，或者一幕场景，或者一次欢乐或悲伤的情感过程，足以使我们真切地感受到每一个不同的生命在苦难中所经历的磨炼。他们的健在，使长征从70年前的历史成为活生生的人的故事；他们漫长的风雨人生把历史与今天有机地连接了起来，他们各自不同的经历，从不同角度折射着长征的历史。

从某种意义上说，史态类新闻在新闻娱乐化、庸俗化的困境之中对人文精神的张扬与推崇，目的在于构筑起人类精神的营驿，守护我们自身的精神家园。而史态类新闻对人类精神家园的坚守，彰显人的自下而上意义应从更多的向度上得到维护以及拓展。在这种维护和拓展中，始终不能缺失的是对人的生存意义的把握，以及审视的独特视角。因为在新闻传播中，受众欲知与权力构成了新闻博弈的胜负手，谁能从禁知的事实中找出更多的受众想知的，谁就会受到老百姓的欢迎和喜爱。在这场博弈中，政治权力、资本势力和受众需求构成了新闻博弈多方共存的格局。由于媒体被权力控制与资本拉拢，一些关系百姓民生的新闻，被权力控制甚至于封杀，百姓无从知晓。一些企业和商家的行为有的已严重危害老百姓的健康，但由于资本拉拢，老百

---

① 《黄欣——长征路上拜干娘》，资料来自《北京青年报》的网上版，http://www.ynet.com/view.jsp?oid=3641385&pageno=1。

姓仍被蒙在鼓里，每天仍在购买和使用它们的产品。而史态类新闻在欲知与禁知的较量中，颇有些救世主的味道，它用人文关怀代替了意识形态包袱，用自身的力量让公众一步步地接近真实，从而不断实践着新闻从业者对历史价值、人文精神的思考和追求。如《教师节：一位"骗子老师"，为近代中国杀出自强路》[①]一文，在2019年教师节之际刊出此文，文中处处呈现出思考与反思。

例 4-2：教师节：一位"骗子老师"，为近代中国杀出自强路

每年教师节，都是感念师恩的日子。许多中国历史上如雷贯耳的名师们，也会在此时被反复提及，诸如曾国藩等人的闪光金句格言，更常见在互联网平台上刷屏。不过，这次我们要讲的一位名师，虽说和曾国藩交集颇深，名声却十分低调。放在晚清守旧大臣们的奏折里，此人更常是"熟脸"，各种的骂名汹涌而来，"骗子"的恶名，也是长期流传。

如此背着"恶名"的人，亦是孙中山梁启超等近代风云人物们公认的"先生"——中国近代教育家，"留学生之父"容闳（hóng）。

一　苦孩报国

容闳，原名容光照，1828年生于广东香山县南屏村一个穷苦人家。在那个鸦片战争前夜的年月，这种家庭出来的苦孩子，受教育的可能原本微乎其微。但幸运的容闳却恰逢机缘巧合，先是七岁那年被家人送入了澳门马礼逊中学，十二年后马礼逊中学校长夫妇因病回美国，表现优异的容闳却被慧眼看中，得以去美国继续求学。

容闳赴美的那年，正是1847年，大清在第一次鸦片战争里被打惨，一群列强正磨刀霍霍要扑来。可朝野上下还是一片懵懂，只有个别人努力睁开眼睛看世界。而身在世界另一边的容闳，却启动了开挂人生：不到三年时间，就考取了美国著名学府耶鲁大学。尽管穷困的他要靠打多份工勤工俭学，却还是顽强坚持下来，终于在1854年以优异成绩毕业。毕业典礼那天，大批校外人士跑来瞧新鲜——就为瞧瞧毕业典礼上少见的中国人。

学业开挂以后，容闳的事业，接下来也持续开挂。他1855年返回中国，那正是太平天国战争震惊南北的年月。聪明苦干的容闳，自己在上海的茶叶生意也有声有色。他原本可以一边赚钱一边"看风景"，过起优哉游哉的生活。但他却默默选择了另一条无比艰辛的路：报国。

与彼时那些晚清朝堂上的"精英"们不同，在美国打拼七年的容闳，

[①] 新浪网《文史博客》，2019-9-10，http://blog.sina.com.cn/lm/history/。

早已深深明白近代中国与西方世界的全方位差距。但即使在最艰苦的求学生涯里,他倔强的愿望,从远渡重洋的第一天起就从未变:"他日竟学,无论何业,将择其最有益于中国者为之"。他那开挂的事业人生,只为把自己变作一匹骏马,拖起灾难深重的晚清中国,隆隆前进。

1863年,经好友李善兰(翻译《几何原本》的那位)推荐,容闳结识了晚清名臣曾国藩,随后就是牛刀小试:扔下手里的生意,揣着曾国藩给的六万八千两白银远赴美国,历经两年奔走,为大清朝弄回了一百多台配套齐全的工业母机。作为中国近代工业胚胎的江南制造局,所需家当就这样一次性齐活。如此大功,连眼光奇高的曾国藩都连连称赞:"历途万里,为时经年,备历艰辛,不负委托"。这人,靠谱!

这个华丽亮相,也让容闳获得了"特授五品实官"的奖赏。凭着强大的活动能力,他也从此在晚清政坛声誉鹊起,与多名"洋务运动"骨干成了知交。各种苦活累活也干了不少,对于那些洋务运动的官员们来说,海外归来的容闳,就好似他们了解外界的"老师"。但他一直默默筹划的,却是另一桩关乎近代中国的大事:留学救国。

二 艰难破冰

多年的美国留学生涯,早让容闳抱定了一个认识:中国落后,首先就是教育的落后!

在晚清官场上浮沉奔走的他,看够了各种扯皮笑话,受够了死气沉沉的氛围,这个信念却依旧未变:"籍西方文明之学术以改良东方之文化,必可使老大帝国,一变而为少年新中国。"

那怎么变"少年新中国"?容闳相信,最重要的办法,就是留学。

因此,自从在晚清政坛站稳脚跟后,容闳就一直在默默奔走,1867年他向江苏巡抚丁日昌上书,提出了"选派颖秀青年,送之出洋留学,以为国家储蓄人才"的计划。这个设计详细的计划,又在清王朝上下历经三年扯皮,由于反对声太大,以至于容闳本人都深感"仿佛苍天不厌其酷"的沮丧。但1871年,这番苦苦等待,终于有了结果:经曾国藩李鸿章两大重臣联名力挺,清政府"留美幼童"计划,启动了。

为这个计划,43岁的容闳已经等了十七年。他在自传里这样形容当时自己的心情:"我兴奋得不能入睡,整个夜晚,都像夜鹰睁开了双眼"。1872年8月11日,中国第一批"留美幼童"正式启程。容闳则受命担任"中国留学事务局副委员",成为这先后120名赴美的"留美幼童"们,共同的老师。

"像夜鹰睁开了双眼"的容闳，也进入了极度兴奋的工作状态。从1872年2月起，他就动用联络了自己在美国的一切关系，甚至向耶鲁大学校长波特写信求助，寻求这个高等学府的支持。在容闳的努力下，美国康涅狄格州教育局也热情出面，为留美幼童们选择接收家庭。一切的好条件，他都尽力为孩子们争取来。

而在经历了初次踏上美国的惶恐不安后，这些留美幼童们，也终于没有让容闳失望。接下来的多年里，他们刻苦的学习精神和聪颖的天赋，一次次令美国师生们折服。"留美幼童"抵达美国四年后，即1876年的美国费城世博会上，这些优秀的"留美幼童"们也精彩亮相，其高水平的作业，都作为展品出现在展台上。面对各国来客的好奇询问，这些孩子们不卑不亢，一次次对答如流，引得交口称赞。

甚至，两年后的美国哈特福德高中演讲比赛场上，中国留美幼童们也再度惊艳。他们或是阐述了罪恶的鸦片贸易，或是向大家介绍西方的历史文化，甚至还有留美幼童以有理有据的论证，控诉沙皇俄国对中国边疆的侵略。在场的美国人都深深感到：新一代开明睿智的中国少年，正在像容闳期待的"小鹰"们那样，茁壮成长！

但暗箭也随之而来，自从这些孩子启程的第一天起，容闳，甚至这个"大逆不道"的留学计划，就成了晚清诸多守旧官员的眼中钉。1878年起，容闳改任驻美副使，他呕心沥血的"留学事务局"工作，却交到了一群守旧大臣手里。"召回留美幼童"的呼声一年比一年高，促成留学行动的容闳，更在守旧派的奏折里，顶了多少"骗子""汉奸"的骂名。

1881年，容闳最担心的事情发生了：虽然容闳反复奔走，甚至请来美国前总统格兰特写信，力证这些学生们"就像久受灌溉培养的树木，发芽滋长，就要开花结果"。可清政府依然从是年8月起，陆续将"留美幼童"们召回。除了多了一堆"骗子老师"的帽子，这项容闳苦苦运作二十多年的强国计划，无情夭折！

但它的伟大意义，却光耀千秋：在那个晚清落后挨打，且对世界一抹黑的年代里，这场艰难的留学，为近代中国打开了一扇了解世界的窗户，更给多少仁人志士们指明了方向。不止是对近代教育，甚至对于近代中国的全面发展，这场半途而废，却亦是一次艰难的破冰。容闳，这位晚清"守旧派"口中的"骗子老师"，却是为此杀出血路的人。

三 如你所愿

那批半途归国的"留美幼童"们，后来涌现出了詹天佑、梁诚、蔡廷干等各行业英才，几乎每一位，都是近代中国发展史上如雷贯耳的名字。无论人生轨迹如何，他们中绝大多数人，都未辜负容闳老师的苦心。

晚年的容闳，还曾积极参加过维新变法等运动，也一度遭到清政府的通缉，直至辛亥革命爆发。1912年春，中华民国临时政府曾以热情洋溢的书信，邀请容闳再度归国："倘俯允所请，则他日吾人得安享自由平等之幸福，悉先生所赐矣"。遗憾的是，病入膏肓的容闳，84岁高龄的他，是年4月病故于美国康哈州哈特福德城。他念念不忘的祖国，那时依然在困顿里挣扎，直到百年后的今天，终于已自强，如他毕生所愿。

但他曾经的坚持，曾经的沮丧，曾经"夜鹰般睁开眼睛"的斗志，百年之后再读，依旧震撼人心：为国家之崛起读书，为国家之崛起育人，而是如容闳这样，薪火相传的信念！

第三节　需求满足——受传者角度下的传播价值

大众传播的实质是传受双方的心理互动，双方依靠信息的交流实现心理和行为上的相互作用和相互影响。公众一方面作为传播行为的传播者，对事实进行编码，另一方面作为消费者和接受者，是传播效果的体现者，也是传播内容的评判者，因而是产生传播效果的关键，是构成新闻传播环境的重要成分之一。复旦大学李良荣教授在《新闻学概论》一书中指出："对于任何性质的新闻媒介，受众的接触与选择，都是其一切功能目标实现的首要前提。无论从哪方面讲，受众对于媒介的成败与生存都是至关重要的制约因素之一。要占有市场，要赢得受众，这是媒介的必然选择。"[1]因此，史态类新闻的传播价值的探讨离不开公众这个维度。

---

[1] 李良荣：《新闻学概论》，复旦大学出版社，2001年，第193页。

作为新闻阅听主体的受众，其心理需要是其一切行为产生的原始动机。但要注意的是，"主体"的人的心理需要，是一个社会化了的心理需要。因为作为个体的公众，是一种社会角色。在社会中，每个人都占有一定的社会位置，即在群体结构或社会关系中处于某种地位，与此种地位相适应的特定行为模式就是社会角色。而每种角色都有自己特定的需要。需要是个体和社会所必要的事物在人的头脑中的反映，是个体有所缺乏时所产生的一种内在状态，是主体积极性的源泉。人的行为就是满足需要的活动。而人的需要是多样的，马斯洛的需要层次论认为人有五种基本的需要，即：生理的需要，安全的需要、社会的需要、尊重的需要、自我实现的需要。而这几种需要是按层次发展的，第一层次的需要是最基本的需要，是一种"匮乏性需要"，是推动人行动的最强大、最急切的动力，而自我实现的需要是高层次的需要，是"超越性需要"。马斯洛的需要理论论证了人的需要体系，说明人的需要是多方面组成的，是分层次的。这种需要既有物质的，也有精神的，既有自然的，也有社会的。

受众作为一种角色有其特殊的需要，而这些需要是受众接受媒介信息的动力因素。心理学研究表明，需要无论高低，一旦被主体意识到，就成为动机对人的行为起组织作用，使人的行为围绕满足这种需要而进行。受众在接收信息时的期望和获得的满足，是促使受众不断接受媒介信息传播的源泉。受众需要反映了受众对媒体所提供的信息的基本要求，同时也决定了信息的内容和性质。按照"使用—满足"理论，受众需要依次从低到高排列成一个阶梯：调节生活需要、信息需要、社会化需要。调节生活需要（包括娱乐和消遣）帮助受众打发时间，解闷消愁，或是寻求快乐，释放情绪，它引导受众追求享乐和当下的放纵与快感。娱乐和消遣需要的产生出自人的本能，因此适应面最广，人人都有这种需求而不受文化水平和个人修养等的影响，只是其强度不同。信息和社会化需要则帮助受众增加见闻，了解社会，推动人们对客观世界的认识，促进个人在社会的发展。作为较高一层的需要，信息和社会化需要以受众一定的文化知识和教育修养为背景。就总体而言，受众的基本需要是共同的，但随着社会的变化，受众的需要在不断发生变化，而且每一个受众的需要系统都不完全相同。① 因为在一个正不断"理性化"和"祛魅"的世界，随着市场经济越来越深入地进行，"物化"的逻辑不可避免地侵入人们之间的社会关系与个体和群体的心性结构，人们的价值观念也在

---

① 郑兴东：《受众心理与传媒引导》，新华出版社，1999年，第83页。

发生变化，精神世界呈现出碎片化的趋向。

所谓碎片化（frag-mentation）①，原意为完整的东西破裂成诸多碎块，现用来形容社会变迁过程中，人们的观念和意识由同一到裂变的这样一个趋势。调查研究表明，当一个社会的人均收入达到 1000～3000 美元时，这个社会便进入了由传统社会向现代社会的过渡时期，这一阶段的一个基本特征就是社会的碎片化，即传统的社会关系、市场结构及社会观念的同一性不复存在，从精神信仰到意识形态，从话语方式到行为模式，差异性诉求取代了从众性心理，碎片化逐步分割了整一性。在社会学中，"碎片化"现象主要表现为在社会阶层分化的同时，各个分化的阶层内部又不断分化成社会地位和利益要求各不相同的群体。随着人类社会生产力的提高，社会分层不断清晰，形成"多层级"特征也越来越明显。所谓"多层级"指的是社会组织的分工越来越细化、人群特征越来越清晰。现代人群的精细化分层主要表现为文化价值取向的差异，在某种场合，年龄、收入和学历未必成为主要的判断标准，比如当代中国一代"新负翁"的出现，未必都是高端收入人群，而是接受了超前消费意识的群体。因而说不同文化背景、不同层次的受众在审美情趣、期待视界以及自身的价值观念存在着的差异导致了受众分群化现象的出现。而在当今的传播环境里，信息的海量堆积和渠道的无所不在使得信息对于人们而言不再稀缺，而变得日益易得。相反，人们的注意力选择成了市场追逐的稀缺资源。在这一大背景下，仅仅一般化地传播信息，已经很难在众多同质重复、等质等效的信息竞争中脱颖而出，显示出其被"必选"的价值来。因此，受众细分是传媒业不可避免的发展趋势。而史态类新闻正是受众细分下的产物。因为它吻合了不同受众的不同需求。那么，史态类新闻又吻合了受众的哪些需求呢？

一、满足受众求知需要

出于主体生存的需要，求知是人类的本能，是"人对于周围现实中新的、不了解的东西的兴趣……求知欲强的人感到诧异则要去弄懂它，从而不再诧异。"②求知对于人类生存与发展具有特殊意义。早在两千年前孔子就已对此

---

① 问题、李艳:《精神碎片化趋势中的信仰聚合者——从当前受众精神消费需求看大家栏目的可参考效能与价值》，载《现代传播》，2006 年第 4 期。
② 虞达文:《新闻心理学》，新华出版社，2001 年，第 241 页。

做过明确的论述,"小子何莫学乎诗!诗可以兴,可以观,可以群,可以怨。迩之事父,远之事君,多识于鸟兽草木之名"①。而胡适先生也曾对"为什么读书"做过通俗的说法:"因为书是过去已经知道的智识学问和经验的一种记录,我们读书便是要接受这人类的遗产……以此为基础,可以继续发扬光大,更在这基础之上,建立更高深更伟大的智识。"②随着时代的更迭和社会文明程度的提高,这种求知需要愈加强烈。在知识经济时代,"知识就是财富"的理念已被广泛认同。

史态类新闻作为对社会活动的反映,在文本形式上直接提供给受众的首先是对社会生活的反映以及对社会生活知识的传达。它既是我们了解历史生活的一面"镜子",也是我们认识现实生活的一种手段。它所给予我们的不仅是历史知识,因其所报道历史内容包含各个方面,所以也可从中了解到社会学、经济学、政治学以至于人类学的一切知识,甚至还有生活经验和人生感悟。阅听它们可以真正做到"观古今于须臾,抚四海于一瞬"。这一切也恰好是人们期望从史态类新闻中获得的。如《环球时报》2006年10月11日第13版的《史海回眸》上刊登的《冷战时欧洲有三大谍都》,让我们了解到当时尽管关于捷克首都布拉格成为世界头号间谍之都的消息流传甚广,但事实上,在冷战期间,欧洲最著名的谍都还不是布拉格,维也纳、柏林和布达佩斯这三座欧洲名城更是谍影重重。"自1946年冷战开始后,欧洲大地上不断上演着北约与华约集团间你死我活的间谍战,特别是在号称'中欧心脏'的柏林、布达佩斯与维也纳三大都会,各为其主的情报人员进行了全方位的较量,使这三座城市成为了名副其实的'欧洲谍都'。"受众从中了解到维也纳是美英特工的窃听天堂;柏林是克格勃策反美军的最佳地点;而布达佩斯则由一场间谍战决定了匈牙利的命运。这些都是史态类新闻以其特有的方式区别于其他形式的知识传授和经验表述,对读者产生着独特的魅力,而对史态类新闻的阅听也正因此成为获得知识和经验的一条有效途径,所以史态类新闻对受众的价值首先体现为满足求知的需要。

求知需要更多的时候并不是好奇心使然,它作为一个复杂的心理过程,经常还具有"受教"的意义。当人们在史态类新闻作品中获得知识和学问的同时,本身已经包含了潜在的受教的要求,作品的生活知识、人生体验、道德教育和精神引导就转化为了现实的目的实现。如《纪念长征胜利80周年》

---

① 《论语·阳货》。
② 胡适:《读书与治学》,上海三联书店,1999年,第14页。

一类的纪念性报道至今仍然受到人们的关注，其中"受教"的影响和动机也是一致的。

二、成为受众前行的参照坐标

信息的功能是可以消除认识的不确定性的。事物的发展变化存在着多种可能性，人们对此不能做出明确的判断，这表现为认识的不确定性，而获取信息，消除认识的不确定性，不仅对于生产活动、社会交往是重要的，而且对于人的心理发展也有重要意义。因为人处在不确定性中，就会产生焦虑和畏惧。正如马斯洛所言，对一个人来说，"一切不熟悉的、朦胧感觉到的难以理解的隐蔽的、意外的东西，全都是威胁倾向的东西。把它们加工成为熟悉的、能断言的、易处理的、能控制的，即不可怕的和无危害的东西的一个方法，就是了解它们和理解它们。"①而人类个体的成长在很大程度上是与其所获得的正反两面的经验成正比的，仅仅从个体有限的经历中学习远远不够，还需要借鉴他人的经验，就是以别人的行为作为自己行动的参照。

正如前面所论，历史是时间经验的意义形成。作为一条民族发生、发展的斩不断的河流，历史依然随着社会在时间上的延伸与空间上的拓展向前演进。它通过描述人们所处世界的诞生与发展，使这个世界在其规范的结构中得以合法化，并同时使它拥有了一笔宝贵的经验财富。虽然社会发生了质的变化，人类、民族过去的经历作为一种社会的沉淀仍然给今天、明天的生活以某种历史规定性和参照性。历史给人以智慧，但这些闪光的贝壳不是每个到海边玩的人都能捡到，在当前思想多元、信息爆炸的新形势下，一篇篇有思想见地，给人以智慧和感悟的文章，对人的影响力不可低估。史态类新闻就是"以历史事例进行的哲学教诲"②，通过对历史中古往今来的政治人物与志士仁人、重要历史事件的重新阐释，从错综复杂的历史信息中梳理坐标，以不同角度叩问历史，从错综复杂的历史信息中梳理坐标，厘清疑虑，试图从中探寻国家民族兴衰成败的轨迹、治国安邦的智慧或"君人南面之术"、纵横捭阖的权谋，为人众提供思考与反刍的空间。

而人类为了知道自己是谁，为了能够按照时间变迁的指向来安排自己的生活，就必须寻求历史认同，进行回忆。认同是主体的一种自我关系，主体

---

① 转引自郑兴东：《受众心理与传媒引导》，新华出版社，1999年，第51页。
② 何兆武：《历史理论与史学理论》，商务印书馆，1999年，第260页。

必须将自己的作用需求和他人赋予的性质调和到这种关系中来,以促成社会行动,这种认同具有一种时间上的延续性,只有通过回忆才能不断地完成认同,而历史中的这些宝贵经验对我们来说不仅是放大了的无数他者的阅历,透过历史,我们不但在个体层面上可以获得一个人穷其一生亦无法企及其万一的广阔人生视野和阅历,更重要的是,历史在民族、文化层次上通过不同生活实践向我们展示的乃是人类不同的存在可能性,这是我们通过任何其他理论途径都无法逻辑地推知或确认的。

  史态类新闻通过对历史事件及历史人物的报道,不断唤起人们对历史的回忆,而且这类经验材料的重要性和意义按照回忆者的利益对所发生的事情改变越大,越是适应当前的形势需求,被回忆的事情的经验性中过时的内容就越少,从而为人们的生活提供一种参照。如《南方周末》在2005年8月25日的《往事》版中刊登的《1975年驻马店水库溃坝事件》,详细阐述了该坝垮坝的前因后果,由于特大暴雨引发淮河上游大洪水,使河南省驻马店地区包括两座大型水库在内的数十座水库漫顶垮坝,1100万亩(1亩约为667平方米)农田受到毁灭性的灾害,1100万人受灾,超过2.6万人死亡,经济损失近百亿元,成为世界最大的水库垮坝惨剧。而报道这一事件的新闻由头恰是中国每年洪水最凶猛的时间8月份,尽管在同类历史情境表面的相似性之下存在着种种不可再现的差异,诚如古希腊哲人赫拉克利特所云,人不能两次踏入同一条河流。但类似的经验虽不具有严格的指导作用却可以给人们以启示参考的作用。正如编者借专家之口警示大家:像驻马店水库溃坝这类事件,再也不能重演了。

三、惊叹、愉悦——受众审美期待的实现

  文学创作的"陌生化"手法能够化腐朽为神奇,能在平中见奇、常中见新,使文学作品更具有文学性、创新性和独特性,具有更大的审美价值和社会功能。史态类新闻就大量借鉴这种手法给受众带来了新奇感,进而实现受众的审美期待。

(一)史态类新闻陌生化手法的运用

  "陌生化"又译奇特化,指将生活中熟悉的变得陌生,以唤起人们对生活的新鲜感受。它是俄国形式主义的核心概念,其正式提出见什克洛夫斯基《作

为手法的艺术》一文:"正是为了恢复对生活的体验,感觉到事物的存在,为了使石头成其为石头,才存在所谓的艺术,艺术的目的是为了把事物提供为一种可观可见之物,而不是可认可知之物。艺术的手法是将事物'奇异化'的手法,是把形式艰深化,从而增加感受的难度和时间的手法。因为在艺术中感受过程本身就是目的,应该使之延长。艺术是对事物的制作进行体验的一种方式,而已制成之物在艺术之中并不重要。"①为此他强调文学创作的重心应当是陌生化艺术手法,以便现实能够向欣赏者的审美知觉生动地展现自身。这说明陌生化要求人们摆脱感受上的惯常化,突破人的实用目的,带着惊奇的眼光和诗意的感觉去看待事物。这样,原来司空见惯、习以为常而且毫不起眼、毫无新鲜可言的东西,就会焕然一新,变得异乎寻常,鲜明可感,从而引起人们的新颖之感和专心关注。但俄国形式主义又认为,艺术手法不是固定不变的,任何一种艺术手法在艺术史上都存在着一个从独特到模式化、自动化的过程,相应的,欣赏者对这种手法的审美反应也同样存在着一个从陌生化到自动化的过程,而一种艺术手法的模式化、自动化,也就意味着其审美价值的贬低。因此,陌生化包括两个层面:艺术对现实的陌生化和艺术手法的陌生化,前者体现为艺术与现实的关系,后者则是艺术手法继承与革新的关系。

现态类新闻和拟态类新闻较易引起受众的关注,这是由刚发生和将要发生的事实容易带给受众的新鲜感决定的。史态类新闻因其时效性的缺乏往往被受众所忽略,因而史态类新闻更多地利用陌生化手法来引起受众的关注。这主要表现在:

一是通过对报道事实的选择形成陌生化。史态类新闻所报道的事实都是已经过去的离现实较远的时效性不强的事实,这种过去事实更多地体现为一种时间符号,是已成过去的"历史时期"的符号表达,它不仅触动观众窥视历史的心理内驱力,对"很久以前"发生事件及其场景和相关文化习俗产生好奇,同时由于逃离了官方话语管束的时域,避开了观众习惯性的现实比照,文本的叙事处理更为灵活化。

二是表现技巧陌生化。审美活动是极具个性、富有特色的精神创造活动,艺术创造必定会涉及对历史上的或同时代的艺术手法的继承,但如果这种继承发展到一种不加创造的模式化程度,那也就意味着创造个性的丧失;而且,艺术手法的模式化必然导致欣赏者在审美过程中丧失新鲜感,审美成为丧失创造性的自动化反应。陌生化创造性地损坏习以为常的标准,其目的就在于

---

① [苏]维·什克洛夫斯基:《散文理论》,百花洲文艺出版社,1994年,第10页。

突出艺术独特的审美价值。心理学家们也认为,事物的新异性可分为绝对新异性(刺激物在我们经验中从来未出现过的,如考古新发现)和相对新异性(各种已熟知的刺激物的不寻常结合)。而引起注意更多的是刺激物的相对新异性。在史态类新闻中,所报道的历史事件本身并不能自然地被"真实"地"反映",为了突出其独特性,制作者借用陌生化手法创造性重构,历史事件才能真正成为文本世界的"情节"。而这种对"事实的情节加工",即表现为诗意的表达方式的选择、创造。老子讲"以正治国,以奇用兵",借用这句话来看史态类新闻写作就是"以正定主题,以奇谋篇章"。具体表现为一是大量运用逆向思维和树状思维。史态类新闻文本在章法上不重复别人,不重复自己,多方向思维进行考虑,尤其是一些解密新闻,在写作时形成多个枝条,使受众的思路的延续性得以延宕,从而给受众带来陌生感。二是利用悬念手法,(这在前面已有叙述)让观众始终处于一种陌生而新奇的情境之中,形成一种渴望追究的兴奋心态,从而实现接受、欣赏、得到乐趣的高度满足。

(二)惊叹、愉悦——陌生化的审美效果

史态类新闻"陌生化"手法的运用,使得文本与读者有一定的"审美距离",而这些又恰恰成为文本的一种"召唤结构",召唤着读者带着自己的"期待视野"去阅读、去欣赏,从而缩小与文本的审美距离,实现作品的审美价值和社会功能。

存在主义哲学家海德格尔的阐释学赋予理解以时间和历史的维度,指出了理解的"此在性",认为理解是以人的"前理解"为基础开始的。所谓"前理解"是潜藏于具体理解文本的时候阐释者的一种认知结构,它包括理解前已经存在的制约理解的先行具有、先行见到、先行掌握三方面。而伽达默尔的哲学阐释学则将这一"前理解"理解为"成见",意指在理解过程中,人无法超越历史空间对作品加以客观的解释,"我们存在的历史性产生着成见,它实实在在地构成我们全部体验能力的最初直接性。成见即我们向世界敞开的倾向性"[①]。赫希也指出:"我们发现的各类意义正是我们所期待发现的意义,因为我们所发现的东西事实上受到我们所期待的东西的强有力的影响。"现代接受美学代表人物之一姚斯则借用这个概念,提出了"期待视野"(horizon of expectations)的概念,认为任何一个读者,在其阅读任何一部具体的文本时,

---

① 伽达默尔:《真理与方法》,转引自张首映,《西方二十世纪文论史》,北京大学出版社,1999年,第247页。

都对文本存在一种期待心理与视野,随着作品的逐步展开,读者被带入一个由作者设置的特定环境里,密切关注着作品的展开过程,体验作品的内在意蕴,并通过作品的积极释读,咀嚼人生的苦乐悲欢,探寻未知世界发生的隐秘,进而对作者所构筑的世界发出种种预测、询问和思索。在这一过程中,作品逐渐唤醒人们原有经验的种种回忆,使读者置身于一种特有的知觉和情感状态中,并伴随着作品的种种"暗示",唤起对作品"过程和结局"的期待。如果自己期待与阅读带来的感受一致,读者便感受到作品缺乏新意和刺激力而索然无味。相反,作品内容出乎意料,超出期待视野,读者便感到振奋,这种新体验便丰富和拓展了新的期待视野。而当代心理学的发展也证实了人对外来信息的掌握必定要以过去的经验为背景。苏联著名心理学家鲁利亚指出:"脑皮层的各种不同的区,其中也包括彼此间很远的区,都参加了心理活动的积极形式的实现,这些积极形式不仅接受信息,而且要将这些信息与过去的经验相比较。"可见,没有人会以一种不受惯例经验影响的态度接受艺术的。

当然,在对史态类新闻的接受活动中,读者总是从他所受教育的水平、所处的地位和境况,他的生活体验和经历,他的性格、气质和审美趣味,他的人生观、价值观等主观和客观条件出发去阅读作品的。读者的生活经验是千差万别的,读者的审美层次是参差不齐的,作家的这些主观和客观条件与读者也不完全相同,在创作中又运用"陌生化"手法,因此,在读者的期待视野与文本之间总是存在一个"审美距离"。当接受者与作品中的角色距离为零时,接受者完全进入角色,无法获得审美享受;相反,当这种距离增大时,期待视野对接受的引导作用趋近为零时,接受者则对作品漠然。①只有当审美距离恰当,文本所表现的与读者的生活经验和审美经验接近,读者容易解读文本的含义,那么读者就能实现他的期待视野,进而产生一种相应的情感,并转化为一种精神力量,使自己的人生变得更丰富多彩、更有意义,文本的审美价值和社会功能得以实现。

因此,在阅听史态类新闻文本之前,读者往往在自己生活经验和审美经验的基础上对文本有一种期待,并带着这种期待进入阅听过程,对文本的"空白点"和"未定性"作填充、确定甚至拓展,以在阅读中改变、修正或实现这些期待。显然,富有"陌生化"的作品可以更为有力地吸引观众的审美注意,激发观众的审美想象,使他们获得更加隽永的审美体验和更加独特的审美认识。由于审美期待对于受众欲求心理的先在约定,它成为受众衡量作品

---

① 陈默:《影视文化学》,北京广播学院出版社,2001年,第31页。

的内在价值的尺度。受众以这种尺度认可了适合他的作品。如对《名人回访》的栏目,对名人的了解使受众已有一个"视野期待",看到这样的栏目,他会关注栏目是如何塑造名人形象的,如果这个形象的塑造过程及最终展示出的形象与他心中的形象基本一致,他会认为栏目没有为其提供新的知识,进而对栏目产生失望;相反,如果栏目不断提供他所不了解的东西,也就是栏目中的名人与他所了解的名人有"审美距离",他便会积极主动地去阅听,来实现自己的审美期待,进而对栏目产生一种新的审美期待,唤起新的期待的实现。如在前面所提到的作品《和爷爷朱德在一起的日子》的前言"12月1日,是朱德元帅诞辰116周年纪念日。这位国家前副主席、全国人大常委会委员长,有着怎样的家庭生活,又是怎样度过他人生的第二个艰难岁月的?他的孙子朱和平以40年的亲见亲闻,告诉了我们不少鲜为人知的事。"与朱德关系亲密的孙子心中的爷爷与大众心中的形象之间存在一个"审美距离",受众带着审美期待去缩小距离以实现自己的审美享受,提升自己新的审美期待。

史态类新闻之所以能在即时化新闻时代复活并产生一定反响,正是由于经历着精神碎片化的人们,迫切期待着能从史态类新闻作品中经常保持着审美趣味的变异性和创新性的倾向,重新观照整个民族的历史,从中重新确立人们的价值,并引起人们对于现实的思考。如果离开了受众对史态类新闻的期待、阅读欲望,就不能正确解释时效性不强但具有独创性和探索性的史态类新闻作品何以能使受众那样如痴如醉。

第四节　文化记忆——传受主体传播价值的共振点

现代化的统一化、模式化的大叙述不仅抹杀了人们的革命记忆,也掩盖了现代化自身曲折复杂的发展过程。德国批评家本雅明曾逆历史的主流而批判技术进步、科学发展和工具理性的历史神话。这给我们的启示就是必须发掘现代化进程中另类的蹊径、层次与想象，质疑其程序化叙述。要使文化产品不被统一包装成千人一面的复制品，创造性地挖掘潜藏的文化记忆似能提供一丝新的希望，使我们能借此批判封冻、僵化的历史叙述、警觉别样的发展进程和前景，防止历史想象冻结于事先铺定的、无视历史曲折性的单行道上。这可能才是史态类新闻的真正力量。也就是说它成为新闻监管者、新闻传播者和受传者话语的意义契合点或共振点。那么，什么是文化记忆？它又如何成为三者的共振点呢？

一、理论追述——记忆与文化记忆

（一）记忆

千百年来，人类依靠记忆积累经验、自立生活；凭借记忆得到的能力去创造行动、改造旧社会、征服大自然，到达理想的彼岸。假如没有记忆力，人就如同行尸走肉——过去和现在所接受贮存于脑中的一切信息，随着时间一分一秒地流逝，都将一去不复返地消失在过去之中，智力和技能亦将荡然无存。

对记忆的研究起源于公元前 6 世纪的古希腊人，他们认为人的记忆是由明暗两种物质构成的混合体，只要混合体没有受到干扰，记忆就是完整的，一旦受到干扰就会出现遗忘的现象。而对记忆提出重要概念的第一人是公元前 4 世纪的柏拉图。他的理论被称为"蜡板假说"，他认为，人对事物获得印象，就像有棱角的硬物放在蜡板上所留下的印记一样。获得印象之后，随着时间的推移该印象将缓慢地淡忘下去甚至完全遗忘。所谓"光滑的蜡板"相当于完全遗忘。亚里士多德在公元前 4 世纪末，提出了一个较为科学的概念。今天我们所认为的一些大脑的功能，在他那时主要被当作了心脏的功能。他认识到了心脏的部分功能与血液有关，而记忆则是以血液流动为基础的。遗忘的发生主要是血液流动减缓所致。亚里士多德还提出了联想法则，这是他在记忆研究领域所做出的另一个重大贡献。直到现在，有些联想法则还在影响着我们。之后一直到公元 17 世纪，记忆研究几乎没有什么大的进展。17 世纪中叶，英国出现了以霍布斯、洛克为代表的"联想主义"心理学派。霍布斯对记忆现象做了唯物主义的分析；洛克则在欧洲心理学史上第一次提出了重要的记忆现象——"联想"一词，此后"联想"便成了专门的术语了。第一个在心理学史上对记忆进行系统实验的是德国著名心理学家艾宾浩斯。他对记忆研究的主要贡献有两点：一是对记忆进行严格数量化的测定，二是对记忆的保持规律做了重要研究并绘制出了著名的"艾宾浩斯遗忘曲线"。1885年他出版了《论记忆》一书。从此，记忆成了心理学研究的重要领域。第二次世界大战后，特别是20世纪60年代以来，各国相关学科的研究者们都发挥了各自独有的优势，对记忆的定义进行了不同风格的研究。①

① 心理学家认为，记忆是大脑的一种复杂而又积极的心理过程，包括识记—保持—认知（再认）或回忆这三个依序发展又密不可分的环节，还是"整个心理活动的基本条件"。识记——识别和记住事物的特征与联系，是大脑皮层形成相应的暂时神经联系；保持——暂时联系的痕迹在脑中保留，表现为巩固已获得知识经验的过程；再认——事物重新呈现时能够再认识；回忆——事物不在当前时能够回想起来；再认或回忆——在不同条件下暂时联系的再活跃。由于记忆，人们才能保存过去的反映，使当前反映在以前反映的基础上进行，从而使人能积累和扩大、完善或修正原有的经验，使其对行动更具指导价值；有了记忆，先后经验才能联系起来，使一个人的心理活动成为一个发展的统一的过程。

② 信息控制论专家说，记忆是贮存知识经验的有效方式，是信息的接收—编码—贮存—提取的过程。

③ 哲学家讲，记忆是对经历过的事情能够记住，并在以后回忆或认知时能再认识的过程；还是从感性认识发展到理性认识的桥梁；亦是人借以认识周围世界的一种积极的有目的性的过程。

④ 生物学家提出，记忆是大脑的一种机能——整个中枢神经系统的一种特殊的机能，其本质是一种生物化学的过程，即脑生理活动的过程。记忆是生物（人）脑接纳—贮存—提取事物讯息的一种极其复杂的心理和生理协同合作的综合过程。

总的来说，记忆（memory）这个词反映了多层含义的积淀，这些含义大都可以分成两组意义。一是指我们回忆过去的能力，因而代表着一般被归属于大脑的一种功能，是人脑对经历过的事物的反映。所谓经历过的事物，是指过去感知过的事物，如见过的人或物、听过的声音、嗅过的气味、品尝过的味道、触摸过的东西、思考过的问题、体验过的情绪和情感等。这些经历过的事物都会在头脑中留下痕迹，并在一定条件下呈现出来，这就是记忆。

---

① 本段主要参考《记忆研究的起源和发展》，http://www.aixincheng.com/Article_Show2.asp?ArticleID=122。

例如，我们读过的小说，看过的电视节目或电影，其中某些情景、人物和当时激动的情绪等都会在头脑中留下各种印象，当别人再提起时或在一定的情境下，这些情景、人物和体验过的情绪就被重新唤起，出现在头脑中。二是意指本身被回忆的某种东西——一个人、一种情感、一段经历——的一个更抽象的概念。记忆的这两方面最初似乎是不同的，但它们却密切地交织在一起。

在西方现代性理论中，记忆常被看作是一种心理感情的结构。这种心理积累植根于传统农耕的、小商品生产的城镇和社群。这种心态跟不上日益加速的现代工业化进程，与日益高涨的历史意识相对立。在马克思、韦伯、德凯姆（durkheim）、费地南·陀尼斯（Ferdinand Tonnies）、阿多诺、本雅明以及不少现代性思想家的论著中，我们可以看到，历史与记忆，传统与现代，过去与现在，这三对术语一再被沿用发展，成为一种解释力很强的模式。法国当代重要的历史学家皮埃尔·诺哈，在 21 世纪来临的前夕，对这个叙述有一个更为精辟的理解。他指出，历史与记忆的区别来自现代社会与传统社群的崩离。历史与记忆有其各自的社会、社群载体。植根于记忆的社群提供"记忆的氛围环境"。这种记忆环境弥漫着一种气息或情感氛围。从本土环境向无乡情色彩的现代"地域"或"空间"的转型，意味着社会结构和人情关系的变化，对应着从传统到现代，从乡土到国际，从情感环境到人情淡漠空间转化的历史过程。在剧变中，记忆的持久能保证文化的延续，使之在"传统的温情脉脉中，在习俗家常的缄默中，在日复一日的宗法制度中"持续下去。记忆保证文化传统能够在个体和群体经验相融合的基础上代代相传，无需借助大规模的理性规划。①

（二）文化记忆②

"记忆"在文化学中不是从神经学或者脑生理学的角度出发的，而是一个和文化、历史等范畴紧密相连的概念。

与文化记忆相关的概念首出于莫里斯·哈布瓦赫（Maurice Halbwachs）的集体记忆。他在 1925 年出版的著作《记忆的社会框架》中指出，记忆并不是单纯的生理意义上的概念，记忆虽然要以大脑作为物质载体，但在很大程

---

① 参考王斑：《全球化阴影下的历史与记忆》，南京大学出版社，2006 年，导言 2-4 页。
② 本节观点主要参考黄晓晨：《文化记忆》，载《国外理论动态》，2006 年第 6 期。

度上受到社会因素的制约。由此哈布瓦赫最早将"集体记忆"(collective memory)这一概念引入社会心理学领域。他明确指出,记忆不仅是个人的,更源自集体;集体记忆定格过去,却由当下所限定,且规约未来。一向被我们认为是"个人的"记忆,事实上是一种集体的社会行为。集体通过决定其成员的记忆的方式来获得并保有其记忆;个体只有在他所属的集体中通过与其他成员的交往才有可能获得属于自己的记忆并进行回忆。如国庆日的庆祝活动与演说,是为了强化作为"共同起源"的开国记忆,以凝聚国民这一人群的国家认同。集体记忆是集体认同的前提,是国族凝聚力之泉源所在。[①]由此他区分了自传记忆、历史记忆、历史和集体记忆四个概念,自传记忆是由我们自身所经历的事件构成的记忆,公众场所的个人记忆,也有助于维系人与人的关系,如亲朋、婚姻、同学关系等;历史记忆是我们只通过历史记录获得的记忆,它是社会文化成员通过文字或其他记载来获得的,历史记忆必须通过公众活动,如庆典、节假日纪念等才能得以保持新鲜;历史是我们所记住的但是和我们没有有机关系的过去;而集体记忆是构成我们认同的活生生的过去。因此,集体记忆必然具备以下几个特点:它在空间和时间上是具体的;它专属于某一集体,决定着这一集体对自身的认知,同时它又是可以被重构的。集体记忆的可重构性是哈布瓦赫的重要思想之一,他认为历史具有不可复原性,任何人在把目光投向过去的时候,他的视野都将受到当下意识形态诸因素的限制,展现在他眼前的是他所看见的特定历史,并不等于历史本身。"集体记忆在本质上是立足现在而对过去的一种重构"[②]。

哈布瓦赫的集体记忆说见解独特,但也有其局限性。哈布瓦赫所关注的是一种和谐统一的集体,在这样的集体中,人们分享同一的记忆。但实际社会环境中的记忆并不总是同类同质的。相反,记忆是社会中不同人群争夺的对象,也是他们之间权力关系的指标。主流文化往往控制记忆资源,而对异见文化采取压制态度,因而异见文化抗争的重要手段便是保存一种区别于主流文化记忆的他类记忆。哈布瓦赫的这种历史观虽然能解释当今主流历史意识对某些过去事件的冷漠,但却不能解释为何还会存在抵制这种冷漠的非主流记忆,更不能恰当评估这种非主流记忆的批判价值。另外,哈布瓦赫强调历史是死的记忆,和我们不再有有机的经验上的联系,这显然否定了编史的

---

① 以上参考徐贲:《文化批评的记忆和遗忘》,载《文化研究》第一期,http://www.tecn.cn/data/detail.php?id=4572。
② 莫里斯·哈布瓦赫:《论集体记忆》,刘易斯、科瑟:《导论》,上海人民出版社2002年,第59页。

自我形象。再则，哈布瓦赫对集体记忆的研究仅限于关注其对某一具体的集体的意义，而没有将其真正扩展到文化范畴中去。

而刘易斯·科塞则进一步考察了集体记忆。他认为关于集体记忆，大体上可以总结为四个方面：① 记忆是一种集体社会行为，人们从社会中得到记忆，也在社会中拾回、重组这些记忆；② 每一种社会群体皆有其对应的集体记忆，借此，该群体得以凝聚及延续；③ 对于过去发生的事情来说，记忆常常是选择性的、扭曲的或是错误的，因为每个社会都有一些特别的心理倾向，或心灵的社会历史结构；④ 集体记忆依赖媒介、图像或各种集体活动来保存、强化或重温。①显然，他们认为集体记忆强调的是，作为一个社会群体或组织，比如家庭、民族或国家，都会以相应的集体记忆来凝聚此人群。

思考关于集体记忆的论述，我们不可避免地要问：既然不同的群体拥有不同的集体记忆，那么，这些集体记忆在同一个群体中是如何传播、保持和延续下去的？保罗·康纳顿在他的《社会如何记忆》中回答了这个问题。首先要指出的是，保罗·康纳顿用社会记忆来取代了集体记忆的概念，以强调他着重于个人记忆的社会性特质，即此社会记忆如何产生、如何传递。在他看来，社会记忆是通过纪念仪式和身体实践来保持和延续的。

中国台湾学者王明珂则指出至少应分别出三种范畴不同之具社会意义的"记忆"：社会记忆、集体记忆和历史记忆。②社会记忆指所有在一个社会中借各种媒介保存、流传的"记忆"，如图书馆中所有的典藏，一尊伟人塑像所保存与唤起的历史记忆，以及民间口传歌谣、故事与一般言谈间的现在与过去。经由集体记忆而形成的社会记忆，注重历史理性统摄下的因果关系。集体记忆的范围则较社会记忆小，指在社会记忆中有一部分"记忆"经常在此社会中被集体回忆，而成为社会成员间或某些群体成员间分享之共同记忆，如一个著名的社会刑事案件，一场球赛等。历史记忆的范围较前二者更小，指在一社会的"集体记忆"中，有一部分以该社会所认定的"历史"形态呈现与流传，人们借此追溯社会群体的共同起源（起源记忆）及其历史流变，以诠释当前该社会人群各层次的认同与区分之记忆。因此"历史记忆"可诠释或合理化当前的族群认同与相对应的资源分配、分享关系。如此，前述社会"集体记忆"中的一个重大社会刑事案件或一场球赛，固然也可作为社会群体的

---

① 王明珂：《华夏边缘：历史记忆与族群认同》，台北允晨文化公司，1997年，第50-51页。
② 关于社会记忆、集体记忆和历史记忆的区分主要来自王明珂：《历史事实、历史记忆与历史心性》，载《历史研究》，2001年第5期。

"集体记忆"，但它们不是支持或合理化当前族群认同与区分的"历史记忆"。此种历史记忆常以"历史"的形式出现在一社会中，但有别于一般"历史"之处为，此种历史常强调一民族、族群或社会群体的根基性情感联系（primordial attachments），因此也可称为"根基历史"。其最重要的一部分就是群体的共同"起源历史"。"起源"的历史记忆，模仿或强化成员同出于一母体的同胞手足之情，这是一个民族或族群根基性情感产生的基础。它们以神话、传说或被视为学术的"历史"与"考古"论述等形式流传。由此可得出一公式：社会记忆 > 集体记忆 > 历史记忆。

巴赫金也对记忆作了接近文化学角度的阐释。他认为记忆首先是建构性的互释行为：对现时的认识渗透着过去的经验，对过去的认识掺和着现时的经验。文化的动力是历史的也是当代的，文化的生命需要无数的当代注入活力，而当代之所以是初始的一部分则在于它们拥有共同的生命底蕴。正是记忆把文化的传承与创造有效地联系在一起。同时他还认为记忆是一种"间际"性（社会性）的存在，是规模巨大的社会集体行为。最后，他认为记忆作为一种意向性行为总是与记忆的对象密不可分。一方面，记忆在个体与代际间重复的行为中形成一种习惯，使参与者能在行为的操持（performance）中体验文化，文化在众人习惯性的行为中获得经验的延续。另一方面，记忆又借助于参与者的互为外位的关系而使彼此的重复性习惯行为成为一种客体化的审美形象，为特定的人群在特定的情境下交互地认同，文化的意义和价值的精髓借此得以保持。一个集体的共同记忆起着维系的作用，它使所有的参与者分享着共同的经验，在代际间暗示着有关该文化的始源、基质、背景、意义和价值观。

有关文化记忆的解释或多或少地散落在这些论述中，直到德国的埃及学研究者扬·阿斯曼（Jan Assmann）在1997年出版的著作《文化记忆》中对文化记忆进行了梳理，提出了"文化记忆"的概念并将"记忆"引入到了文化学的研究领域内。阿斯曼将记忆划分为四类：模仿式记忆、对物品的记忆、通过社会交往传承的记忆以及文化记忆。[①]文化记忆涵盖了前三个范畴的记忆，与社会、历史范畴相联系，它负责将文化层面上的意义传承下来并且不断提醒人们去回想和面对这些意义。阿斯曼认为，每个文化体系中都存在着一种"凝聚性结构"。它包括两个层面：在时间层面上，它把过去和现在连接在一起，其方式便是把过去的重要事件和对它们的回忆以某一形式固定和保

---

① 此段主要参考《文化记忆》，载《国外理论动态》，2006年第6期。

存下来并不断使其重现以获得现实意义；在社会层面上，它包含了共同的价值体系和行为准则，而这些对所有成员都具有约束力的东西又是从共同的对过去的记忆和回忆中剥离出来的。这种凝聚性结构是一个文化体系中最基本的结构之一，它的产生和维护，便是"文化记忆"的职责所在。阿斯曼尝试从以下几个方面对"文化记忆"进行阐释。首先，文化记忆的内容是关于集体起源的神话以及与现在有绝对距离的历史事件。对这些内容进行回忆的目的是要论证集体的现状的合理性，从而达到巩固集体的主体同一性的目的。这也就解释了为什么有些历史事件（或其中的某些细节）会被遗忘——它们对集体的主体同一性是无足轻重甚至是颇具威胁性的。但这些或由于政府的禁止，或由于让人难堪而不便被公开的记忆，或是人们强迫自己去遗忘或不去思考的记忆说，人们强迫遗忘的企图往往是不成功的，一旦人们被告知说不要去谈论某件事情的时候，这些事情却往往被记忆下来。其次，文化记忆的传承一定是遵循着特定而严格的形式的，从媒介上来说，文化记忆需要有固定的附着物、需要一套自己的符号系统或者演示方式，如文字、图片和仪式等。其中节日和仪式是文化记忆最重要的传承和演示方式。集体中的某些成员在对文化记忆的掌握和阐释上享有特权。由于文化记忆对集体的主体同一性起着异乎寻常的重要作用，所以它的存储和传播都会受到严格控制，对这一控制权的掌握一方面意味着责任和义务，另一方面也意味着权力。

综上所述，笔者认为文化记忆就是从个人记忆到集体记忆，再通过沟通和分享的过程，最后形成一种较普遍而清晰的形式。文化记忆是一个文化协商的或妥协的领域，不同的故事都想在历史中争得一席之地。因此文化记忆包含集体记忆，是经过沟通和分享的集体记忆。

二、文化记忆的延续

中华民族优秀的传统文化源远流长，尤其是以孔孟为代表的儒家文化，在漫长的历史和文化发展过程中，已深深地渗入中华民族的思想、心理和人格之中，它对人们的精神和行为往往起着一种凝聚和整合的作用，它能够维护群体的团结、亲和、凝聚，它是一种很强的感召和熏染，构成文化主体、社会群体乃至整个民族的共同心理基础。甚至在一定意义上说，优秀传统文化犹如一面旗帜，能够树立民族的自尊心、自信心和自豪感。如果把具有浓厚积淀的中华传统文化与现代文明、现代意识有机结合，就会焕发出勃勃生机，放射出熠熠光彩。

如何传承本民族优秀文化传统，继承革命文化遗产，如何消解多元化带来的信仰虚无化，如何通过挖掘人们心灵深处共通的情感信念，在碎片化的时代中形成一种聚合的张力，使人们对生命意义、生存价值的追问能够得到解答等等，成为人们不断思索的问题。阿斯曼的文化记忆给了我们参考答案，那就是需要不断地回忆历史事件来论证"集体"现状的合理性。中华民族是一个伟大的民族，民族生存过程中的历次艰辛产生了无价的精神瑰宝，并沉淀为多样的民族文化，通过多种载体保留并传承下来，它维系着中华民族的精神追求和文化命脉，也是世界文化体系中重要的一部分。因而在全球化背景下，一个历史悠久，历经磨难而又生生不息、品质高尚的民族，就必然会重视弘扬和培育历久弥新、世代相传的民族精神，必然重视民族文化的传承和积淀；而一个代表全民族利益、着眼未来、卓有远见的政党，就应该把奋斗历程中形成的精神财富留给后人，把中华民族几千年的文化底蕴传承给后人，[①]让其在与时俱进的跃动变迁中古为今用。这也是一个政党在新的形势下论证自己地位的合法性的必要手段。那么，通过什么方式来论证呢？正如前面所言，文化记忆的传承是遵循着特定而严格的形式的，而节日和仪式则是文化记忆最重要的传承和演示方式。纵观中外节日的形成过程，往往因一件重大历史事件的发生，或因重要人物身上发生的重大事件，人们或为了纪念，或为了反思，或为了庆祝而进行各种活动，这些活动赋予人类个体，以及这一个体所属的政治、宗教或是社会经济的集团以凝聚力与存在意义。毋庸置疑，人的价值观源于社会，是在其成长的过程中在群体中习得的。通过活动、仪式、宣传等手段不断强化，价值观才有可能烙于人的心灵深处，在舆论规章约束中养成共同的行为习惯，在活动仪式中激发和强化情感。所以，重视民族节日对当代人热爱本国文化及承袭和发扬传统文化，进而抵制违背社会良知的文化现象有重要意义。而史态类新闻则通过对历史具体事件有选择地报道，与主流话语共同建构文化记忆，使文化精神得以传承。下面以纪念长征的报道为例。

作为历史事件的长征离我们渐行渐远，但对于长征这样一笔巨大的精神财富，我们可以留住什么，我们又怎样将她保留？纪念就是一种方式。长征出发50周年、60周年、70周年、80周年都在不断地纪念、强调这种精神。

---

① 陈培圣：《从纪念长征看民族文化传承》，载《解放军生活》，2006年第11期。

以纪念长征出发 70 周年为例，全国各地以各种形式纪念长征，开座谈会、红军后代重走长征路、建立红色旅游景点、走访慰问老红军及家属、老红军老战士到中小学生中间讲红军的故事等。而对媒体而言，纪念长征既是反映党和国家政治生活的一次"大事宣传"，又是重大历史题材的"历史宣传"。"大事宣传"要有时效性、指导性和一定的规模声势；"历史宣传"要严肃准确，并对今天有所借鉴。因此媒体将各种纪念活动的大量报道和自身参与活动有机地结合起来，注重挖掘与发现，增强历史题材报道的现实感和感染力。新华社与《北京青年报》推出了大型报道《我的长征——寻访健在老红军》，从 2004 年 8 月 1 日开始，历时 76 天，每天用一个整版的篇幅，刊发了 76 位老红军的长征故事和人生经历。深入的采访、朴实的语言、翔实的事例，真实还原了那段可歌可泣的历史，再现了平凡人不平凡的精神世界。从宣传效果来看，正如该报总编辑张雅宾所言："作为一张负责任的、严肃的大报，肩负着为历史留下印记的责任。在有条件的情况下，就当尽可能地拿出投入来，写那些真的能让历史记得住的东西，这才是一个大报的一种权威性的体验。"浩浩 70 天的连续整版报道，带给人们的不仅是对长征精神的再次确认，也不只是视觉与心灵的全面冲击，还呈现出一种新闻介入历史方式的全新尝试。长征精神的再现，融媒体的历史责任和文化传承于一体，也充分显示了媒体在构筑道德建设中的强势作用。

而在长征胜利 70 周年，《解放军报》推出了"红军长征胜利 70 周年特刊"。在此，笔者借用陶克先生关于这个特刊的分析来论证史态类新闻对文化记忆的传承。

从 2006 年 8 月 1 日到 10 月 23 日，中间除去国庆节放假，特刊每周推出一期。第一版为长征大视野，既有颂扬红军长征精神的"追寻峥嵘岁月"，又有描写红军传人的"红军团队风采"；既有展示红军远征历程的"长征看台"，又有谈笑低吟的言论"长征随想"，再配之以一幅耀眼的长征油画和一组长征人物速写，使红军英雄形象跃然纸上，醒目夺人。第二版为长征的历史史话，既有专家深度点评长征的《解读长征》，又有展现长征中著名战役和红军英雄风采的《经典战例》《英雄传奇》；既有个人回忆长征的《红军将士口述长征》，又有鲜为人知的史海钩沉《长征秘闻》，再配上《图说长征》这个小栏目，使得关于长征的历史厚重而又新鲜。第三版为长征的文化话题，先后推出了《长征，震撼心灵的历史细节》《红军，留在藏胞心中的圣灵》《经典重读：名家笔下的长征》等 13 个与文化有关的专题。感人的细节，细腻的笔法，宏大的主题，使这个版又具有较高的文学性、思想性。第四版为长征广角版，有讲述当代人如何传承长征精神的《我和长征有个约定》,有历史场景和追忆思考融为一体的《万水千山的诉说》《红色旧址》,有记录健在老红军生活状况的《寻访老红军》,再配上反映长征路上新景观的一些照片,使得广角版有着浓郁的时代气息。最后一期特刊在中央纪念红军长征胜利70周年大会召开后的次日刊出,除前4个版格局外,又增加4个版,将70个老红军口述长征还没发完的22篇,分为路线篇、信仰篇、浴血篇、团结篇,每版配之以相应的言论:《长征,我们的路线感悟》《长征,我们的信仰追求》《长征,我们的英雄壮歌》《长征,我们的团结诗篇》,集中刊登,将报道推向了高潮。同样这个报道也让历史活起来了,革命文化精神得以传承和延续。纪念长征的一个重要目的,就是找准结合点,实现历史和现实的接轨,从长征这部厚重的历史"大部头"中汲取精神养分,从而指导、推动我们的"新长征"更好地前进。从8月8日开始,该报的长征特刊在《追寻峥嵘岁月》专栏中,连续推出了《目标,永远是人民利益》《人文精神的远征》《万里求索"实"作舟》《舆论宣传显威力》等10篇述评文章,在以见闻形式追述长征历史的同时,努力关照现实,围绕"使命意识""以人为本""实事求是""党的领导"等事关军队建设的重大理论与现实问题做文章,有着很强的现实意义。这组报道实现了从感性向理性发展,从浅层向深层发展,从客观性向科学性发展,融知识性、思想性于一体。10月23日,在最后一期特刊的头版,重点推出了《始终保持红军那么一股子气——写在纪念红军长征胜利70周年之际》述评,详尽而又深刻地阐述了新时期人民军队应当如何当好红军传人,续写新传奇、新辉煌。与此同时,《红军将士口述长征》《寻访老红军》等栏目里,专访的一些尚健在的红军老战士,以人性化、平民化、传奇化、细节化的视角,报道他们现在的生活状况、当年亲历长征的故事、长征情怀感悟等。可以说,这些红军老战士平民百姓的生活,拉近了"长征精神"在现代社会生活中的意义。[①]

史态类新闻通过历史与现实的对接实现了对文化记忆的延续和传承。

三、怀旧情结的释放与实现

怀旧是一种特殊的心理现象和审美行为,也是人类永恒的情愫之一。早在20世纪80年代中期,就已经有一系列的书写记忆实践来努力唤起过去的

---

① 该案例节选自陶克:《增强历史题材报道的感染力》,载《军事记者》,2006年第12期。

情形，探索未阐发的意义，如文化寻根反思，怀旧热，缅怀毛泽东时代，上山下乡怀旧热潮，对社会主义"温暖"时光的呼唤，等等。20世纪末21世纪初，在更为大规模的转型中，"我们又目睹了力图通过记忆来重新构筑统一的传统和文化的努力"①。其触发背景就是20世纪末，国际资本的大量涌入，市场潜力的疯狂释放，一路高歌的现代化进程负荷着当代人繁复的情感。在短短的二十多年里人们走过了西方人几个世纪的思想历程，前现代、现代、后现代的时空聚变、共时并存于当代中国，使人们承受了难以承受的冲击、震荡与裂变。一方面，关于进步的信念正在物化的世界里印证与显现，对进步史观、现代性、工业化的热烈拥抱已经构成独特的意识形态；另一方面，现代社会文明的功利性、商品性等一些绝非完美的表现，使众多中国人被骤然间剥夺了故土、故园、故国而抛入一处"美丽的新世界"。"如果说七八十年代现代化有如金灿灿的彼岸，而现在，人们不无创痛与迷茫地发现，被'芝麻开门'的秘语所洞开的，不仅是'潘多拉的盒子'，而且是一个被钢筋水泥玻璃幕墙所构建的都市迷宫与危险丛林。"②虽然中心的权力体制仍完好无损，但日常生活世界的人伦关系和社群联属正在经历"天翻地覆"的变化，传统的精神理念、价值规则、思维途径，甚至包括传统的实在事物都在本质上转换和隐退。而"传统正是那种能够给予我们'根本方向感'和'普遍有效的承诺'的东西，对传统完整性的威胁常常会体现为对自我完整性的威胁。"③现在，人的异化、价值的滑坡、情感的荒漠、生活中美丑杂陈，都使得一些人的心灵中充塞了异化感、不适应感、无家园感，人们的身份认同数十年来面临如此巨大的混乱。

在这两种时空维度的冲突与撕扯中，人们面对危机时无法忍受无根漂浮的状态，迫切向尘封的记忆寻找安抚，转向对传统、历史、过去和民族等共同话语的追寻。过去既不支配现在，也不破坏现在，而是对现在有强大的影响甚至塑造功能，与现在对过去的想象和建构这一活动的影响同步，过去甚至反作用于我们今天的生活，形成对后者的阐释和规约。因此怀旧的情绪就在这无所适从的认同危机中滋生，正如有人所言，对于在双重挤压中的人们来说，"怀旧如同陡临的需求，一个必须有想象和抚慰的心理空间"。上海人

---

① 王斑：《全球阴影下的历史与记忆》，南京大学出版社，2006年，导言，第4页。
② 戴锦华：《隐形书写》，江苏人民出版社，1999年，第110-111页。
③ 赵静蓉：《现代人的认同危机与怀旧情结》，载《暨南学报》，2006年第5期。

为什么迷恋 20 世纪 30 年代，也许正是怀旧之风对未来的召唤。如弗雷德曼所言："由于历史是认同的话语，所以谁拥有或占用过去的问题就变成了谁能在任何时空认同他自己或认同他人的问题。"①怀旧本质上成为认同的手段。

怀旧就是现代人为了解决现实情境中的认同危机，时常记忆或回溯过去的自我形象和生存经验，并借助想象弥合和调整遭到时间侵蚀和现实割裂的、破碎的自我形象，从而保持自我发展的历史不被中断、自成一体的自我世界不被分裂。怀旧不仅仅表达了文化心理对过往物事人情的眷恋，而且隐含着对主导历史冒进有力的质疑和对抗。怀旧并不意味着在新旧两极之间非此即彼，更不是单纯地厚古薄今，而是在历史的运动中权衡比较时间前后流程中相呼应的节点，判断历史进程的合理性，权衡对于大多数人的利弊。大众的怀旧心理及其所构筑的文化记忆，恰恰是圆满的、统一的、稳定的、完整的，它在本质上就是希望"退回到历史上一个较少复杂的时刻和个人经验"，就是希望回到传统社会中那种恒定的、由一个更大更有力的共同体所支撑着的自由秩序当中。因此，在现代人的精神生活中，怀旧成为最切近人类心灵的审美方式，它化解了人们面对现实时产生的诸多忧虑，这种优雅的伤感是作为一种弥补而存在的。上海人迷恋 20 世纪 30 年代，是因为过去的上海不仅仅是一个单纯的过去时代，它对今日的上海人来说具有特定的含义，它是由今日文化的境遇来界定的，它是历史环境的产物，人们怀恋的是一种不可见的生活方式，它是一个人气散尽的时代归属感的欲求，虽然各种统计资料日益完备，但它依然是一个幻觉，一个有关细枝末节的狂想，一个对已然丧失了范畴的追忆。因此，怀旧对象因其与主体的当下情境拉开了时空距离和心理差距，就不再是我们曾经知觉过的那个真实世界，而变成了"借助想象以'再现''过去的形象'的方式存在着的另一种现实。就如审美接受必须通过想象把自身放置到作品完成当时的那个环境中去一样，怀旧也只有借助想象的力量才能展开。"②

因此，史态类新闻对于新闻从业者来说就是一种怀旧情怀的释放。在经历了 20 世纪初与世纪末的两次西方思潮的冲击后，当下的知识分子已经不再采用以往的救亡与启蒙的宏大叙事话语，他们更倾向于低调而坚实地固守自

---

① Jonathan Friedman: *Cultural Identity and Global Process*，转引自赵静蓉：《现代人的认同危机与怀旧情结》，载《暨南学报》（哲学社会科学版），2006 年第 5 期。
② 赵静蓉：《想象的文化记忆——论怀旧的审美心理》，载《山西师大学报》，2005 年第 2 期。

己的岗位。这种岗位意识除了知识分子情感表达方式的暗中转换，还因为他们对学科自身与传统理论之源断裂后的现状有着清醒的认知。商品消费文化使得日常生活发生"去魅"现象，与此相对则是一部分新闻从业者致力于发掘另一种"崇高"的历史，呼唤怀旧的记忆和意象，重构集体记忆和尚留存的日常生活实践，努力在当代历史书写中发现"他者"，产生自我批评，这个"他者"，常常就是那个滞后的"记忆氛围"。他们的作品——史态类新闻就是在全球日益侵蚀本土文化记忆的大气候中，保持对别样历史前景的憧憬和想象。如《北京青年报》曾开辟了一个专版 "新闻人物——回访"，在"明日黄花"与"今日新闻"中找到一个契合点——怀旧。该版编辑自言："总有一些事情我们无法忘怀，总有一些人让我们长久牵挂。那些曾经因为自身遭际而改变了部分历史的人，那些因为突如其来的变故而名动一时的人，那些因为时间的流逝而逐渐湮没的人，有谁仍在你的记忆里挥之不去？有谁仍让你难舍牵挂？"通过"回访"这一个巧妙的角度，让自己的怀旧情结释放在那些在时间的流逝中逐渐淡去的人和事中。《南方周末》《往事》版编辑也认为："《往事》版旨在给读者提供鲜为人知的历史材料，揭开历史被封缄的秘密，……这些文章既无枯燥难读之叹（学术论文之弊），又无浅薄谬误之讥（报章文字之弊），行见补正史之阙，可以预卜。"[1]在怀旧中潜藏对现实的批判和对美好未来的憧憬。湖北电视台《往事》栏目的宗旨则为"追忆似水流年，感悟人世悲欢"。从这些我们感受到新闻从业者内心深处涌动的一种对历史的怀旧情结，他们在作品中以真实的情怀，怀念古今中外的许多随风而逝的人与事，诠释自己对社会、对文化的感悟。

怀旧作为一种文化需求，它试图提供的不仅是在日渐多元、酷烈的现实面前的规避与想象的庇护空间，而且更重要的是一种建构，犹如小彦所说"依赖记忆的质感的抗衡"以"维护'现代化'进步的涵义"。而怀旧表象是历史感的最佳载体。

对于受众而言，则是怀旧心理的满足。毕竟忆昔怀旧，搜忆钩沉已成了一种普遍心态，因为在价值失落的今天，对忙碌无常的现代人而言，能够静下心来，品味过去，寻找旧有的精神与价值，这是一份难能，更是一份可贵。史态类新闻因其对历史传统的眷念而受到具有浓厚的怀旧情结的受众的喜爱，媒介为抢占新闻报道的历史制高点，通过新闻与历史意识的互渗，也在

---

[1] 刘小磊：《迟到的故事——〈南方周末〉往事版文集》，广西师范大学出版社，2004年，后记。

不断营造一个怀旧时空，以逗引消费者的快感，达到虚拟的满足。

我们以湖北电视台《往事》栏目为例来看它是如何实现受众的怀旧情结的。首先《往事》题目本身就显示出它选题的一些特质，"往事"即过去的事情，它切中了人们普遍的怀旧心态，给人以心灵的慰藉和震撼。这世间，美好的东西多得数不过来。人们总是期望得到更多，而人生偏偏如白驹过隙一样的短暂，所以疲倦的人们总是有时要沉浸在回忆中，对发生过的往事久久不能忘怀。①其次在对象上请出历史事件的当事人来现身说法，告诉观众一个真实的故事，像一壶陈年老酒，似一曲古老歌谣，在悠悠岁月的追忆中体味人生百态。当《往事》这档帮助人们追随过去的节目呈现在人们面前，马上与人们心中的心理缺口相契合，产生共鸣，使人们内心中郁积已久的怀旧情绪得到宣泄。同时，怀旧本身就带着一股令人无法抵御的美。人类爱美的天性，能在怀旧中得到又一次的舒展。节目中谈的虽然是别人的往事，但人们依然能感受到一种情绪，一种感怀的情绪。人们从中怀想自己的青春与辉煌，滤去其中的艰难、困苦和寂寞。"旧事犹如睡莲一般，绽放着如梦幻般的紫兰，而那些再也不必亲身经历的苦痛如淤泥一般静置在人的心湖之底，已无法看清。因此怀旧就像水晶，虽然有棱有角，但早已被岁月的大手磨平，即使直面它的伤痛，也带着美。"②在《当英雄已成往事》这期节目中，当三十年前的英雄戴碧荣讲述自己几十年的坎坷命运时，在当时看来是令人绝望的命运打击，现今已化成战胜苦难的悲壮之美。所有的痛苦，在回忆中已经淡化、沉淀。正如于丹教授评价说："《往事》栏目找到了良好的节目诉求点，符合世纪之交国人的一种普遍的忆旧心态。"湖北省记协主席卢吉安也认为："《往事》把沉淀的史事搜寻出来，以人为本，以情动人，这说明历史事实可以挖掘出真正的，有价值的好新闻。"

没有记忆就没有自我，没有历史就无所谓未来，史态类新闻为每一个喜欢怀旧的人提供了一次重返记忆的心灵旅程，给身处都市丛林中的现代人以精神的安慰。它不仅仅是个人普遍而现实的情感和经验，作为一个特殊时代的记忆，作为文化和历史而存在，它也具有文化记忆的意义，记忆载负着文化而产生思考和审视的内涵，当历史中的文化记忆以新的角度和方式，在新的时间空间中被重新呈现出来，它们将体现出新的思考点，引发人们对记忆

---

① 杨保安：《电视栏目〈往事〉浅析》，载《湖南大众传媒职业技术学院学报》，2002年第3期。
② 张定凤等：《平民视角的文化阐释——析湖北卫视〈往事〉栏目》，载《湖北成人教育学院学报》，2003年第3期。

进行重新解读，以更深地挖掘记忆的历史内涵，延伸其与当下文化之间的意义链。

但是，我们也发现受众的怀旧有时失之于肤浅和情绪化，他们更多的是追求视觉化的怀旧式的享受，于是史态类新闻在他们眼中更多的成了记忆的图像，与个人的情感经验、个人的成长经历、带有较普遍的怀旧或追怀的情绪，以及认同和满足的心态相关的记忆图像。如史态类新闻中的老照片型就颇受欢迎。加之大众传媒为满足受众的这些需求不失时机地制作了怀旧和归根的形象，一种是从空间上归根，即家国之恋和乡愁；一种是从时间上归根，即童年和历史的回忆与怀旧。于是，在视觉快餐下，交错杂揉的希望与彷徨统统被包装成诱人的商品，成为一种流行文化。在其中，精神家园、人文精神反而成为时髦语汇。这样的需求或许会导致史态类新闻偏离正确的轨道。

第五章　新媒体视阈下史态类新闻的发展

从 Web 1.0 到 Web 2.0，从虚拟现实到传感新闻、机器人写作、算法推荐，从传统媒体到移动媒体、智能化媒体，新媒体技术的逐渐升级过程，也是大众传播的全面变革过程。其最大特色就是"万众皆媒"。过去由专业媒体人主导的大众传播，现在已经扩展为全民参与的传播。这种万众皆媒的景观使得公民新闻的"碎片"成为专业媒体信息的补充与平衡，也增加了受众在新闻中的"卷入程度"，还带来了用户媒介行为的变化。比如技术变革带来更加极致的上网体验和网络服务，用户在移动终端的停留时间更长；网民对碎片和直观的信息浏览和文字阅读提出更高的要求，视频新闻和信息比重大幅增长，大篇幅的文字阅读将更加边缘化，同时人类的思维深度和想象力将被削弱；媒体用户的社交属性会进一步加深等。

新媒体技术带来了新闻传播领域的大变革，也给史态类新闻带来了挑战和机遇。一是个人被赋予操作社会资源的能力，这就为以前有资源无渠道的群体提供了平台，拓展了史态类新闻的传播主体和传播内容。二是激活了以往被传统媒介所传播的信息湮没的信息需求与偏好，增大了史态类新闻的消费群体。但同时众声喧哗也带来了史态类新闻发展中的噪音，一是因片面追求独创性而成为复古表演秀。二是出现娱乐化倾向。史态类新闻在新闻题材的选择上因其显要性而较为严肃，正因为如此，媒体借助叙事手法来改变，但有的媒体不恰当运用悬念、细节描写等手法（尤其是考古发现的报道），如某报纸曾对考古发现的几百年前一具女尸极尽想象之能，对其生活进行可能性的夸张式的描述，使得一个严肃的话题变成了娱乐化新闻。因此，在新媒体环境下如何良性发展史态类新闻成为我们思考的关键。

第一节 发展前提——生态化的新媒体环境

生态化概念与生态学紧密相关。这个词是苏联学者创用的,在俄文中是指把生态学原则渗透到人类的全部活动范围中,用人和自然协调发展的观点去思考问题,并根据社会和自然的具体可能性,最优化地处理人和自然的关系。生态学强调生态系统各要素的相互依赖性、系统整体的平衡性和有机性,生态系统所表现出的整体性还孕育了一种强调平等、互补和均衡关系的价值观。以生态学为基础的生态文化包含着追求人与自然的和谐关系以及人与人和谐关系的基本立场、价值观和方法。因而"生态化",实际上就是最优化处理各种关系,从而和谐有机地发展。

媒介生态和新闻生态则是生态学理论在新闻传播领域中的具体运用。"媒介生态"一词最早由加拿大媒介理论家和哲学家马歇尔·麦克卢汉在20世纪60年代提出,将其作为一种比喻,将媒介作为环境的研究。它的根本关注点就是技术,尤其是媒介技术发展对人类文化的影响和塑造,并由此阐发以技术为核心的媒介环境如何改变了人类的思考方式和组织社会生活的方式。保罗·莱文森将媒介放在人类生态的大环境中,将媒介生态与人类生态结合,从自己独特的角度出发,阐释了媒介在人类生存中的规律,即媒介进化小生境理论。与以人类为中心的、偏向宏观层次的西方媒介生态研究不同,中国大陆媒介生态研究一开始就侧重以媒介为中心来观察影响媒介存在和发展的一系列影响因素,注重大众传播中微观、中观、宏观系统之间和它们各个组成部分之间的生态关系,[①]认为媒介生态就是指在一定社会环境中媒介各构成要素之间、媒介之间、媒介与外部环境之间关联互动而达到的一种相对平衡

---

① 此节选自杨琴、张春蕾:《区域媒体在突发事件中的新闻生态表现分析》,载《西南民族大学学报》,2014年第3期。

的和谐的结构状态①，其核心观念就是其整体观、平衡观、互动观、资源观和循环观。相较于媒介生态理论研究的热闹，从具体新闻报道表现来看媒介生态的平衡——新闻生态的相关研究还较少。综合学者的研究观点，新闻生态作为媒介生态在具体新闻报道文本中的微观表现，主要指新闻的生成方式和发展空间②，它体现了媒体惯有新闻理念和运作特性，是在媒介分层、专业化趋势下，新闻价值各要素的开发、报道手段的运用及其背后蕴含的社会责任、意识形态控制、商业利益追求之间相互关联制约所达到的一种相对平衡的状态，也是实现读者—新闻—社会—政府这一复杂生态系统整体协调而达到一种稳定有序状态的动态过程。③因此，在本书中，我们把"生态化"具体为：将生态学观点、生态学原则渗透到史态类新闻的活动中，研究史态类新闻的生态环境、生态运动，关注其健康、和谐、平衡发展和可持续发展。在以技术逻辑为主导，以变化速度为特征的时代背景中，一方面，已有的媒介生态逐渐被颠覆，传统的新闻理念受到冲击，新闻生产模式在重建，但另一方面，也给传媒业带来了发展空间。

传媒环境是传媒开展传播活动以及自身生存发展所涉及的环境条件。传媒环境的生态化就是要求在一定社会环境中媒介各个构成要素、媒介之间、媒介与其外部环境之间相互良性制约而达到的一种相对平衡的状态，从而实现受众—媒介—经济—社会这一复合生态系统整体协调而达到一种稳定有序状态的演进过程。

一、政府政策、行为的调适

在我国，媒介在经营和管理上受到政府一定的控制。党和政府制定的相关政策法规对我国传媒生态系统的影响是不可忽视的，"不管媒介环境如何变化，一个不变的规律是政治、经济势力的渗透总是无形存在的，自古至今依然。传播媒介继续发展有赖于这种强势力量的影响"④。从动机上来说，政策

---

① 邵培仁：《媒介生态学》，中国传媒大学出版社，2008年，第5页。
② 沈正赋：《传媒生态与新闻生态研究》，西南师范大学出版社，2006年，第3页。
③ 彭鹏：《悲剧的中国式处理与新闻的健康表达》，载《新闻与传播研究》，2005年第9期。
④ 吴志文：《传播生态与新闻范式》，2004年3月21日，http://ruanzixiao.diy.myrice.com/cbstyfs.htm。

影响控制媒介的目的是建立和谐发展的媒介生态圈，使媒介间形成一种有序结构的积极状态，以符合社会发展的需要。但政府介入传媒领域，一定要合理、适度，尤其是在新媒体环境下，受众获取信息的渠道多元化，只有主动出击，才能让政府、传媒、受众三者趋于良性循环。从 2003 年"非典"后期开始，我国政府逐渐表现出与媒体"主动合作"的意愿，到了汶川地震时期，这种合作关系表现得尤为明显，收到了很好的社会舆论效果，但是这种合作关系仍处于初级阶段，如一些新闻报道政策，"关于地震、气象、洪水可能造成的重大影响的预报或预测，一般不做公开报道；需要报道时，必须经国务院有关领导的批准，由新华社统一发布"，对突发性事件"为避免多口发稿可能引起的口径不一，必要时，一些重要新闻应由国家新闻发布机构——新华社统一发布"等，都在一定程度上束缚了我国新闻媒介在关键时刻尤其是突发性事件发生时应有的表现和作为。史态类新闻由于报道过去的事实，相对而言，尺度较松，但涉及一些敏感问题，仍然不能脱离大环境而处于掣肘状态。因而政府应给予媒介一个宽松的环境，使其恰当地行使舆论监督。同样在具体实施过程中，也不能靠简单的行政命令、拍脑袋的管理、粗暴的压制封杀处理。近年来，有的政府官员出面阻止记者对涉及群众利益、群众有权知晓的公务行为进行采访、报道，如有的以"稳定"为托词，以"影响经济发展"为幌子，有的干脆赤裸裸封锁消息，蛮横阻止媒介的自由采访活动，如 2001 年广西南丹矿难事件，2004 年中国足协"封杀令"事件，2013 年山西原平新闻办主任指责记者太猖狂事件等，都体现了这些政府官员新闻工作意识的不正确。我国政府及其工作人员应当摒弃过去那种视媒体批评报道为洪水猛兽的观念，与各大媒体构建"建设性合作伙伴"关系，营造政府与媒体良性互动的氛围，坚持开门搞政治，目前新闻发言人制度就成为我国新闻政策有所调适的一个体现。国务院新闻办人事局局长汪兴明说，"政府建立新闻发言人制度，目的就是要增加政府、媒介和公众之间的信息沟通渠道……"。这些对提高政府工作透明度，加强党和政府与民众的联系，在更大范围内、更深方向上保障和满足新闻记者和人民群众的知情权，增强与媒介的沟通上都起到了一定的促进作用。①

二、媒介的竞合共生

鲍尔格曼认为媒介既不能概括为对人的绝对统治，也不是之前的一般的

---

① 此节部分内容引自蒋晓丽、杨琴：《媒介生态与和谐准则》，载《新闻与传播》（人大复印资料），2005 年第 12 期。

物质媒介，而是一个不断地与人类的价值规范进行同构的过程，是一种生态学视野下的有机整体。①良好的传媒环境，除了政府的支持，还需要媒介之间形成合力的氛围。在 VUCA②时代，媒介融合成为新的发展方向。媒介融合包括内容融合、产业融合及与用户的融合，从而进入媒介融合生态，其核心是价值创新，即通过连接形成多渠道、多内容、多元价值之间的交叉与重叠，创造全新的资源配置方式和价值形成模式。其特点是主体多元复杂互动、系统开放边界消融以及技术赋能。③从业务层面看，媒介融合将媒体推向了一个全媒体的业务环境，竞争对手更为多样，市场更为复杂，传播平台更为多元，这要求媒体在新的环境里寻求自己的新的定位与新的发展方向，也要求媒体针对不同平台有不同的产品策略。但这些并非意味着每个媒体都要全媒体化，也并非意味着媒体原有业务形态的放弃或弱化，或者媒体最终做的都是融媒体产品。④从产业来看，媒介融合使传媒业专业生产的边界消融，海量的用户和 UGC 内容进入传媒生产领域；传媒业与通信行业、计算机行业、金融业之间融合交叉；构建了新的产业布局与产业结构，重塑了传媒业版图。媒体如果不能在大的产业格局下去进行自己的定位或变革，而仅仅是在传统媒体的思维之下去考虑内部业务与流程的再造，恐怕会在产业融合的过程中逐渐被边缘化。从生态互动观来看，在当今世界，媒介市场是由各种相互联系的共生要素组合在一起的生态系统。任何一种媒介都必然有其特殊的时间与空间上的生态位，各个媒介在不同领域、不同层面，运用不同工具和载体，针对不同受众和资源，尽其所能，各司其职，共存共进，形成多元化发展之势。因此在媒介融合的环境下寻求竞合共生的基础不是个个都是中央厨房，都是全媒体，而是进行特色化生态定位，即生态位可以比较窄小、清晰、明确，不同媒介在各个特定的层面进行资源的深度开发如史态类新闻的开发，从而实现信息资源、广告资源、受众资源的错位开发。这可表现为在竞争的同时加强资源互补、价值链接、市场共享等各类方式的合作，如针对大多数媒介存在的总体不强、单项突出的特点，各个媒介可以拿出自己的优势信息资源

---

① 严三九：《融合生态、价值共创与深度赋能——未来媒体发展的核心逻辑》，载《新闻与传播研究》，2019 年第 6 期。
② VUCA，指易变性（volatility）、不确定性（uncertainty）、复杂性（complexity）和模糊性（ambiguity）。
③ 严三九：《融合生态、价值共创与深度赋能——未来媒体发展的核心逻辑》，载《新闻与传播研究》，2019 年第 6 期。
④ 彭兰：《新媒体传播：新图景与新机理》，载《新闻与写作》，2018 年第 7 期。

进行相互交换，既可降低生产成本，又可取长补短，提高竞争力。媒介的竞合共生不但可以起到激励者的作用，而且能协助媒介开发新的市场。与此同时，开放多元的社会氛围和多渠道信息更为我们提供了一个全面观照历史的视角。

三、传播者较强的生态意识

所谓生态意识，是指人类以对包括自己在内的地球上的一切生物与环境之间关系的科学认识成果为基础而形成的特定的价值取向。它是生态科学意识与生态价值意识的统一，包括危机意识、整体意识、和谐意识，其实质就是和谐意识。在全球化的语境下，经济全球化带来了如前所述的不良影响，具体到媒体则是在市场利益和商业逻辑的驱动下日趋商业化，为追求巨额利润置社会责任、媒介功能于不顾，最终导致媒介行为的异化：传媒预警职能的缺位而致政府声音的误读、受众知情权的损害；媒介结构的不合理、媒介定位的雷同而致新闻报道内容的相似、恶性竞争的出现；追逐商业利益而致新闻自由的滥用、虚假新闻的庸俗新闻的涌现等。而媒介生态的失控或失衡又会对人类的生产和生活产生极其巨大的影响，对已经形成的生态平衡关系会造成极大的破坏。这就要求媒介主体具备一定的生态意识，去思考、去努力，营造一个有序的和谐的传媒环境。

第二节 史态类新闻发展的生态化

一、发展应遵循的原则[①]

（1）整体准则。个体是整体的个体，整体是个体的整体。个体与整体是

---

① 此节部分内容引自蒋晓丽、杨琴：《媒介生态与和谐准则》，载《新闻与传播》（人大复印资料），2005 年第 12 期。

相互渗透，互为因果的。整体不是简单地产生于多种元素之间的平等相加，而是产生于多种元素之间的有机构成。综合的效果不是理想的整体效果，生态的综合效果才是理想的整体效果。和谐的整体准则不仅主张充分考虑各因素复杂的有机联系，而且强调重视各种要素和资源共同构成的整体关系。也就是说，它强调的是一个有机的相互联系、相互依赖的整体生态系统。

（2）适度原则。和谐的最高境界是"中和"，要达到"中和"，中西方都认为应采取"中庸之道"。但中庸不是折中主义，不是平均，不是天平的正中央，不是10个苹果，两人各5个。"中"需要"权衡"。所谓"权衡"就是一种对"度"的把握，就是要求适度，在不平衡中求得平衡。亚里士多德就强调适度或节制。他说："正如智能是指善于推理，适度就是善于生活。""凡取得恰当，都是指它是过度与不及之间的中道。""过度与不及都有损于优点，唯守中道可以成功。"

（3）差异原则。和谐，并不是求大同，"同则不继"，和是指不同性质的东西相掺和，它反映的是一种有差异的平衡或多样性的统一；同指的是相同事物的堆积，它反映的是无差别的同一或抽象简单的同一。我们追求的是"和谐"而不是"相同"，从生态学来看，差异对立并不会导致双方消失和灭亡，相反，异己者的存在才构成了一切存在的前提，即对立才有统一思想。生态和谐论提示我们，对立不一定是敌对，世界万物尽管相互之间有各种差异、对立和区别，但正是这种不同才满足了生态的需要，如文化的多元化、媒体内容的多样性都促进了传媒的发展。如果消除这种差异对立和区别，生态将无法保持，也就从根本上违背了生态自身规律。媒体中的雅与俗便是一个绝好的例子。

二、把握发展进程中的"度"

在原则中我们已阐释了度，这要求我们在史态类新闻发展中把握好"度"，那么如何来把握呢？

（1）在"度"中与政治契合。众所周知，我国媒体是党的喉舌，担负着执政党和国家主要政治宣传任务，因此，他们只能采用官方主流意识形态所认同的语态来表达其创新理念。因此史态类新闻作为主流意识形态表达自己观点的一种方式，它与政治难脱干系，但也无须脱开干系，政治甚至可以成为史态类新闻的亮点，如纪念长征胜利70周年、80周年《解放军报》的相关报道。只是要注意不要蜕变为政治的奴仆和工具，否则失却了自身，还可能于政治无补甚或有害。

（2）在"度"中与时代共舞。媒体的商业化促使媒体不断重视受众的意见，而在多元文化的浸淫、统一声音的缺失和生存压力的影响下，受众开始怀疑曾经坚定的理想和信念，开始从想象的世界与生活的真实落差中积蓄不满和郁闷，他们需要一个基于生活的有效的安抚、交流和宣泄，一种有现实可能的想象空间。因而史态类新闻在实现自己的传播目的同时，应尽量去满足受众的需求，从受众的角度播报史态类新闻。但是在媒介"多功能一体化"融合、话语权"去中心化"的新媒体环境下，随时随地捕捉新闻和阅读新闻已经成为移动互联网社会的常态。而这种新闻传播的去新闻化、去专业化趋势却又常常让真正具有高思辨价值的新闻逐渐淹没在琐碎化的信息海洋中。因而媒体在进行史态类新闻报道时，要把握好度，在"度"中与时代共舞，既要坚持自己的主张，同时也要注意受众的多样化需求。既要关注阅听率，但也不能消解史态类新闻中的一些基本立场，如文化的思索、理性的思考。既要考虑新技术如VR等技术的运用，提高可读性，也要注意报道的深度，带着一定的文化思索阐释意义。

（3）在"度"中与现态类新闻、拟态类新闻共发展。前面已经探讨了新闻的三态，那么，这三态是否是平衡地、不偏不倚地发展呢？答案肯定是否定的。由于媒体不但有舆论引导功能，最主要的还是信息告知功能，即必须将现实中不断发生的对受众有获知意义的新事实报道出来供受众阅听。而对于受众而言，由于刚发生和将要发生的事实可能对受众产生的影响更大，他们更多地关注现态类新闻和拟态类新闻，同时现态类新闻因其刚发生也容易被业界所捕获，这就决定了实践中现态类新闻的报道数量最多，在新闻三态中占据主导位置。而报道过去事实的史态类新闻因其事实发生时间久远不易引起受众的注意，而且必须借一定的新闻由头，需要一定的时间和精力，同时要求新闻人有较强的策划能力和历史意识，在快餐文化时代，它始终处于辅助地位。因此媒介在运用史态类新闻时还应把握一个度，既不能让史态类新闻的内容成为快餐而没有营养，也不能让史态类新闻成为历史教科书。

当然，在多元文化语境下，只有主食没有辅菜，人们是吃不爽的，能给人们新鲜的口感，为媒介增添一抹亮色的必定是史态类新闻。

三、多样化的发展

在遵循一定的原则，把握一定的度，并具有国际视野的基础上，史态类新闻必将走向多样化的发展。

多元文化并存体现为多种形式。王一川认为可将现在的文化形态归结为四种，即主导、高雅、大众、民间文化。①主导文化有助于社会团结稳定、协调和睦；高雅文化注重形式的创新、社会关怀和个性化追求；大众文化具有娱乐性、流行性和类型化的特点；民间文化注重语言的通俗日常性，以传承模仿的形式，将其精髓保存下来。四种文化形态相互交融，形成多元共存的格局。

在这样一个多元共存的格局里，大众的需求也各有不同。正如前面所述，大众的需求层次由其结构层次决定，而需求本身也具有层次性。不同的群体由于其文化水平、年龄结构、生活环境等方面的不同，会对媒体的传播内容有不同的需求。而大众是信息传播的"目的地"，大众的需要是传播发展的原驱动力，是传播过程得以存在的前提和条件；大众又是传播效果的"显示器"，只有符合了大众需要的传播活动才能够达到传播者的意图，才能取得良好的效果。因此任何一家媒介在关注广大受众普遍需求的同时，越来越重视不同受众的需求和受众不同的需求。于是特定历史条件下人们的社会生活和社会实践以及与之相适应的人们对精神文化生活需要的多层次性，决定了史态类新闻产品的丰富性和多样性。

（1）选题多样化。由于史态类新闻所涉及的是过去的事实，而过去事实的时效性不强，这需要用其他新闻价值如重要性、显著性、接近性等来弥补，这就使得史态类新闻的选题较其他类型的新闻相对严肃、端庄，或是具有浓重宣传教育意味的，或是探究其新的意义，或是给人新的知识，或是影响极深的调查性报道。如《南方周末》的《往事》版出笼时，其所报道的大多是具有显著性和重要性的历史事实，或因人而显要，或因事而显要。翻开其所编集的《往事》版集《当年事》②，笔者简单统计了一下题目，发现《当年事》主要是 2000—2002 年的《往事》版文章的汇集，共 33 篇。其中报道重要人物为 26 篇，涉及的人物为毛泽东、江青、毛泽东和江青的女儿、肖力（李讷）、刘少奇、周恩来、朱德、林彪、张闻天、陈光、邓拓、翦伯赞、许广平、赵丹、张志新、任仲夷、胡耀邦、李鸿章、彭德怀等，这些人物都曾在历史上发挥过重要作用，在受众中具有极高的知名度，因其显著性而较易引起受众的注意。而涉及的事件也都是曾经有名的事件。而另一汇集本《迟到的故

---

① 王一川：《走向文化的多元化生——以文学艺术为范例》，载《社会科学》，2003 年第 1 期。
② 陈明洋：《当年事》，文化艺术出版社，2005 年。

事》①收集的《往事》版文章时间为 2002—2004 年，共 42 篇，其选题也大都是一些历史上国内外重大的人物和事件，但其涉及面逐步扩大，包括重大的政治、经济、军事、外交、科技、教育、社会事件等，而一些非政治性名人也开始出现在其中，如《回忆王小波》。随着人们参与社会事务的主体性意识逐步增强，史态类新闻的题材开始趋向多样化。2010 年，《却顾所来径》收录的 34 篇就包括《春秋笔》《怀人录》《亲历记》《一言堂》和《胡德平专栏》，从新闻到评论、从单篇到专栏，无论是国家机密还是生活琐事，无论是显赫人物还是无名小卒，只要它能给受众带来新的意义、满足受众的某种需要，它就会出现在史态类新闻的选题范围内，使得史态类新闻的题材渐趋平民化、多样化、个人化。尤其是在自媒体时代，微信公众号中所呈现出的史态类新闻更是选题大众化。以《国家人文历史》公众号为例，你会看到这样的标题《想知道古人怎么说话，让河南人说句"中不中"就行》《纳粹占领巴黎后，蒙娜丽莎如何继续保持微笑》《司马光的最后 500 天：你讨厌的"杠精"是北宋百姓的求之不得》《同被英国殖民，美国人奋战 8 年才独立，加拿大独立为何却不流血？》《广西简称"桂"，但省会为什么是南宁，而不是桂林》《东北饮食魔改中，正宗'韩国'烤冷面必须拥有姓名》等。

（2）形态多样化。我国文化的多元化趋势影响史态类新闻的种类也趋向多元化。主要有以下一些种类：

主导式史态类新闻，指体现特定时代的群体整合、秩序安定或伦理和睦需要，以反映主流意识形态为主要任务的新闻。这种文本的一个主要特征是教化性，也就是直接或间接地传达统治群体制定的社会规范，以便教育、整合或感化社会公众。每个时代的统治群体都会有意识地书写或制作这种文本，并大力鼓励原来属于高雅文化的知识分子来参与这种旨在巩固统治性规范的书写工作，再借助行政手段加以传输和推广，以便更有效地利用新闻特有的真实性去达到教化公众的目的，如各种纪念性报道。这类史态类新闻的意义就在于与主流意识形态契合，维护其合法性，并有助于社会的稳定、团结、协调、和睦。当然，这类文本并不一定是直接的或者甚至具有赤裸裸的教化性，而是可以把教化性掩映在客观的表述中。不过，这种主导式史态类新闻也需要不断更新、发展，体现民主性，并且让自身的权威不是强制而成为令人倾心服膺的感动。

---

① 刘小磊：《迟到的故事——〈南方周末〉往事版文集》，广西师范大学出版社，2004 年。

精英式史态类新闻，指主要表达新闻从业者的个体理性沉思、社会批判或美学探索旨趣的史态类新闻。这种文本往往从知识分子的个体立场和视角出发，以人文主义精神为宗旨，去从事独特的形式变革，以便在这种新形式中传达对于社会生活的理性沉思、社会问题的批判性观察，如解密新闻等。这类史态类新闻承载着社会的责任感，承载着人类的良知，承担起社会关切的重任，通过对中国社会现实的种种矛盾的批判唤起人们的注意，以产生强烈的社会关切和社会批判效果。因而这种文本也有三个主要特征，即形式创新、社会批判和个性化追求。

大众式史态类新闻，指那些注重满足普通市民的日常感性愉悦需要的史态类新闻。这类史态类新闻在写作上力求生动活泼有个性，以吸引受众的关注，从而体现出具有大众文化特色的史态类新闻，这多体现在新媒体中，如微信公众号"史话奇谈""让非虚构文学洞察历史与新闻"中的新闻，这些成为前二者的有力补充。

在这些形态中，主流式史态类新闻以国家利益为最高标准，以宣传价值为标杆；精英式史态类新闻以推进人文价值观等为主要目标，强有力的社会批判及有个性化的追求对他们而言更加重要；而大众式史态类新闻则以满足各种受众的感官需求为宗旨。当然，这些分类只是相对的，而实际上，这三种类型都可能包含其他多元因素的互渗，使得史态类新闻的不同层面之间形成我中有你你中有我、难以清晰地分辨的情形，从而呈现出更多形态的史态类新闻来。

（3）呈现方式多样化。从前面的论述我们已了解到史态类新闻的传播载体多样化，如报纸、杂志、广播、电视、网络等都是其传播的载体。但各媒体因自身性质不同所呈现出的创作手法也不一样。由于史态类新闻所诠释和阐述的是已过去事实，这需要制作者利用种种手段将非现在的时空（过去的时空）化为现在的时空。因而史态类新闻最常用的手法就是"寻访""追忆"，二者多用于有重要历史意义的人或事，如纪念长征胜利80周年中对健在的老红军的寻访。但这些表现在电视媒体上则是人物、旧址、遗迹、文物等图像和文字的结合，以现在的实况去唤起对过去的缅怀。还可借用情景再现叙述没有镜头在场的"过去时态"的历史，通过对原有的关于历史信息表达习惯的粉碎和重构，唤起受众的记忆，产生联想。而纸质媒体则用白描手法展示利用文字，广播则主要利用声音进行描述给受众想象的空间。再则，其呈现形式也渐趋多样化。史态类新闻在各媒体上的形式非常灵活，有的以栏目呈现，如《南方周末》的《往事》版、中央电视台的《国家记忆》栏目等。有的直接展现为具体的报道，如解密新闻。有的以专版或专栏形式呈现，如纪念性报道等。有的以多媒体形式呈现，如《人民日报》在新中国成立70周年推出的代表性融合新闻产品（如H5作品《56个民族服装任你选！快秀出你的爱国Style》《穿上军装》《一笔画出70年》《今天，我们都是升旗手》《复兴大道70号》《记载了70年美好的抖音号》），起到了广泛的传播效果。还有的以新闻游戏方式呈现，如网易新闻为庆祝抗战胜利70周年特别策划的一款新闻游戏《逃跑人的日常》。这款新闻游戏讲述了二战中一个英军小兵逃离战俘营的故事，其中的逃亡情节均是基于历史上真实逃亡者经历改编，每一个历史信息均有出处，有真实的历史事件可循，旨在让受众通过新闻游戏体味战争带给人类的苦难。无论哪种形式都交相辉映，共同汇聚于史态类新闻的海洋中。

参考文献

[1] 鲍宣. 新闻写作与文学方法[M]. 太原：山西人民出版社，1987.
[2] 陈力丹. 马克思主义新闻学词典[M]. 北京：中国广播电视出版社，2002.
[3] 陈龙. 在媒介与大众之间：电视文化论[M]. 上海：学林出版社，2001.
[4] 陈明洋. 当年事[M]. 北京：文化艺术出版社，2005.
[5] 陈默. 影视文化学[M]. 北京：北京广播学院出版社，2001.
[6] 陈卫星. 传播的观念[M]. 北京：人民出版社，2004.
[7] 陈晓明. 解构的踪迹：历史、话语与主体[M]. 北京：中国社会科学出版社，1994.
[8] 陈昕. 救赎与消费[M]. 南京：江苏人民出版社，2003.
[9] 陈学明. 哈贝马斯"晚期资本主义"述评[M]. 重庆：重庆出版社，1996.
[10] 陈作本. 新闻理论新思路[M]. 北京：中国传媒大学出版社，2006.
[11] 成美，童兵. 新闻理论教程[M]. 北京：中国人民大学出版社，1993.
[12] 成青华，等. 倾听梁衡[M]. 北京：新华出版社，2004.
[13] 戴锦华. 书写文化英雄：世纪之交的文化研究[M]. 南京：江苏人民出版社，2000.
[14] 戴锦华. 隐形书写：90年代中国文化研究[M]. 南京：江苏人民出版社，1999.
[15] 邓利平. 审美视野中的新闻传播[M]. 北京：新华出版社，2002.
[16] 丁柏铨. 新闻理论新探[M]. 北京：新华出版社，1999.
[17] 丁法章. 新闻评论学[M]. 上海：复旦大学出版社，1997.
[18] 杜俊飞，胡翼青. 深度报道原理[M]. 北京：新华出版社，2002.
[19] 戈公振. 中国报学史[M]. 上海：三联书店，1955.
[20] 郭庆光. 传播学教程[M]. 北京：中国人民大学出版社，1999.
[21] 胡适. 读书与治学[M]. 上海：三联书店，1999.
[22] 胡亚敏. 叙事学[M]. 武汉：华中师范大学出版社，1998.
[23] 郝雨. 新闻学：世纪性开拓与重建[M]. 上海：复旦大学出版社，2009.

[24] 黄旦. 新闻传播学[M]. 杭州：杭州大学出版社，1997.

[25] 蒋原伦. 媒体文化与消费时代[M]. 北京：中央编译出版社，2004.

[26] 金元浦. 文化研究：理论与实践[M]. 开封：河南大学出版社，2003.

[27] 李彬. 传播学引论[M]. 北京：新华出版社，1993.

[28] 李彬. 符号透视：传播内容的本体诠释[M]. 上海：复旦大学出版社，2003.

[29] 李恒基，杨远婴. 外国电影理论文选[M]. 上海：上海文艺出版社，1995.

[30] 李希光，赵心树. 媒体的力量[M]. 广州：南方日报出版社，2002.

[31] 李良荣. 新闻学概论[M]. 上海：复旦大学出版社，2001.

[32] 李秀云. 中国新闻学术史[M]. 北京：新华出版社，2004.

[33] 李悦娥，范宏雅. 话语分析[M]. 上海：上海外语教育出版社，2002.

[34] 林永年. 新闻报道形式大全[M]. 杭州：浙江大学出版社，1995.

[35] 刘海贵. 中国现当代新闻业务史导论[M]. 上海：复旦大学出版社，2002.

[36] 刘建明. 当代新闻学原理[M]. 北京：清华大学出版社，2003.

[37] 刘建明. 新闻学前沿——新闻学关注的11个焦点问题[M]. 北京：清华大学出版社，2005.

[38] 刘京林. 新闻心理学原理[M]. 北京：中国广播电视出版社，2004.

[39] 刘士林. 阐释与批判：当代文化消费中的异化与危机[M]. 济南：山东文艺出版社，1999.

[40] 刘小磊. 迟到的故事：《南方周末》往事版文集[M]. 南宁：广西师范大学出版社，2004.

[41] 刘晓红，卜卫. 大众传播心理研究[M]. 北京：中国广播电视出版社，2001.

[42] 鲁苓. 视野融合——跨文化语境中的阐释与对话[M]. 北京：社会科学文献出版社，2004.

[43] 陆士桢，等. 人文精神与意义探寻[M]. 北京：中国社会科学出版社，2005.

[44] 陆扬，王毅. 大众文化与传媒[M]. 上海：三联书店，2000.

[45] 陆扬，王毅. 大众文化研究[M]. 上海：三联书店，2001.

[46] 陆扬，等. 文化研究导论[M]. 上海：复旦大学出版社，2006.

[47] 罗钢，刘象愚. 文化研究读本[M]. 北京：中国社会科学出版社，2000.

[48] 罗钢，王中忱. 消费文化读本[M]. 北京：中国社会科学出版社，2003.

[49] 穆青. 新闻散论[M]. 北京：新华出版社，1996.

[50] 潘知常，林玮．大众传媒与大众文化[M]．上海：上海人民出版社，2002．

[51] 潘知常，林玮．传媒批判理论[M]．北京：新华出版社，2002．

[52] 秦光龙．新闻学艺术新探[M]．成都：四川大学出版社，2000．

[53] 阮新邦．批判诠释与知识重建——哈贝马斯视野下的社会研究[M]．北京：社会科学文献出版社，1999．

[54] 邵培仁，等．媒介生态学[M]．北京：中国传媒大学出版社，2008．

[55] 石义彬．单向度、超真实、内爆——批判视野中的当代西方传播思想研究[M]．武汉：武汉大学出版社，2003．

[56] 孙旭培．华夏传播论[M]．北京：人民出版社，1997．

[57] 谭君强．叙事理论与审美文化[M]．北京：中国社会科学出版社，2002．

[58] 陶伯华．美学前沿——实践本体论美学新视野[M]．北京：中国人民大学出版社，2003．

[59] 陶东风，等．文化研究：1—4辑[M]．天津：天津社科出版社，2000—2004．

[60] 童兵．比较新闻传播学[M]．北京：中国人民大学出版社，2002．

[61] 童兵．理论新闻传播学导论[M]．北京：中国人民大学出版社，2000．

[62] 童兵．中西新闻比较论纲[M]．北京：新华出版社，1999．

[63] 童庆炳，等．全球化语境与民族文化、文学[M]．北京：中国社会科学出版社，2002．

[64] 王斑．全球阴影下的历史与记忆[M]．南京：南京大学出版社，2006．

[65] 王明珂．华夏边缘：历史记忆与族群认同[M]．台北：允晨文化公司，1997．

[66] 王晴佳．后现代与历史学——中西比较[M]．济南：山东大学出版社，2003．

[67] 王晓明．在新意识形态的笼罩下——90年代的文化和文学分析[M]．南京：江苏人民出版社，2000．

[68] 王雨田．控制论、信息论、系统科学与哲学[M]．北京：中国人民大学出版社，1988．

[69] 王玉梁．价值哲学新探[M]．西安：陕西人民出版社，1989．

[70] 王岳川．中国镜像——90年代文化研究[M]．北京：中央编译出版社，2001．

[71] 王志敏，等．理论与批评：影像传播中的身份政治与历史叙事[M]．北京：中国电影出版社，2004．

[72] 吴宝康．档案学概论[M]．北京：中国人民大学出版社，1988．

[73] 吴继善. 心态新闻学[M]. 北京：北京广播学院出版社，2004.

[74] 徐川. 记忆即生命[M]//夏中义. 人与国家. 南宁：广西师大出版社，2002.

[75] 徐耀魁. 西方新闻理论评析[M]. 北京：新华出版社，1998.

[76] 杨保军. 新闻价值论[M]. 北京：中国人民大学出版社，2003.

[77] 杨保军. 新闻真实论[M]. 北京：中国人民大学出版社，2006.

[78] 杨魁，等. 政府·媒体·公众：突发事件信息传播应急机制研究[M]. 北京：中国社会科学出版社，2010.

[79] 尹德刚，周胜. 当代新闻写作[M]. 上海：复旦大学出版社，1999.

[80] 余华. 我能否相信自己[M]. 北京：人民日报出版社，1998.

[81] 虞达文. 新闻心理学[M]. 北京：新华出版社，2001.

[82] 禹建强. 传媒市场化的陷阱[M]. 北京：中国传媒大学出版社，2005.

[83] 曾庆香. 新闻叙事学[M]. 北京：中国广播电视出版社，2005年。

[84] 张首映. 西方二十世纪文论史[M]. 北京：北京大学出版社，1999.

[85] 张威. 比较新闻学方法与考证[M]. 广州：南方日报出版社，2003.

[86] 张子让. 当代新闻编辑[M]. 上海：复旦大学出版社，1999.

[87] 赵一丹. 欧美新学赏析[M]. 北京：中央编译出版社，1996.

[88] 赵毅恒. 当说者被说的时候：比较叙述学导论[M]. 北京：中国人民大学出版社，1998.

[89] 赵振祥. 传播与保密——情报新闻导论[M]. 北京：中华书局，2005.

[90] 郑保卫. 新闻学导论[M]. 北京：新华出版社，1990.

[91] 郑超然. 外国新闻传播史[M]. 北京：中国人民大学出版社，2000.

[92] 郑兴东. 受众心理与传媒引导[M]. 北京：新华出版社，1999.

[93] 钟义信. 信息的科学[M]. 北京：光明日报出版社，1988.

[94] 周建漳. 历史及其理解和解释[M]. 北京：社会科学文献出版社，2005.

[95] 朱国华. 权力的文化逻辑[M]. 上海：三联书店，2004.

[96] 朱立元. 当代西方文艺理论[M]. 上海：华东师范大学出版社，1997.

[97] 庄晓东. 文化传播：历史、理论与现实[M]. 北京：人民出版社，2003.

[98] [澳]费斯克. 解读大众文化[M]. 杨全强，译. 南京：南京大学出版社，2001.

[99] [德]弗里德里希·尼采. 历史的用途与滥用[M]. 陈涛，等，译. 上海：上海世纪出版集团，2005.

[100] [德]哈贝马斯. 作为意识形态的技术与科学[M]. 李黎，等，译. 北京：学林出版社，1999.

[101] [德]瓦尔特·本雅明. 迎向灵光消逝的年代[M]. 许绮玲,等,译. 南宁:广西师范大学出版社,2004.

[102] [德]约恩·吕森. 历史思考的新途径[M]. 綦甲福,译. 上海:上海世纪出版集团,2005.

[103] [法]昂利·伯格森. 材料与记忆[M]. 肖聿,译. 北京:华夏出版社,1999.

[104] [法]福柯. 知识考古学[M]. 谢强,等,译. 北京:生活·读书·新知三联书店,1998.

[105] [法]罗兰·巴特. 神话——大众文化诠释[M]. 许蔷蔷,等,译. 上海:上海人民出版社,1999.

[106] [法]罗兰·巴特. 流行体系——符号学与服饰符码[M]. 敖军,译. 上海:上海人民出版社,2000.

[107] [法]罗兰·巴特. 符号学美学[M]. 董学文,等,译. 沈阳:辽宁教育出版社,1987.

[108] [法]罗兰·巴尔特. 符号学原理[M]. 王东亮,等,译. 北京:生活·读书·新知三联书店,1999.

[109] [法]米克·巴尔. 叙述学:叙事理论导论[M]. 谭君强,译. 北京:中国社会科学出版社,2003.

[110] [法]莫里斯·哈布瓦赫. 论集体记忆[M]. 毕然,等,译. 上海:上海世纪出版集团,2002.

[111] [法]皮埃尔·布尔迪厄. 关于电视[M]. 许钧,译. 沈阳:辽宁教育出版社,2000.

[112] [法]让·波德里亚. 物体系[M]. 林志明,译. 上海:上海人民出版社,2001.

[113] [法]让·波德里亚. 消费社会[M]. 刘成富,等,译. 南京:南京大学出版社,2001.

[114] [法]亨利·柏格森. 材料与记忆[M]. 北京:华夏出版社,2003.

[115] [法]雅克·德里达. 书写与差异[M]. 张宁,译. 北京:生活·读书·新知三联书店,2001.

[116] [荷]托伊恩·A.梵·迪克. 作为话语的新闻[M]. 曾庆香,译. 北京:华夏出版社,2003.

[117] [加]哈罗德·伊尼斯. 传播的偏向[M]. 何道宽,译. 北京:中国人民大学出版社,2003.

[118] [加]马歇尔·麦克卢汉. 理解媒介[M]. 何道宽,译. 北京:商务印书馆,2000.

[119] [美]E. M. 罗杰斯. 传播学史——一种传记式的方法[M]. 殷晓蓉,译. 上海:译文出版社,2005.

[120] [美]J. 希利斯·米勒. 解读叙事[M]. 申丹,译. 北京:北京大学出版社,2002.

[121] [美]艾尔·巴比. 社会研究方法[M]. 10版. 邱泽奇,译. 北京:华夏出版社,2006.

[122] [美]本尼迪克特·安德森. 想象的共同体:民族主义的起源与散布[M]. 吴睿人,译. 上海:上海世纪出版集团,2005.

[123] [美]伯格. 通俗文化、媒介和日常生活中的叙事[M]. 姚媛,译. 南京:南京大学出版社,2002.

[124] [美]伯纳特·罗斯科. 制作新闻[M]. 姜雪影,译. 台北:远流出版事业股份有限公司,1994.

[125] [美]大卫·宁. 当代西方修辞学:批评模式与方法[M]. 常昌富,等,译. 北京:中国社会科学出版社,1998.

[126] [美]戴卫·赫尔曼. 新叙事学[M]. 马海良,译. 北京:北京大学出版社,2002.

[127] [美]丹尼尔·戴扬,伊莱休·卡茨. 媒介事件[M]. 麻争旗,译. 北京:北京广播学院出版社,2000.

[128] [美]丹尼斯·K. 姆贝. 组织中的传播和权力:话语、意识形态和统治[M]. 陈德民,等,译. 北京:中国社会科学出版社,2000.

[129] [美]道格拉斯·凯尔纳. 媒体奇观——当代美国社会文化透视[M]. 史安斌,译. 北京:清华大学出版社,2003.

[130] [美]弗雷德里克·詹姆逊. 快感:文化与政治[M]. 王逢振,等,译. 北京:中国社会科学出版社,1998.

[131] [美]弗洛姆. 在幻想锁链的彼岸[M]. 长沙:湖南人民出版社,1986.

[132] [美]海登·怀特. 形式的内容:叙事话语与历史再现[M]. 董立河,译. 北京:文津出版社,2005.

[133] [美]赫伯特·马尔库塞. 单向度的人[M]. 刘继,译. 上海:译文出版社,1989.

[134] [美]基思·伍兹. 美国最佳新闻作品集[M]. 李隽琼,等,译. 北京:新华出版社,2003.

[135] [美]贾米森,坎贝尔. 影响力的互动——新闻、广告、政治与大众媒介[M]. 5版. 北京：北京广播学院出版社,2004.

[136] [美]杰克·富勒. 信息时代的新闻价值观[M]. 北京：新华出版社,1999.

[137] [美]克利福德·克里斯蒂安,等. 媒体伦理学：案例与道德论据[M]. 蔡文美,等,译. 北京：华夏出版社,2000.

[138] [美]肯尼斯·博克,等. 当代西方修辞学：演讲与话语批评[M]. 常昌富,等,译. 北京：中国社会科学出版社,1998.

[139] [美]伦纳德,等. 美国人和他们的新闻[M]. 党生翠,等,译. 北京：中信出版社,2003年

[140] [美]罗伯特·C. 艾伦. 重组话语频道[M]. 麦永雄,等,译. 北京：中国社会科学出版社,2000.

[141] [美]马丁·杰. 法兰克福学派史[M]. 单世联,译. 广州：广东人民出版社,1996.

[142] [美]马克·波斯特. 信息方式——后结构主义与社会语境[M]. 范静晔,译. 北京：商务印书馆,2001.

[143] [美]马克·柯里. 后现代叙事理论[M]. 宁一中,译. 北京：北京大学出版社,2003.

[144] [美]迈克尔·埃默里,等. 美国新闻史：大众传播媒介解释史[M]. 展江,等,译. 北京：新华出版社,2001.

[145] [美]曼纽尔·卡斯特. 传播力[M]. 汤景泰,等,译. 北京：社会科学文献出版社,2018.

[146] [美]诺曼·费尔克拉夫. 话语与社会变迁[M]. 殷晓蓉,译. 北京：华夏出版社,2003.

[147] [美]史蒂夫·莫滕森. 跨文化传播学：东方的视角[M]. 关世杰,等,译. 北京：中国社会科学出版社,1999.

[148] [美]托马斯·库恩. 科学革命的结构[M]. 金吾伦,等,译. 北京：北京大学出版社,2003.

[149] [美]沃纳·塞弗林,小詹姆斯·坦卡德. 传播理论：起源、方法与运用[M]. 北京：华夏出版社,1999.

[150] [美]仙托·艾英戈. 至关重要的新闻[M]. 刘海龙,译. 北京：新华出版社,2004.

[151] [美]约翰·R. 霍尔,等. 文化：社会学的视野[M]. 周晓虹,等,译. 北京：商务印书馆,2002.

[152] [美]约翰·费斯克. 理解大众文化[M]. 王晓珏, 等, 译. 北京：中央编译出版社, 2001.

[153] [美]约翰·费斯克. 解读大众文化[M]. 杨全强, 译. 南京：南京大学出版社, 2001.

[154] [美]约翰·费斯克. 关键概念——传播与文化研究辞典[M]. 李彬, 译注. 北京：新华出版社, 2004.

[155] [美]詹姆斯·罗尔. 媒介、传播、文化——一个全球化的途径[M]. 董洪川, 译. 北京：商务印书馆, 2005.

[156] [日]桂敬一. 多媒体时代与大众传播[M]. 刘雪雁, 译. 北京：新华出版社, 2000.

[157] [日]藤竹晓. 电视社会学[M]. 中译本. 合肥：安徽文艺出版社, 1987.

[158] [瑞士]费尔迪南·德·索绪尔. 普通语言学教程[M]. 高名凯, 译. 北京：商务印书馆, 1980.

[159] [苏]维·什克洛夫斯基. 散文理论[M]. 北京：百花洲文艺出版社, 1994.

[160] [英]安德斯·汉森, 等. 大众传播研究方法[M]. 崔保国, 等, 译. 北京：新华出版社, 2004.

[161] [英]戴维·莫利. 电视、受众与文化研究[M]. 史安斌, 译. 北京：新华出版社, 2004.

[162] [英]多米尼克·斯特里纳蒂. 通俗文化理论导论[M]. 阎嘉, 译. 北京：商务印书馆, 2001.

[163] [英]法拉, 等. 记忆[M]. 户晓辉, 译. 北京：华夏出版社, 2006.

[164] [英]吉姆·麦克盖根. 文化民粹主义[M]. 桂万先, 译. 南京：南京大学出版社, 2001.

[165] [英]尼克·史蒂文森. 认识媒介文化[M]. 周宪等, 译. 北京：商务印书馆, 2001.

[166] [英]纽博尔德. 媒介研究的进路[M]. 汪凯等, 译. 北京：新华出版社, 2004.

[167] [英]汤林森. 文化帝国主义[M]. 冯建三, 译. 上海：上海人民出版社, 1999.

[168] [英]约翰·埃尔德里奇. 获取信息——新闻、真相和权力[M]. 张威主, 译. 北京：新华出版社, 2004.

[169] [英]约翰·斯道雷. 文化理论与通俗文化导论[M]. 2版. 杨竹山, 等, 译. 南京：南京大学出版社, 2001.

[170] 兰斯·贝内特. 新闻：幻觉的政治[M]. 杨晓红，等，译. 北京：中国人民大学出版社，2018.

[171] 阿兰·斯威伍德. 大众文化的神话[M]. 冯建三，译. 北京：生活·读书·新知三联书店，2003.

[172] 常昌富，李依倩. 大众传播学：影响研究范式[M]. 关世杰，等，译. 北京：中国社会科学出版社，2002.

[173] 梵·迪克. 社会 心理 话语[M]. 施旭，冯冰，编译. 北京：中华书局，1993.

[174] 乔伊斯·阿普尔比，等. 历史的真相[M]. 刘北成，等，译. 北京：中央编译出版社，1999.

[175] [英]泰勒（Taylar），威利斯（Willis）. 媒介研究：文本、机构与受众[M]. 英文版本. 北京：北京大学出版社，2004.

后 记

新闻的概念及类型特点是新闻中的基本问题，而其中的史态类新闻常成为被遗忘的角落。13年前，我将博士论文修改并出版为《史态类新闻研究》。在这20多万字的篇幅里，我运用文化研究中的文本分析及其他相关方法，从理论和功用层面对史态类新闻进行学理性透视，认为史态类新闻作为新闻的一个重要分支，具有新闻不变的内涵，同时也在文本叙事等方面展现出独特之处。史态类新闻的复活不但根基于其丰富的理论与实践基础，更得力于其内在的多重传播价值。这些为自己进一步探讨、研究其他新闻理论问题奠定了基础。

随着互联网对新闻业的全面渗透，后新闻业时代已悄然来临。在媒介"多功能一体化"融合、话语权"去中心化"的环境下，史态类新闻的传播载体的复杂多变，传受主体的身份转换融合、开放多元的社会氛围影响等，要求我们对其基本问题做出新的观察、新的分析和新的思考。本书修改的目的，就是把新环境中史态类新闻的一些新观察、新思考、新判断表述出来，同时辅之以最新案例，来观察十多年里史态类新闻的发展和变化。

在本书的撰写和修订的过程中，我借鉴引用了部分研究者的研究成果，并尽可能做出详细的注释，在此谨向他们表示感谢。但难免会有疏漏，未尽之处敬请海涵。

本书出版受到西南交通大学人文学院经费资助和中央高校基本科研业务经费资助。

杨 琴

2019年10月